本成果受到国家社会科学基金
重点项目"基于大数据的视听传播效果研究"
（项目批准号：14AXW008）资助

新·闻·传·播·学·文·库

跨屏时代的视听传播

Audio-visual

Communication

in the

Multiscreen Era

周勇　赵璇／著

中国人民大学出版社
·北京·

总　序

自 1997 年国务院学位委员会将新闻传播学擢升为一级学科以来，中国的新闻传播学学科建设突飞猛进，这也对教学、科研以及学术著作出版提出了新的、更高的要求。

继 1999 年中国人民大学出版社推出"21 世纪新闻传播学系列教材"之后，北京广播学院出版社、华夏出版社、南京大学出版社、中国社会科学出版社、新华出版社等十余家出版社纷纷推出具有不同特色的教材和国外新闻传播学大师经典名著汉译本。但标志本学科学术水平、体现国内最新科研成果的专著尚不多见。

同一时期，中国的新闻传播学教育有了长足进展。新闻传播学专业点从 1994 年的 66 个猛增到 2001 年的 232 个。据不完全统计，全国新闻传播学专业本科、专科在读人数已达 5 万名之多。新闻传播学学位教育也有新的增长。目前全国设有博士授予点 8 个，硕士授予点 40 个。中国人民大学新闻学院、复旦大学新闻学院等一批研究型院系正在崛起。北京大学和清华大学的新闻传播学教育以高起点、多专业为特色，揭开了这两所百年名校蓬勃发展的新的一页。北京广播学院（后更名为中国传媒大学——编者注）以令人刮目相看的新水平，跻身中国新闻传播教育名校之列。武汉大学新闻与传播学院等以新获得博士授予点为契机所展开的一系列办学、科研大手笔，正在展示其特有的风采与魅力。学界和社会都企盼这些中国新闻传播教育的"第一梯队"奉献推动学科建设的新著作和新成果。

进入新世纪以来，随着以互联网为突破口的传播新媒体的迅速普及，新媒体与传统媒体的联手共进，以及亿万国人参与大众传播能动性的不断强化，中国的新闻传媒事业有了全方位的跳跃式的大发展。人民群众对大众传媒的使用，从来没有像今天这样广泛、及时、须史不可或缺，人们难以逃脱无处不在、无时不有的大众传媒的深刻影响。以全体国民为对象的新闻传播学大众化社会教育，已经刻不容缓地提到全社会，尤其是新闻传播教育者面前。为民众提供高质量的新闻传播学著作，已经成为当前新闻传播学界的一项迫切任务。

这一切都表明，出版一套满足学科建设、新闻传播专业教育和社会教育需求的高水平新闻传播学学术著作，是当前一项既有学术价值又有现实意义的重要工作。"新闻传播学文库"的问世，便是学者们朝着这个方向共同努力的成果之一。

"新闻传播学文库"希望对于新闻传播学学科建设有一些新的突破：探讨学科新体系，论证学术新观点，寻找研究新方法，使用论述新话语，摸索论文新写法。一句话，同原有的新闻学或传播学成果相比，应该有一点创新，说一些新话，文库的作品应该焕发出一点创新意识。

创新首先体现在对旧体系、旧观念和旧事物的扬弃上。这种扬弃之所以必要，人文社会科学工作者之所以拥有理论创新的权利，就在于与时俱进是马克思主义的理论品质，弃旧扬新是学科发展的必由之路。恩格斯曾经指出，我们的理论是发展的理论，而不是必须背得烂熟并机械地加以重复的教条。一位俄国作家回忆他同恩格斯的一次谈话时说，恩格斯希望俄国人——不仅仅是俄国人——不要去生搬硬套马克思和他的话，而要根据自己的情况，像马克思那样去思考问题，只有在这个意义上，"马克思主义者"这个词才有存在的理由。中国与外国不同，新中国与旧中国不同，新中国前30年与后20年不同，在现在的历史条件下研究当前中国的新闻传播学，自然应该有不同于外国、不同于旧中国、不同于前30年的方法与结论。因此，"新闻传播学文库"对作者及其作品的要求是：把握时代特征，适应时代要求，紧跟时代步伐，站在时代前列，以马克思主义的理论勇气和理论魄力，深入计划经济到市场经济的社会转型期中去，深入党、政府、传媒与阅听人的复杂的传受关系中去，研究新问题，寻找新方法，获取新知识，发现新观点，论证新结论。这是本文库的宗旨，也是对作者的企盼。我们期待文库的每一部作品、每一位作者，都能有助于把读者引领到新闻传播学学术殿堂，向读者展开一片新的学术天地。

创新必然会有风险。创新意识与风险意识是共生一处的。创新就是做前人未做之事，说前人未说之语，或者是推翻前人已做之事，改正前人已说之语。这种对旧事物旧体系旧观念的否定，对传统习惯势力和陈腐学说的挑战，对曾经被多少人诵读过多少年的旧观点旧话语的批驳，必然会招致旧事物和旧势力的压制和打击。再者，当今的社会进步这么迅猛，新闻传媒事业发展这么飞速，新闻传播学学科建设显得相对迟缓和相对落后。这种情况下，"新闻传播学文库"作者和作品的一些新观点新见解的正确性和科学性有时难以得到鉴证，即便一些正确的新观点新见解，要成为社会和学人的共识，也有待实践和时间。因此，张扬创新意识的同时，作者必须具备同样强烈的风险意识。我们呼吁社会与学界对文库作者及其作品给予最多的宽容与厚爱。但是，这里并不排斥而是真诚欢迎对作品的批评，因为严厉而负责的批评，正是对作者及其作品的厚爱。

当然，"新闻传播学文库"有责任要求作者提供自己潜心钻研、深入探讨、精心撰写、有一定真知灼见的学术成果。这些作品或者是对新闻传播学学术新领域的拓展，或者是对某些旧体系旧观念的廓清，或者是向新闻传媒主管机构建言的论证，或者是运用中国语言和中国传统文化对海外新闻传播学著作的新的解读。总之，文库向人们提供的应该是而且必须是新闻传播学学术研究中的精品。这套文库的编辑出版贯彻少而精的原则，每年从中国人民大学校内外众多学者的研究成果中精选三至五种，三至四年之后，也可洋洋大观，可以昂然矗立于新闻传播学乃至人文社会科学学术研究成果之林。

新世纪刚刚翻开第一页，中国人民大学出版社经过精心策划和周全组织，推出了这套文库。对于出版社的这种战略眼光和作者们齐心协力的精神，我表示敬佩和感谢。我期望同大家一起努力，把这套文库的工作做得越来越好。

以上絮言，是为序。

童 兵

2001 年 6 月

前　言

　　1895 年，卢米埃尔兄弟发明电影机，人类从此进入动态影像的时代。1936 年，英国广播公司（BBC）开播，电视作为 20 世纪最伟大的大众传播媒介登上历史舞台，人类从此可以通过自己制造的影像见证和追忆历史。

　　中国的电视事业起步于 1958 年北京电视台（中央电视台前身）的成立。经过二十年的蛰伏、积累，中国电视在改革开放以后迎来了发展良机。以 1993 年中央电视台《东方时空》的开播为标志，以革新面貌出现的电视进入一个狂飙突进的快速发展时期，一跃成为中国最具影响力的大众传播媒体。统计显示，截至 2017 年年底，国内电视节目综合人口覆盖率为 99.07％。近年来，随着互联网的发展，传统电视的传播模式受到巨大冲击，而以短视频为代表的互联网视听传播迎来爆发式增长，成为一种全民生产、参与、共享的文化现象。社会文化向视觉转向的特征从未如今天这般清晰，如马丁·海德格尔在《世界图像的时代》中所说：世界被把握为图像了。尽管电视要消亡的声音近年来不绝于耳，视听文化的繁荣却昭示着电视事业更为光明发展的可能。问题的症结在于，传统电视能否向以互联网为底层技术架构的新传播环境顺利转型，从而发挥其在视听传播领域的专业优势？由此，一个有价值的话题浮出水面：在传播模式和受众行为特征发生颠覆性变化的今天，如何准确测量和把握视听传播的效果？如何在电视传播大步向互联网阵地转移的时候，开发出一套有别于传统收视率调查的收视效果衡量指标体系？这是本课题研究致力于回答的问题。

媒体技术的发展使媒介融合程度不断深化，视听信息的传播路径更为复杂而多元，传统电视占主体地位的传播格局被打破，电脑、手机等多屏融合使观众从被动的受众转变为主动的用户。不仅如此，社交媒体的兴起使得视听信息的传播路径不再是从电视到观众的单向过程，而是复合多级传播效果的叠加。在这一背景下，传统上基于小样本抽样调查、主要针对电视收看行为的收视调查方法已越来越表现出局限性，建立一套全面反映多屏时代视听信息传播效果的理论和方法体系成为理论界和实践界共同关注的迫切问题。因此，本研究的目标如下：首先，立足于理论，提出更为严谨的传播效果评估指标体系，并分析探讨各变量之间的关系；其次，通过实践数据对指标体系模型进行验证和优化；最后，建立一套程序系统，能够持续地搜集相关的公开数据来分析视听内容综合传播效果及其走势，并进行可视化的呈现。

视听信息传播效果可以从经济效益、社会影响等多个方面来衡量，本研究主要考察视听信息产品的观众注意力和口碑。相关研究中对其量化评估一般有两条路径：一是对观众的媒体接触行为进行测量，二是考察观众对于视听信息的满意度以及哪些因素会影响观众的态度。

传统电视时代，电视节目线性播出，观众只能在非常有限的频道中选择性观看，基于抽样数据的收视率调查基本可以涵盖观众的视听信息收看行为，有时辅以小规模的对观众态度的抽样调查作为补充。随着视听技术的发展，数字电视、视频网站逐渐成为观看视听信息的重要渠道，观众可以随时在电视或网络上回看、点播自己想看的节目，因此基于大数据的网络点击量、时移收视率、回路数据等视频受众的测量也被纳入收视行为的测量范畴。以移动互联网作为主要技术平台的社交网络兴起以后，短视频如节目花絮等适于碎片化观看的视听内容成为观众的新宠，视频受众测量也开始向产品用户测量转变；而社交网络上用户的转发、评论等行为也在影响着视听信息的传播范围与口碑评价，对这些影响的研究也从基于抽样小数据的满意度调查向基于大数据的舆情研究发展和转变。

目前已有一些基于大数据建立指标体系来分析传播效果的研究，它们为本研究打下了良好的基础，但也存在一些不足之处：其一，指标的选取方面，业界更全面，学界更具理论依据，但两者都未能科学地考察各指标的有效性，没有对指标模型的校验和优化过程；其二，指标体系权重的确定主要是凭借研究者或者相关专家的经验，缺乏客观数据的说服力；其三，大部分研究都未能充分利用大数据的优势，只是简单地将指标的数据与通过经验性的方法获得的权重相结合，而没有对大数据进行数据挖掘，进而去发现数据之间的关系，特别是对数据之间的相互影响缺少系统研究。

本研究以媒介系统依赖（media system dependency）理论作为理论框架，探讨融媒体时代视听信息的传播效果测量。作为传播效果的理论范式之一，媒介系统依赖理论可以帮助我们建构媒介产品消费的影响因素之间的关系；而且将人际传播、大众传播等放入同一个系统中进行分析，涵盖从微观到宏观等多个层次，给出个体—人际—社会三者之间的影响的流动性假设，为本研究综合的、历时性的传播效果测量提供了理论依据。基于这一理论框架，本研究从媒介产品的角度入手，透过观众的媒介消费，将效果测量的指标体系分为认知、情感和行为三个维度，其中，认知维度下又划分了曝光度和扩散度两个二级指标，情感维度下则分为情感倾向和情感强度两个二级指标，行为维度下主要包括关注度这一个二级指标，每个二级指标下还设有更具体的三级指标。

本研究试图搜集具有时间跨度的数据，从历时性的角度来考察受众的媒介消费与媒介系统依赖关系。由此也确定了本研究的基本方法：首先，选取电视剧作为研究对象，以"天"为单位，通过爬虫技术持续抓取进入研究范围的电视剧每天在各个指标上的相关数据；其次，选取"次日收视率"作为传播效果指标体系模型的拟合目标，利用向量自回归模型（VAR）来考察当天的电视、网络收看情况以及网络中该电视剧的舆论声量等指标对次日观众收看行为的影响，并计算权重；最后，通过新数据的加入，在计算和拟合的过程中，不断地对指标体系模型进行调整和优化，以获得最简洁有效的传播效果评估模型。

本研究经过数据收集和模型构建后，得到以下数据结果与分析结论：

第一，最终得到的视听信息传播效果评估指标体系如下：认知维度权重为14.41%，其中曝光度占8.13%，扩散度占6.28%；情感维度的权重为8.57%，其中，情感强度占比6.54%，情感倾向占比2.03%；行为维度的权重最大，占比77.02%，其中传统收视率占比52.37%，网络播放量占比14.08%，网络搜索量占比10.57%。

第二，就各指标对收视率的影响而言，短期内有较明显正向影响的是网络搜索量、电视播出频道和微话题热度，长期有明显正向影响的指标有网络搜索量、媒体转载量和微博热议度，而社交媒体中正面评论的比例和微信公众号上相关文章的数量对于收视率无论短期还是长期影响都较小。这些指标之间也存在相互影响。比如，收视率和媒体转载量会对之后的网络播放量产生影响，网络播放量会影响之后的网络搜索量，网络搜索量、网络播放量和收视率等行为指标都会影响微博热议度。

第三，在选取的作为样本的电视剧中，就整体传播效果而言，《人民的名义》《那年花开月正圆》《欢乐颂2》等剧的综合传播效果最好。从认知维度来看，传统电视渠道曝光度较高的电视剧在网络上的扩散度也较高；从情感维度来看，情感的倾向和强度不存在明显的线性关系，较具口碑的电视剧除了讨论热度较高的那一部分，还有一部分往往被大部分观众忽略了；从行为维度来看，收视率处于中间水平的电视剧，随着收视率的上升，其网络搜索量和播放量也逐渐升高，但部分低收视率的电视剧也有不错的网络搜索量和网络播放量，此类剧目以粉丝话题型剧目为主。从三个维度之间的关系来看，认知维度对于收看行为的影响比情感维度对收看行为的影响更为显著。

第四，从空间维度来看，观众对于优势平台更有依赖性，现象级剧目和优质型剧目多分布于市场份额较高的电视频道，而且两个频道联合播出的电视剧综合指数明显高于单个频道播出的电视剧；周播剧的传播效果则稍弱于非周播剧，周播剧在我国仍比较缺乏生根的土壤；在网络播出平台上，一般而言，一部电视剧在越多的视频网站播放则相应的影响力越大，但网络独播剧的传播效果并不是最弱的，其传播效果在某些指标上好于同时在二至五个平台播出的剧目。从时间维度来看，根据电视剧在播出期间的分天综合指数的走势来看可以将电视剧分为四种类型，即低开高走型、有序波动型、无序波动型和后劲不足型。

　　基于以上数据分析的结论，本研究认为可以从信息传播的三个环节来扩大视听信息的传播效果，并在产业链的各环节进行改进和完善。首先，从信息生产而言，一方面，应利用大数据技术挖掘用户需求，针对小众群体开发符合其需要的小而美的内容，让大众的产品更好地满足更多人的需求和审美；另一方面，将"互联网思维"引入内容生产中，以用户体验为中心，对内容产品进行不断迭代以求达到更好的效果。其次，从信息发布而言，选择独播还是多平台播出应视节目内容和各方的博弈选择最优的播出策略；除了播出平台需要讲求策略之外，视听信息播出的时间和方式也有更好的方案可循，应视用户观看习惯的更替而做出适应性的变化。最后，就信息的扩散与增值而言，应以大数据为基础，配合定制化服务，逐步培养用户的依赖性，最终将内容、关系和服务凝聚为"价值"。

目　录

绪　论

一、研究背景

（一）多屏互动时代视听信息传播格局的变化

1936 年，英国广播公司（BBC）开播，电视开始作为一种大众传播媒介进入公众视野，进而成长为 20 世纪最富影响力的媒介，其广谱式的单向传播、转瞬即逝、不可逆转的特点也构成了定时定点线性播出的基本模式，由此形成了长期支撑传统电视生存的收视率评估指标体系。20 世纪末以来，随着互联网的兴起，视听信息传播渠道和终端日益多元。中国互联网络信息中心的统计显示，截至 2019 年 6 月，我国网民使用手机上网的比例为 99.1％，使用电视上网的比例为 33.1％，使用台式电脑、笔记本电脑、平板电脑上网的比例分别为 46.2％、36.1％、28.3％（见图 0-1）。

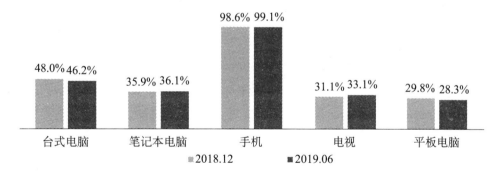

图 0-1　互联网接入设备使用情况

资料来源：中国互联网络信息中心（CNNIC）. 第 44 次中国互联网络发展状况统计报告［EB/OL］. (2019-08-30)［2020-03-06］. http://www.cnnic.net.cn/hlwfzyj/hlwxzbg/hlwtjbg/201908/P02019 0830356787490958.pdf.

与上网方式相应，视听传播开始由以传统电视为主体的单向传播方式向多屏互动模式转变，基于特定时点收看的收视率评估方式越来越难以全面、准确地反映视听信息的传播效果，亟待一种新的评价方式的出现。

1. 大屏电视端线性播出方式受到挑战

随着技术的发展，相比三十年前，电视并不只是屏幕变大变薄了，其内容生产与传播方式也都发生了革命性的转变。从模拟信号到数字信号，电视这一大屏终端的信息接收方式逐渐多元化，目前主流的产品包括数字有线电视、IPTV（交互式网络电视）、OTT TV（互联网电视）、智能电视等。这些数字电视产品虽然由于运营商不同、使用的网络和带宽不同导致用户体验有差异，但从提供的内容、功能和服务来看基本大同小异。

对于传统的内容生产和播出方电视台而言，最直接的影响在于电视的频道价值受到挑战。由于数字信号可以压缩传输，频道在基数上的激增必然在客观上带来频道价值的稀释。① 虽然可选择的范围扩大，但观众时间精力有限，注意力资源被分散，因而各频道之间的竞争加剧，市场格局呈现出马太效应。

对内容接收方观众而言，最直接的影响则在于收视行为的变化。首先，随着具有点播、回看功能的电视机顶盒日益普及，观众的点播、回看行为所占的份额也日益加大，传统的线性播出方式受到挑战，时移收视成为数字化背景下电视开拓增量价值、延展影响力的重要组成部分。其次，由于互联网盒子和智能电视进入电视市场，观众可以通过下载软件或 App 的方式在电视屏端观看网络视频内容。不仅如此，电视和网络两方各自的内容提供商和运营商之间的交叉合作也在增多。除了 IPTV、OTT TV 等网络运营商需要央视国际、南方传媒等传统内容提供商的牌照之外，国外也出现了网络内容提供商与有线电视合作的例子。比如，作为全球最大版权视频网站的 Netflix（网飞），通过技术整合后，其用户可以在有线机顶盒中直接观看 Netflix 中的网络视频，并且随时在 Netflix 和有线电视频道中无缝切换。电视与网络之间、内容和渠道之间的界限正在渐渐模糊。

总体而言，数字信号的发展使得视听内容更为丰富，传播方式从直播扩展到回看、点播，观众的可选择余地扩大了。更重要的是，数字电视的最大特点在于交互性，观众可以通过遥控器及时参与互动，其行为可以通过数字终端实

---

① 周小普，黄彪文. 契机、转机或是危机？: 试析数字新媒体对广播电视的影响 [J]. 国际新闻界，2011 (4): 62-67.

时回传，为市场更好地理解观众提供了客观数据，从而反过来为观众提供更好的服务。

2. 中小屏伴随式收看行为大规模增长

数据显示，我国网络视频用户和手机网络视频用户的规模一直在稳步增长。截至 2019 年 6 月，我国网络视频用户的规模已达到 7.59 亿。[1] 网络视频用户的收看终端呈现多样化特征，除了 PC 端外，智能手机的普及使得手机已经成为日益普遍的视频观看终端。智能手机、平板电脑这种可移动的、伴随式的传播终端使得观众可以随时随地观看自己喜欢的内容。随时随地意味着用户时间分配的碎片化，因而，为了更好地满足用户选择性收视的需求，视听信息也随之碎片化。不仅如此，当电视节目从电视播放转变为网络视频传播时，频道的界限逐渐被打破，观众选择的不是频道而是节目，节目的制作方和提供方是谁对观众来说不再重要，观众可以通过搜索引擎直达节目单元。[2] 换言之，传统的内容组结方式——以时序为核心——正被互联网、移动终端逐渐瓦解，内容的呈现从传统电视的固化走向新媒体的离散。[3]

3. 传统的被动型受众向主动型用户转变

对于信息接收者而言，网络使他们从被动的观众变为主动的用户。过去观看的节目内容是被推送的，观众只能在有限的频道中选择，现在可以主动搜寻自己想要观看的节目，其行为已经直接向市场反馈了他们的喜好。不仅如此，社交媒体的兴起使得电视信息的多次传播成为可能。新媒体为观众提供了便捷的意见反馈渠道，使观众从单纯的信息接收者变为信息传播者中的一员，观众的主体能动性得到释放，他们的口碑和意见往往反过来影响主流电视媒体的议程。

可见，由于互联网所引起的视听信息传播路径的变革，不仅大规模增长的网络端用户视听行为需要被纳入视听信息传播效果的评价体系，而且用户的意

---

① 中国互联网络信息中心（CNNIC）. 第 44 次中国互联网络发展状况统计报告 [EB/OL]. （2019 - 08 - 30）[2020 - 03 - 06]. http：//www.cnnic.net.cn/hlwfzyj/hlwxzbg/hlwtjbg/201908/P020190830356787490958.pdf.

② 高晓虹，李智. 试析传播新格局下电视与新媒体的相互借力与共赢 [J]. 国际新闻界，2013（2）：22 - 28.

③ 周勇. 电视会终结吗?：新媒体时代电视传播模式的颠覆与重构 [J]. 国际新闻界，2011（2）：55 - 59.

见反馈作为考察标准也亟须成为评价体系的一部分。

(二) 视听信息在多级传播下的路径延伸

随着媒介技术的发展，拉扎斯菲尔德（Paul F. Lazarsfeld）等人早期提出的"两级传播"理论已逐渐被修正为多级传播理论。对于视听信息而言，其传播的路径不再是从电视到观众的单向过程，而是叠加的复合传播：以电视始，在新媒体平台多级传播舆论发酵后，再回归节目本身。这一过程还有可能循环往复。在视频网站的弹幕中时常可以看到这样的弹幕飞过："×××安利来的"，"从×××那儿来的"。这些×××多半是微博上的"大 V"意见领袖，或者是某些影评公众号，甚至是网络主播等。这些弹幕充分展现了多级传播路径下，观众从社交媒体的意见领袖处获得了相关的信息和推荐、然后主动去观看视听信息的行为，也从侧面说明了多级传播中某一部分传播效果是如何生成的。对于视听信息而言，在其间起催化作用的多级传播平台主要可以分为广场式的陌生人社交、基于关系的熟人圈社交和基于身份认同的兴趣社交三类。

1. 广场式的陌生人社交：微博

微博由于其本身多对多、裂变式的传播方式，在三种类型的传播平台中最大化地扩大了多级传播的效果。"社交网络"一词形象地说明了微博的信息流和影响流的流动方式，其去中心化的、网状的传播方式可以使得信息到达的用户裂变式增加，用户也可以通过他人的转发看到自己没有直接关注的微博 ID 发布的信息，而且微博广场、热搜、热门推荐等功能的存在也为信息的传播提供了更大的空间，为用户之间的交流提供了一个更广泛的平台。

对于视听信息而言，其到达观众及潜在观众群体的方式也非常多元化。首先是视听信息官方提供的相关信息，其渠道之一是电视剧或者电视节目的官方微博，官方微博发布的信息通常包括节目预告、节目片花、幕后花絮、节目的精选片段，以及与用户的互动以增强用户黏性等。在当前视觉传播转向碎片化的时代，人们对于长文、长视频的耐心都非常有限，因而短视频在微博中具有非常高的传播效力，优质的节目相关短视频是非常有效的吸引潜在目标群体的方式。另一个官方信息渠道则是相关演员、嘉宾的微博，明星与粉丝之间的互动也是吸引粉丝观看视听节目的重要因素。而非官方的信息渠道则主要来自有影响力的意见领袖的推荐和大量的非意见领袖的口碑评价，当某综艺节目或电视剧有大量"自来水"(指自发为某事物说好话的人)时，该节目就在微博上具有较高的话题性，容易被热门推荐，从而有更多的人去了解和观看；微话题的机制也与此类似。当然，除了观众自发的讨论外，微话题和意见领袖中也可能出现"半官方"的情况，即由官方购买相关营销，以促进视听信息的传播效果。可见，微博这种广场式的陌生人社交媒体，是视听信息官方与观众沟通和吸引潜在观众的重要平台，也是用户信任的意见领袖发声和大量口碑生成的重要渠道。

2. 基于关系的熟人圈社交：微信

微信作为近年来兴起的即时通信工具也有一定的媒体和社交属性，甚至一度有要替代微博的趋势。但由于信息传递的方式有所不同，功能性也不完全重合，因而二者并未相互取代，而是在各自的发展方向上更加极致化了。微信的媒体属性主要体现在公众号的订阅功能上，视听信息在公众号中往往是作为文章的素材、内容或者主题出现的，既有专业的影评人对电影、电视剧等节目的评论文章，也有其他非专业的自媒体人有感而发的推荐或吐槽，还有以电影、综艺节目等视听信息为素材和基础进行剪辑、拼贴或恶搞的短视频节目等。用户关注公众号多是出于对公众号过往推送内容的兴趣和对其观点的认同，作为意见领袖的公众号让观众重回电视观看节目。

除了直接关注公众号之外，微信另外的获知信息的渠道是群和朋友圈。一方面，一个用户通过其他用户的分享看到公众号的内容，其中起到更大作用的可能不是意见领袖而是用户对于分享者品位的信任，因为信任朋友的推荐而去观看节目，这可能是视听信息在微信传播效果中的重要一环。另一方面，不同于微博的陌生人社交，微信是基于熟人圈的社交媒体，作为即时通信工具的微信是强关系的社交，而朋友圈的社交则更多的是弱关系的社交，强关系之间的沟通带来的更多的是信任，而弱关系社交带来的更多的是信息传递。尤其是当某个新闻、事件或电视节目在朋友圈被刷屏时，用户在刷朋友圈的过程中反复看到同一篇文章或者基于同一主题的不同角度的文章，虽然同样的信息可能带来信息冗余，但它也可能激起用户的好奇心进而去了解相关信息。此外，用户也可能以社交为动力去积极主动地了解某一主题，以便在社交中能够与朋友有更多的共同话题；或者是出于社交的压力而消极被动地关注某些内容以便在聚会中能够跟上或参与关于当前流行话题的讨论，尤其是视听信息这一类型的内容往往是朋友聚会和茶余饭后的主要谈资。以 2017 年的现象级电视剧《人民的名义》为例，该剧以检察官反腐为题材关照社会现实，电视剧播出以后，几乎人人都能说出剧中人物的名字和经典台词，针对该剧的影评和以该剧为主题延伸讨论的文章在微信公众号中比比皆是，人们即使不想了解也很难回避相关信息，而且当人人都在谈论该剧时，没看过该剧就无法参与讨论，因而微信在多级传播的链条中扮演的更多的是因"关系"带来关注，而非因"内容"带来关注的角色。在微信中内容的生产、选择和交换皆是以社会关系属性为前提的①，社会关系既是传播者和接收者的出发点，也是目的。

3. 基于身份认同的兴趣社交：豆瓣、贴吧

今天，人们逐渐将媒体转化为构建自身身份的资源，从广播、电视、电影、杂志等媒体中选择不同生活方式和角色模型。除了微博和微信外，还有一类社交媒体是基于兴趣爱好而组结起来的，豆瓣网、百度贴吧、乐乎均属于此类。

豆瓣网以书、电影、音乐为核心类目，用户可以对读过的书、看过的电影、听过的音乐进行标记，并发表短评或长评，在电影、电视剧的条目下还有讨论区，尤其电视剧可以分集讨论，在剧集播出期经常有较多网友的互动，这一群体因为对同一部剧、同一本书的兴趣而自发形成。用户看完一部电影后在豆瓣网上发表评论，既有对作品的思考，也有对自我感受的表达，以期获得别人的赞赏和认同。用户之间的认同和互动是基于内容关系而形成的，其彼此认同的基础在于具有相同的爱好。在这一社交方式中，用户和内容的关系更灵活、更自由；内容之间的关系由用户的穿针引线生成，更为多样化；个体之间的关系也是自由松散的，同好圈的进出无约束也没有任何规则，完全自由。②

比起豆瓣网这样松散自由的人际网络，同样是基于共同爱好而组结起来的百度贴吧圈内成员之间的联结则比较紧密，这与百度贴吧本身的规则有关。贴吧首先有管理人员，每个贴吧可以自己选举吧主；其次，进入贴吧有"签到"程序，发帖可能需要遵循一定的格式，好的帖子会被"加精"，这些过程都相当

---

① 熊茵，赵振宇. 微信舆情的传播特征及风险探析［J］. 现代传播（中国传媒大学学报），2016（2）：79 - 82.

② 彭兰. 网上社区个案研究：豆瓣［EB/OL］.（2007 - 06 - 19）［2018 - 03 - 05］. http：// news. xinhuanet. com/newmedia/2007 - 06/19/content _ 6261851. html.

具有仪式感。参与过程的意义在这种不断的重复、祈求式、接力式的仪式参与体验中被一再强化，围绕一个简明的目的加强了个体之间的联结感。同样是基于共同的阐释路径和审美规则形成的同好圈，百度贴吧由于仪式感更强，受到的约束更多，因而圈内联结更为紧密，归属感更强，成员更具粉丝特征；而且粉丝们会发展出一套共享的文本阐释系统，通过对这一系统和符号的不断衍生使用，主要是在虚拟空间中进行扩散传播，来扩大、延伸共享的体验。①

不论是基于何种方式、何种目的组结起来的或松散、或紧密的网络社交圈，都在互联网上以各种各样的方式碰撞、融合，这种跨媒体的反应推动了视听信息相关网络讨论舆情的生成，而这一过程和力量又反过来对视听信息的传播效果产生影响。

二、研究目标

媒体技术的发展使媒介融合程度不断深化，视听信息的传播路径更为复杂而多元，传统电视占主体地位的传播格局被打破，电脑、手机等的多屏融合使观众从被动的受众转变为主动的用户。在这一背景下，传统上基于小样本抽样调查、主要针对电视收看行为的收视调查方法已越来越表现出局限性，建立一套全面反映多屏时代视听信息传播效果的理论和方法体系成为理论界和实践界共同关注的迫切问题。

大数据时代，对于视听信息的传播效果的测量将不再局限于基于少量样本的电视观众抽样调查，而是将其他多种视听信息形态、在其他多个平台的传播效果都纳入测量范围。目前国内外已有一些对这一领域的研究，将各种终端多渠道的效果测量进行整合，比如业界有些机构开始进行"全媒体收视率"测量的尝试，学界也有"电视节目网络影响力评估体系"等相关研究；也有从理论层面对媒介融合环境下视听传播规律的探讨，如社交媒体环境下传统电视观众收视行为模式的变化、视听传播与社会舆论的多重互动关系等。但学界的理论研究和来自业界的实践研究没有实现有效的沟通和衔接。学界主要从理论上对新媒体环境下视听传播规律进行探讨，缺乏实践层面的验证和数据支持；业界

---

① 陈彧. 共享仪式与互赠游戏：以百度贴吧为例的虚拟粉丝社群研究［J］. 当代传播（汉文版），2013（6）：27—29.

则基于各自经验提出了一些新的收视评估方法、指标，缺少理论框架支撑，从而影响了其体系的严谨和对整个行业的说服力。

因此，本研究的目标主要包括以下几个方面：首先，本研究将立足于理论，提出更为严谨的传播效果评估指标体系，并分析探讨各变量之间的关系；其次，通过实践数据对指标体系模型进行验证和优化；最后，建立一套程序系统，能够持续搜集相关的公开数据来分析视听内容综合传播效果及其走势，并进行可视化的呈现。

三、研究框架

本书的基本研究思路如图 0-2 所示，各章主要内容如下。

第一章，"互联网＋"背景下我国视听传播业的格局变化。本章着重考察了传统电视和网络视听信息传播的过去、当下与未来，梳理了视听行业的历史发展与现状。

第二章，视听信息传播效果测量的传统路径。本章主要回顾了以电视为视听信息主要传播渠道的时代对于观众收视行为和态度测量的技术和方法。

第三章，大数据时代多屏视听信息传播效果测量的探索。本章主要介绍了在多屏互动时代，视听信息的传播效果测量有哪些新方法、新进展，以及多屏测量的挑战和难点，并对现有研究中存在的问题与不足进行了总结。

第四章，多屏视听信息传播效果测量的研究设计与方法。本章首先对媒介系统依赖理论进行了梳理，阐明了以此作为理论框架的原因，并据此提出了本研究的理论模型。在此基础上，确定了本研究的研究方法，包括选取电视剧作为研究对象、引入经济学中常用的向量自回归（VAR）模型来建构评测模型并对其进行优化，以及相关指标的界定与采集方法等。

第五章，多屏视听信息传播效果评估模型的建构与优化。本章具体介绍了基于 VAR 模型的试测与权重确定的方法，然后在持续搜集数据的基础上扩充样本量后，对评价指标进行了优化，并对权重进行了修正。之后对优化的模型进行了信效度测量。

第六章，视听产品的传播效果与媒介系统依赖关系分析。本章利用搜集的数据及建立的模型进行了具体的分析，首先对媒介内容的传播效果进行了概述，然后结合媒介系统依赖理论，从不同的角度分析和归纳了模型中变量之间的关系以及媒介产品的特征。

第七章，视听信息传播效果评估的应用及启示。本章基于第五章、第六章实证研究的结果，从信息生产、发布和扩散与增值三方面来探讨如何扩大视听信息的传播效果，并在产业链的各环节进行改进和完善。

第八章，视听信息传播效果评估系统的程序设计及实现。本章介绍了本研究中搜集数据的技术原理与方法，以及研究目标中提出的程序系统的设计与实现。

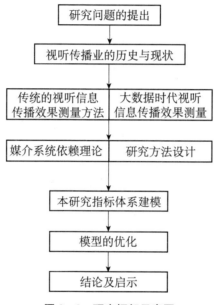

图 0-2 研究框架示意图

在研究视角上，本研究着眼于当前视听信息传播的前沿动态，试图通过视听信息效果评估方式的改变指导实践，具有一定的前瞻性。

在研究内容上，目前对于视听信息传播效果的评估指标体系研究多是聚焦于截面数据，很少进行时间维度的纵向延展。本研究基于 42 部电视剧的分天数据分析，考察不同类型电视剧的传播效果在时间维度上变化趋势的规律性特征。

在研究方法上，本研究着眼于基于大数据的效果研究，引入信息科学手段，并将经济学中常用的 VAR 模型引入新闻传播学领域来对传播效果进行动态性分析，利用客观的统计模型来确定指标体系中各指标的权重，有别于传统的视听信息传播效果研究方法，也契合了当前视听传播实践领域的发展动向。

第一章　"互联网＋"背景下我国视听传播业的格局变化

　　"互联网＋"背景下，中国视听传播领域的发展风起云涌。视听生态在裂变与融合中重新定位，用户市场分众趋势更为显著。随着互联网特别是移动互联网的深入运用，视频网站在 2014 年开启内容自制，并在近几年得到更为丰富、多元的发展。中国视听传播的竞争格局因此渐趋复杂深刻，传统电视业的重要地位受到多种力量影响，其中视频网站成为重要竞争主体，大比重分流视听传播领域受众的注意力。

　　20 世纪 30 年代，马丁·海德格尔提出"世界被把握为图像"[①] 的论断。"图像时代"的到来使得视听传播获得更广阔的空间。在我国，以视听内容为核心产品的电视在人们的文化消费中长期占据绝对优势地位，且在文化体制改革背景下不断释放新的发展潜质。然而，视听新媒体的崛起与渠道资源的急速扩张使传统电视的生产与传播优势不断被消解。我国视频网站发展的创新与颠覆说明专业化、大制作的优质视频内容生产在新媒体语境中仍具极强的生命力，但不再只是电视的专利，更传递出传统电视发展式微的深层逻辑——单向、线性的传播闭环主导下的精英模式正暴露出更多的问题。

第一节　传统电视：马太效应下的"繁荣"与"萧条"

　　视频网站的崛起激活更为丰富的视频内容资源，进一步分流受众的注意力市场，这一事实与互联网语境下的传播模式变革共同作用，使传统电视业的发展面临多重挑战，机遇与危机并存。一方面，强势频道的市场价值进一步得到

---

①　米歇尔. 图像理论 [M]. 陈永国，胡文征，译. 北京：北京大学出版社，2006：3.

释放，广告和相关收入持续增长，第一个百亿省级卫视出现。^① 现象级节目活力依旧，优质内容受到市场认可。另一方面，电视业的马太效应进一步加剧，二三线卫视在内容生产、内容变现等方面日渐乏力，甚至出现倒退式发展。

一、内容生产：电视市场的局部繁荣

近几年来，中国电视市场的发展一直处于局部繁荣与整体乏力的焦虑中，无论是在节目形态上还是在电视频道的市场格局上，这一特点都愈发突出。

在节目形态的表现上，中国电视制造了一幅看似"热闹"的图景，除了电视剧与电视综艺依然维持相当的市场热度外，电视新闻、纪录片等其他电视领域的发展如"星星之火"，却难以"燎原"。近年来，尽管出现了一些有影响力的节目，例如，在电视新闻领域，山东卫视的《调查》栏目因切入时效性的特色调查报道形成一定话题讨论与口碑传播。在纪录片领域，中央电视台播出的中国首部 4K 摄影纪录片《第三极》观看效果震撼，中英联合摄制的纪录片《孔子》引发了中国文化"走出去"的探讨；除了宏大视角的纪录片外，从微观叙事切入的三集纪录片《我在故宫修文物》也在 2016 年成为现象级作品，获得观众的一致好评……但这些零星的亮点尚无法扭转电视新闻领域、纪录片领域整体的发展颓势。面对市场竞争，这些作品并未能促成整个节目品类的迭代与改进。

电视剧领域，受"一剧两星"^② 政策的影响，产量过剩现象得到缓解，但此政策也使得这一市场产生了深刻的变化。其一是引发"大剧"追逐，作品水准参差不齐。因时段价值进一步凸显，单部电视剧播出的成本提高，故需通过精品剧目（如《琅琊榜》《人民的名义》等）锻造市场口碑，提升剧集影响力。但同时也制造出另一景观，大量迎合年轻受众口味的快餐剧集（如《明若晓溪》《他来了，请闭眼》《微微一笑很倾城》等）不断推出，IP 热催生诸多热门改编

① 北京商报.湖南卫视成去年首个创收破百亿省级卫视［EB/OL］.（2016-01-19）［2020-03-07］. http://field.10jqka.com.cn/20160119/c587387509.shtml.

② 2014 年 4 月 15 日，国家新闻出版广电总局召开 2014 年全国电视剧播出工作会议。会上宣布，自 2015 年 1 月 1 日开始，总局将对卫视综合频道黄金时段电视剧的播出方式进行调整，具体内容包括同一部电视剧每晚黄金时段联播的卫视综合频道不得超过两家，同一部电视剧在卫视综合频道每晚黄金时段播出不得超过两集。

剧集，虽同为"大剧"能有效保障播出平台收视，却也暴露出制作粗糙、格调低下等内容特质。纵观近年电视剧市场，存在上述问题的 IP 剧居多。其二是频道编播策略调整，市场接纳情况不一而足。因首播频道数受限，由此催生热剧跟播策略。如，囿于竞争实力的河北卫视选择跟播的边际优势策略，在黄金时段跟播《千金女贼》等热门作品，市场反馈良好。但对更多的二三线卫视而言，这一个案仍不具普适性，所起作用也十分有限。而湖南卫视、东方卫视、浙江卫视等一线卫视则开始试水周播剧以尽量消弭"一剧两星"的不利影响，《花千骨》成为这一策略典型的成功案例，但也有很多周播剧并未达到预期效果。周播策略投入与风险"双高"，短时间内难以全面复制和被广泛接受。

电视综艺领域对电视发展的"提振"作用显著，成为竞争主力，但高投入、大制作的电视综艺马太效应也愈发明显：央视、一线卫视不断聚拢丰富的资本与资源，促成更大发展，二三线卫视却因缺乏注意力市场，形成"无米之炊"的恶性循环。一方面，季播真人秀的体量提升，模式引进仍为主导，原创节目势力单薄。灿星传媒引进韩国模式节目《了不起的挑战》于中央电视台播出，为央视综艺注入新活力。湖南卫视等一线卫视打通周末三天晚间综艺带，促成季播节目常态化。在节目规格上，《奔跑吧，兄弟》《我是歌手》等现象级节目热度依旧，《一年级·大学季》《最强大脑2》《国家宝藏》《中国诗词大会》《见字如面》以及《朗读者》等新生热议节目则凸显了电视综艺的文化教育属性。另一方面，常规综艺生存空间受到挤压，除《快乐大本营》等老牌综艺外，央视与各大省级频道的周播综艺强势地位逐渐消解，聚合观众注意力的能力有限。此外，政策因素影响节目生产，受到"一剧两星"与《关于加强真人秀节目管理的通知》等相关政策影响催生的"920节目带"新时段尚待开发，真人秀节目的操作难度进一步加大。

总体来看，传统电视业发展难以延续全面繁荣的症结在于两组矛盾的共同作用：

其一，资源分配与不同频道之间制播实力差距上的矛盾。马太效应下各种优势资源的单向集中迫使频道间的差距不断拉大，对电视行业的良性竞争构成壁垒。

其二，持续增长的产量与不均衡的产能之间的矛盾。仅靠电视剧、电视综艺等单一品类的内容而非多种经营支撑电视发展，电视的品牌内涵也将进一步萎缩，难以维系长远的发展。

二、商业模式：传统电视广告的活力衰减

美国在线新闻平台 Business Insider 的创办者亨利·布罗吉特（Henry Blodget）曾指出，与十年前报纸面对互联网冲击的反应与结果相比，今天的传统电视业很可能会重蹈报纸的覆辙。受到网络视听内容生产与传播的冲击，电视构建的"客厅文化"正在被互联网与移动设备重新定义，观众收看电视内容的行为模式产生了深刻的变化：碎片化的观看时间、多样的观看终端、移动的观看场景等都在大幅分流电视受众的注意力。

显然，电视有线网络的接入不再是人们获取视听内容的唯一方式，视频网站提供了更多简便可行的选择。受此影响，传统电视广告的影响力也大不如前：一方面，越来越"聪明"的观众会对广告的表现形式更为挑剔；另一方面，电视广告的市场效益也难以正常维持。从图 1-1 和图 1-2 的数据对比中可以看到，近年来，各年龄段电视受众的电视收看时长均有不同程度的减少，而全国网民的上网时长正在不断上升，这反映出电视正面临受众不断流失的事实。封闭、单一的传统电视商业模式正在使内容变现的能力不断削弱。

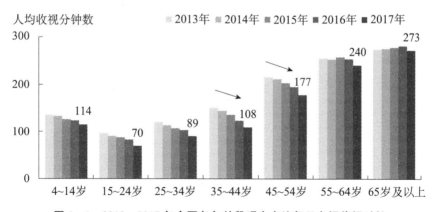

图 1-1　2013—2017 年全国各年龄段观众人均每日电视收视时长

资料来源：中国广视索福瑞媒介研究。

传统电视产业链因用户习惯的改变而不断松动，已成为传统电视发展式微的不争事实。我国电视广告在 2014 年出现拐点，电视广告收入规模开始呈现负增长（见图 1-3），虽然 2017 年还保持在千亿以上的规模，但从近几年的发展趋势来看，预计未来每年会以 2%～3% 的幅度下滑。从国内广告业的整体环境

来看，电视广告原有的主流地位已经难以维持，而网络广告收入稳步增长，并在 2014 年首度超过电视广告，2017 年的网络广告收入达到 3 508 亿元，增幅也仍保持在 20% 以上，其收入规模已是电视广告的三倍以上。

网民平均每周上网时长 单位：小时

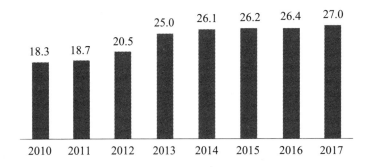

图 1-2 2010—2017 年全国网民平均每周上网时长

资料来源：中国互联网络信息中心（CNNIC）. 第 41 次中国互联网络发展状况统计报告［EB/OL］. （2018 - 03 - 05）［2020 - 03 - 07］. http：//www. cnnic. net. cn/hlwfzyj/hlwxzbg/hlwtjbg/201803/P02018 0305409870339136. pdf.

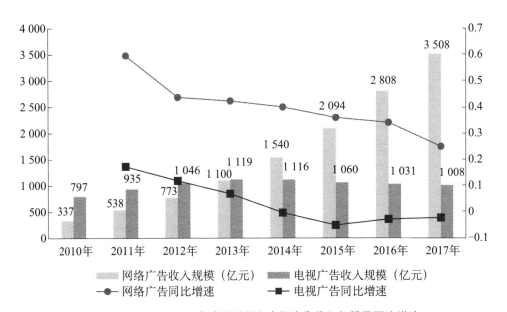

图 1-3 2010—2017 年我国网络和电视广告收入规模及同比增速

资料来源：中国产业信息网. 2017 年我国电视广告收入及收视份额占比、2018 年广告市场行业规模预测分析［EB/OL］. （2018 - 01 - 09）［2020 - 03 - 07］. http：//www. chyxx. com/industry/201801/601702. html.

　　从更为微观的层面来看，影响力内容的聚合效应多集中在央视与几大一线卫视中，其他多数频道的内容生产与运营都显得格外乏力。虽然近几年电视广告的整体收入在下滑，但 2014—2016 年的数据显示，收视份额较高的五大卫视（包括湖南卫视、江苏卫视、北京卫视、浙江卫视和东方卫视）广告收入都在上升，2016 年五家卫视广告收入合计超过了 300 亿，且占我国电视广告总收入的比例也在不断上升（见图 1 - 4）；与此同时，五大卫视黄金档、周播档刊例价格逆势上涨，广告时间段也呈现集中化趋势。可见，我国电视市场的马太效应愈发显著。而在我国网络广告的收入中，与电视形成直接竞争关系的两类平台的广告规模都在以较大的涨幅增长。其一是在形式上与电视相似的网络视频，2017 年网络视频行业广告收入达 445 亿元。虽然网络视频广告的类型在不断多样化，但目前还是以贴片广告为主，2017 年多屏前贴片广告价格为 40～130 元，整体相比 2014 年的价格涨幅约为 30％。其二是在功能上与电视相似的网络新闻资讯平台，2017 年第二季度中国互联网新闻资讯广告规模达到 71.2 亿元，环比增长 34.8％；同时，移动端新闻资讯广告收入规模达到 54.4 亿元，同比增长 39.8％，整体变化趋势与互联网新闻资讯广告规模变化相符，并在其中占比达到 76.4％，从用户渗透率和市场发展前景来看，未来移动端新闻资讯业的市场规模还将进一步扩大。①

图 1 - 4　2014—2016 年我国五大卫视合计广告收入及占比

注：五大卫视为湖南卫视、江苏卫视、北京卫视、浙江卫视和东方卫视。

资料来源：中国产业信息网.2017 年我国电视广告收入及收视份额占比、2018 年广告市场行业规模预测分析［EB/OL］.（2018 - 01 - 09）［2020 - 03 - 07］. http：//www.chyxx.com/industry/201801/601702.html.

---

　　① 中国产业信息网.2017 年我国电视广告收入及收视份额占比、2018 年广告市场行业规模预测分析［EB/OL］.（2018 - 01 - 09）［2020 - 03 - 07］. http：//www.chyxx.com/industry/201801/601702.html.

电视开机率近年大幅下降,广播电视收听收视群体向老年人集中,伴随而来的是固化的商业模式活力进一步衰减,"不再年轻"的电视亟待适应互联网时代的转型。

第二节 视频网站:从"野蛮生长"到规模化发展

伴随视听传播在当下的新发展,以视频网站为主体构建的网络视听业步入规模化发展阶段,在摆脱成长初期的"野蛮生长"后,初步具备了与以广电为代表的传统视听媒介"分庭抗礼"之势。相关数据显示,截至 2019 年 6 月,我国网络视频用户的规模已达到 7.59 亿,占网民整体数量的 88.8%[①]。总体上,今天的网络视听已作为一种独立的文化娱乐产业形态进入全面繁荣期。本节基于当前的发展关键期展开对视频网站的考察,试图厘清视频网站在我国的具体实践状况及其发展线索、路径。

一、发展轨迹:从内容集成到规模自制

自 2004 年乐视网上线,中国网络视听业的发展至今方兴未艾。可以说,视频网站不断调适、发展的过程就是整个中国网络视听领域前行轨迹的具体缩影。直到 2017 年,视频行业终于从大小网站野蛮生长、跑马圈地的状态步入包括用户规模、使用率以及内容制作等在内的细分化精品时代。[②] 由此可见,探索性的自我迭代作为互联网的重要特征构成了视频网站发展历史的关键词。

十余年间我国视频网站从边缘到主流的演进体现了从内容集成到规模自制的运作逻辑转变,这一过程总体上可划分为五个阶段。

(一)第一阶段(2004—2005 年):结构化的内容集成

在 2004 年以前,宽带流媒体对视频内容的集成已有表现,部分视频类服务在互联网中有零星分布,但总体不成规模,是相对离散的内容服务供应。随着

---

① 中国互联网络信息中心(CNNIC). 第 44 次中国互联网络发展状况统计报告 [EB/OL]. (2019 - 08 - 30) [2020 - 03 - 06]. http://www.cnnic.net.cn/hlwfzyj/hlwxzbg/hlwtjbg/201908/P020190830356787490958.pdf.

② 周勇,何天平. 视频网站"下半场"发展观察:线索、路径与前瞻 [J]. 新闻与写作,2018 (5):16 - 20.

乐视网的上线，视频网站有了对视频内容的结构化集成，由此也拉开了中国网络视听发展的序幕。2005 年上半年，受乐视网和国外 YouTube 等网站的影响，包括土豆网、56 网、PPTV 等一批视频网站渐次亮相，逐步形成"内容集成＋UGC（user generated content，用户生成内容）"两种模式主导下的视频网站初期格局。内容集成的典型代表是以影视剧发行为主的乐视网，以用户上传内容为主的土豆网则是 UGC 内容分享这一模式最具影响力的视频网站，这一阶段视频网站的勃兴奠定了后续网络视听业务结构的基本面。

（二）第二阶段（2006—2007 年）：切入边缘内容生产

经由 2005 年的骤然兴起后，第一代专业类视频播客在此后两年间迎来第一次快速发展。与此同时，YouTube 被谷歌以 16.5 亿元收购的利好消息进一步助推国内资本对在线视频业的青睐。相关统计显示，这一阶段我国视频网站数量在高峰时达到逾千家之多。2006 年，优酷网和酷 6 网上线，让"拍客"的理念进一步渗透进网络视听的内容生产逻辑之中，内容的差异化呈现构成视频网站实现突围的着眼点。具体而言，除了 UGC 内容的壮大，发展专业视频内容也成为激烈的行业竞争中部分有相关生产优势的主体的新变化。新浪、搜狐等综合门户下的视频网站（如新浪视频、搜狐视频）开始切入边缘内容生产，例如体育新闻、文娱新闻等原创短视频。较之过去文字为主、影像为辅的交互形态，这些"边缘突破"的视频产品为后来网络视听业确立主体地位提供了一定基础。

（三）第三阶段（2008—2009 年）：连续性的行业洗牌

我国在线视频业从 2004 年到 2007 年的发展已初见成效。数据显示，截至 2007 年年底，网络视听内容的收看比例超过 70％，用户对视频网站的接触在所有网络应用中居于第三位。但到 2008 年，"千网一面"的局面并未得到有效纾解，网络视听产业发展进入低潮期，难续之前的火热之势。在政策与资本双向驱动下，在线视频业呈现"数量"洗牌的态势。2007 年 12 月 29 日下发的《互联网视听节目服务管理规定》中明确了视频网站牌照制经营的规定，2008 年波及全球的金融危机使得在线视频业的资本泡沫被进一步挤除，由此，两次外部力量介入的洗牌导致视频网站的数量锐减，在线视频业市场大幅收缩。2009 年以来，以"整治互联网低俗之风专项行动""剑网行动"等为代表的行政力量进一步加强，网络视听业内部围绕"版权"问题开展行业自净活动，对视频网站的正版、正规化发展带来积极影响。连续性的行业洗牌解决了此前"井喷"效应之下的市场浮肿问题，经由一系列的并购或整合上市后，在线视频业逐步迎来此后十余家主流视频网站鼎足而立的竞争局面。

（四）第四阶段（2010—2013 年）：内容自制勃兴

伴随 2009 年年末和 2010 年年初中国网络电视台和爱奇艺网的成立，在线视频业务之于我国视听传播业的主流地位得以正式确立。一方面是一批视频网站"国家队"逐步壮大，视频网站有了成为视听内容分发主力渠道的合理建制；另一方面是正版、高清、长视频内容的分发助推视频网站的精品意识形成。到2010 年，我国的网络视频行业已基本形成国有媒体网络电视台、门户网站及商业视频网站分据市场的完整竞争版图。

早期我国视频网站的主要模式是模仿 YouTube 的视频分享类网站，乐视网等以专业内容集成为主的视频网站并不占据主流。随着 Hulu 的异军突起，国内的视频网站纷纷放弃 YouTube 模式选择 Hulu 模式。网络视频媒体的内容则从以 UGC 为主转向以正版、专业的长视频为主导。发生这种转变主要有两方面的原因。一方面，虽然数码设备的普及和用户的表现欲望提升是不争的事实，但以原创和草根为标签的 UGC 类内容鲜有高质量和影响广泛的作品，缺乏竞争力。用户最偏好的节目主要集中在影音娱乐方面，由专业机构制作的影视剧等内容更能吸引用户，而 UGC 类内容关注度则在下降。另一方面，2009 年以来政府对网络版权的监管力度不断加大，在版权视频内容提供商以及坚持正版的视频网站的不断推动下，版权影视剧成为视频业内的热点。受网络视频用户观看喜好和版权问题的影响，网络视频网站内容体系的运营重点开始转向影视剧类内容。

购买版权视频内容吸引用户，通过广告赢利的"Hulu 模式"成为我国视频网站发展的主流方向，这也使得视频网站对于优秀影视剧资源的争夺日益白热化，如优酷网不断拓展深化的"合计划"、土豆网的"黑豆高清战略"、搜狐视频的正版公开课程和影视剧策略等。这种对于资源的争夺，由于版权内容的购买费用昂贵和政府监管的加强，使得视频网站呈现出内容同质化程度较高的局面。

与此同时，为了凸显自身特色和增加用户黏性，视频网站开始推进内容自制战略的部署与落地。在经过了前两年的低谷之后，2010 年视频网站采取了许多大的举措，各视频网站开始自主或参与投资制作内容，如优酷网参与投资的《老男孩》系列、土豆网的《欢迎爱光临》等。而且，自制的投入也开始初见成效，优酷的自制剧《老男孩》系列在当年引起了巨大的反响。另外，从形式上来看，独播剧、热播剧、首播剧等传统电视媒体的内容发行模式也越来越多地被互联网所借鉴采纳。

在此后三年间，主流视频网站对于自制的探索以点带面，从几部作品逐渐扩展至几十部作品，并明确意识到自制内容或将成为未来在线视频内容业务的战略核心。

（五）第五阶段（2014 年至今）：全面自制与规模生产

国内视频网站步入全面自制在 2014 年前后，是多种社会力量共同作用的结果，其中有"一剧两星""境外剧管控"等外部制度因素，也有版权内容价格高企、视频网站拓展市场的需要等内部结构因素。在这样的情况下，视频网站从内容集成到全面自制的转变得以落地。

从 2015 年开始，视频网站一方面为内容自制累积了更多生产经验，另一方面也在内容品类、投入、变现等上下游环节展开更多实践，通过多元化、规模化的自制内容生产，升级在线视频业的产业化发展进程。越来越多的视频网站自制的影视剧、综艺节目开始进入观众的视野并得到认可，剧集和节目质量也在迅速提升。在视频网站发展的第四阶段，网络自制剧和节目偶有佳作，如《万万没想到》等，不仅在观众中，在业界和学界也引起较多讨论，但引发这种讨论的一个原因也在于：正是由于网络自制作品少，优良作品还处于稀缺状态，这些作品因而显得突出。而发展到这一阶段，观看网剧和网络综艺已成为观众业余生活的一部分，对于年轻观众而言，网络自制的节目较传统电视观看起来更为便捷。近年来网络自制作品开始大规模出现优秀剧集和综艺节目，比如2015 年的《无心法师》《太子妃升职记》《奇葩说》，2016 年的《鬼吹灯之精绝古城》《余罪》《明星大侦探》，2017 年的《白夜追凶》《致我们单纯的小美好》《中国有嘻哈》等。2018 年自制内容几乎呈现出井喷的态势，现象级爆款频出，如《创造 101》《镇魂》《延禧攻略》等均有全民讨论的话题度。反观电视台播出的剧集和节目，在近两年则鲜有高话题度高口碑的作品出现，即便是 2018 年湖南卫视斥巨资自行研发并邀请王菲出演综艺首秀的新节目《幻乐之城》也并未激起预期的反响。之所以出现这样的局面，除了视频网站开始明确将自制内容作为其内容业务的战略核心之外，还有两方面的原因也为视频网站的发力起了助攻作用：其一是传统电视人才开始逐渐向互联网行业转移，比如《奇葩说》《明日之子》等热播网络综艺的幕后主要创作人员都是电视台原来的骨干；其二是互联网播出环境相对宽松，由于政策的监管，不少电视剧、综艺因题材或者尺度等问题无法在电视上播出，比如《爸爸去哪儿》后两季只能在芒果 TV 上播出，《鬼吹灯》等玄幻、奇幻题材的电视剧也无法在电视台播出。总体而言，在内外因素作用下，视频网站目前已经进入全面自制与规模生产的发展阶段。

二、市场格局：平台型视听媒介的策略性构建

在从内容集成到规模自制这一发展历程中，我国视频网站基本实现了一种新兴视听媒介从孕育期到成熟期的迈进。以规模自制战略为起点，今天的在线视频业无论在内容属性、传播特质方面，还是在组织结构等方面都有了迥异于其发展初期的面貌，并勾勒出各自具有独特性的发展路径。从视听传播的一种代偿性手段到确立其主体性地位的流变，视频网站"上半场"的角逐基本结束，以差异化突围和影响力增量作为关键词的"下半场"正式开启，接下来面临的问题在于如何通过更高效的媒资整合与配置，完成其作为平台型视听媒介的构建。当然，个中关照了多个层面的变量：产业生态、战略布局、内容品质、技术基因、盈利结构等。

基于当前的市场竞争态势，本部分着重考察具有代表性的头部视频网站，梳理并探讨其各自的发展模式与路径，由此进一步明晰视频网站"下半场"所面临的机遇与挑战。当前我国主流视频网站表现出四种主要的发展思路。

（一）综合型（原生）视频网站："流量"思维主导下的自由市场竞争

在当前的网络视听业中，商业视频网站占据了相当比重的市场份额，以腾讯视频、爱奇艺、优酷土豆、搜狐视频、乐视视频等为代表的综合型视频网站在业务形态方面具有完全意义上的互联网基因，因而在发展策略上更重视互联

网的原生优势，即遵循技术、用户、内容的互动逻辑，生产具有广泛影响力的视频产品。

以优酷土豆、爱奇艺、腾讯视频为例，2016 年至 2017 年，这三家视频网站相比其他视频网站保持了显著优势，中国网络视听节目服务协会调研显示，这三家视频网站为在线视频业的"第一梯队"。总体上，这三家具有代表性的、完全市场化的视频网站，以综合性的内容品类在自由竞争市场中吸引用户注意力，"流量"成为衡量其业务能力和市场规模的重要指标。除了具有背靠 BAT（百度、阿里巴巴、腾讯）资源、强化独家内容、重视渠道分布、全产业链业务布局等共性特点外，这三家视频网站的在线广告、付费会员等增值业务也均产生了有力的拉动作用。数据显示，2017 年中国视频网站付费比例达 42.9%，相比 2016 年增长 7.4 个百分点。其中，上述综合型商业视频网站对用户付费行为的转化有主力推动作用。

在差异化战略方面，优酷土豆几轮的组织架构调整使其兼具更显著的"泛文娱生态系统"布局优势，依托阿里技术支持的大数据营销和全链路营销体系令内容分发与触达更精准、智能。爱奇艺 2017 年的内容表现亮眼，网综《中国有嘻哈》实现了真正意义上的"超级网综"，多部网剧、网络大电影的"出海"提升了本土网生内容的国际影响力。2018 年 3 月爱奇艺在美国纳斯达克挂牌上市，意味着接下来爱奇艺见长的内容 IP 打造或将进一步延展至上下游产业链，用更成熟的商业架构最大化网生内容市场的价值变现。腾讯视频具有母体公司腾讯天然的文娱"流量"优势，因此面临的关键问题在于如何实现有效转化。"个性化的用户体验、差异化的用户服务，加强自身的竞争力，是腾讯视频形成高效的良性循环的关键。"[①]

（二）主流媒体型视频网站：网络视听的意识形态阵地

伴随中国网络视听业影响力的大幅增量，在线视频的主流化传播渐成重要命题。也就是说，当前作为新型视听传播格局中重要力量的网络视听业，如何开展舆论引导、形塑主流价值观，是保证其长线发展的关键线索之一。较之第一类市场化力量主导的视频网站力量，以央视网、人民网、新华网等为代表的

---

① 郜颖．"免费＋付费"模式下视频网站的发展空间：以腾讯视频为例［J］．西部广播电视，2017（7）：6．

视频网站"国家队"表现出更服膺于主流意识形态的形态建制。可以看到，除了文娱内容产业之外，各主流媒体分化出的新媒体视频平台在重大新闻报道、国际文化传播、政策解读与传播等方面都发挥着积极影响，与市场化主体合力共同再造视听传播的生态链。

央视网、人民网、新华网均依托于国家级媒体的建制，其发展一方面呈现出积极的媒体融合态势，另一方面也弥补了传统媒介在"权威发布"方面的渠道短板，对于推进新型主流媒体发展的新格局有重要意义。源自这样的"出身背景"，这些视频网站在内容形态、传播手段、运作机制等方面都表现出高度的主流化特征，需在很大程度上服务于宣传和教化的需要，形成网络视听业的意识形态阵地。

央视网对内容与渠道、电视与网络、体制与市场进行双向整合融通，推进了国家级电视媒体的全媒体转型，加强技术平台建设、实施"移动优先"战略、升级舆情数据服务等相关举措使其不断朝着"一站式超级视频平台"目标迈进；人民网在 2017 年推出的《两会进行时》《直通十九大》等时政类重大新闻的融媒体报道影响力不俗，表明在推进报网合作的业态转型中如何实现网络视频业务与中央厨房整体业务的结构化整合是关键进路；新华网力图打造"网上国家通讯社"，在内容生产、经营思路、技术研发等方面采取一系列创新措施，"以新闻信息服务为主、多种业务线并存"的发展思路明确，其后续的升级则需要在成为"多语种、多终端、全媒体、全覆盖的综合信息服务供应商"过程中开展更系统化的机制迭代。除此之外，这三家视频网站虽有"特殊身份"定调，但要实现长线发展也需考虑多元盈利的可能性，这同样是接下来值得关注的发展议题。

（三）兼容型视频网站：视听媒介的融合转型与市场反哺

相比于诸多受到媒体融合思路指导的视频网站，芒果 TV 的发展路径则稍有不同。虽然作为湖南广电麾下的独立新媒体视频平台，芒果 TV 亦是传统广电"自我繁殖"形成的具体产物，但在湖南广电"一体两翼、双引擎驱动"的基本战略下，芒果 TV 并非作为内容分发的拓展渠道存在，而是定位于与"台"一体的另一个重要"引擎"。芒果 TV 在 2014 年诞生时便作为与湖南卫视实现"台网互动"的平等主体来运营，在此后的三年多时间中，其发展也遵循着这一思路往前推进。在新型传媒集团的运作思路下,"网"与"台"共享内容与渠道的优势,芒果 TV 从独播湖南卫视内容逐步走向"独播＋自制"模式,借力湖南卫视在生产机制、传播渠道、机制架构等原生优势,最终形成自有力量与传统广电力量共同加持的发展局面。2018 年,芒果 TV 实现优势自制内容对电视平台的反哺,在热播网综《明星大侦探》的影响下,湖南卫视重点排播了改造后的"新"节目《全民大侦探》,侧面反映出网生内容有了供电视平台"取经"的充分潜质。2018 年,芒果 TV 实现营收 96.60 亿,净利润 8.9 亿元,成为所有视频网站中首家盈利的主体,侧面反映了"芒果系"推进媒体融合进程所取得的有力成果①。总体来看,这一"特殊"的媒体融合形态是彻底的、具有显著性的,表现为台网互相兼容的发展取向。但在未来的发展中,芒果 TV 如何在内容和平台融合之外形成更高维度的生态与体系融合,即覆盖全终端和全产业链的融合进程,将是其下一步发力的方向。

(四)垂直型视频网站:分众传播下的细分内容服务

在多种经营思路的影响下,相当一部分视频网站采取了多元内容品类生产与分发的战略。这意味着大多数视频网站具有面向全年龄段传播的特征。但在互联网分众传播趋势的影响下,也存在一类侧重细分内容服务供应的视频网站——以 AcFun、bilibili 等为代表的垂直型视频网站,将青年文化作为切入口,重点布局以动画、漫画与游戏(ACG)为主体的视频内容,并在很大程度上下放专业内容的生产权限于普通用户,充分关照社交属性,培养出了一种独特的 UGC 化的 PGC(professional generated content,专业生产内容)生产机制。

"小众"传播构筑"大众"影响力,是近年来 A 站、B 站等青年文化视频社区不断壮大的结果。但在政策与文化环境的相关要求下,此类视频网站的发展焦虑渐显:A 站停服、B 站受监管,其存续状况备受考验。尽管不久前 B 站完成上市,但落实到具体实践中,鬼畜视频等 B 站"独有"产物的相关禁令影响也使其生存危机进一步被置于聚光灯下。政策"重压"之下如何实现突围,成为垂直型视频网站做强细分内容之前首先应当解决的问题。

---

① 搜狐网.吕焕斌深度解读芒果模式:2019 芒果超媒承诺利润过 10 亿、收入超百亿 [EB/OL]. (2019－05－28)[2020－03－07]. https://www.sohu.com/a/317107867_663268.

三、路径与方法：内容与模式创新

作为网络视听业重要竞争主体的视频网站，经由十余年的发展，在迎来"下半场"发展转折期的同时，也分取着整个视听传播领域越来越多的注意力资源。主流视频网站由边缘突破迈入主流的发展历程，正为自身迎来更丰富的产业化发展机遇。① 相关数据显示，2017 年中国视频网站新增备案自制剧 555 部，自制节目 2 725 档，网络电影 5 620 部。② 较之 2016 年的同期数据，主流视频网站从全面自制转向规模自制的变化更为显著，在生产、传播、经营能力方面表现出比肩甚至超越传统视听生产组织的潜质。更激烈的"自制之争"甚至"定制之争"、数百亿内容投入拉动的持续性的会员付费规模增长等，在为视频网站导入更多流量的同时，也形成了盈利多元化的新一轮尝试。此外，虽然短视频、直播业务较之视频网站的整体发展而言仍是规模相对有限、发展相对滞后的，但也正在网络视听领域逐步崭露头角。可见，视听网站近十年来的发展路径就是不断从内容和模式上进行开拓与创新。

（一）内容创新：精耕化、类型化、体验化内容的开拓

在经历 2014 年试水自制市场的"萌芽期"后，近年来视频网站在内容生产方面表现出强烈的创新意愿，并收获较好的市场反馈。

其一，逐渐凸显自制内容"精耕细作"的特质，在制作成本、产品个性、用户接受上投以全方位的重视。自制剧方面，其发展正逐渐摆脱无序的"野蛮生长"，转而进入规范的"生态型 IP 开发"阶段。之前《废柴兄弟》等原创自制剧表现不俗，于是陆续推出续集与衍生产品，口碑与影响力皆有不俗的表现。而到《白夜追凶》时期，系列剧的想法更趋成熟，其制作方在第一部结尾留下了诸多未解的谜团线索，给第二部的创作留下悬念与想象空间，与目前英美剧的创作方式类似。网络综艺方面，原创且有较好口碑的节目也纷纷开发衍生产品，比如爱奇艺的《奇葩说》，第一季的《奇葩说》成为爆款之后，节目组将海

---

① 周勇，何天平."互联网＋"背景下视听传播的竞合：2015 年我国视频内容发展综述与前瞻[J]. 新闻战线，2016（3）：43-47.
② 中国网络节目视听服务协会.2017 中国网络视听发展研究报告［EB/OL］.（2017-11-29）［2020-03-07］. http：//www.cnsa. cn/index. php/industry/industry_week.html.

选环节单独拿出来制作成一个新节目《奇葩大会》；腾讯视频的《吐槽大会》在获得较大反响后，同样推出了风格类似的素人参与的脱口秀节目。这也从侧面反映出网络视频行业已初步具备孕育和培养原生 IP 的能力，以期实现内容价值的最大化。

其二，试图切入新闻、文化等其他类型节目的生产，以改变娱乐消遣主调下的内容自制。视频网站通过打造全节目矩阵、改变传统生产模式，进一步削弱传统电视的优势。如腾讯原创视频新闻节目《事实说》，依托腾讯在互联网技术与用户社群上的优势，以大数据参与节目生产全流程。从中可以看到，原有"过时"的信息经过大数据分析并重新组合后，反而成为受众理解"新闻"、形成意见的重要途径。这是大数据运用于互联网节目生产实践的一种积极探索。垂直类视频网站 bilibili 的自制纪录片《人生一串》讲述全国各地烧烤和与烤串相关的故事，接地气的美食与真实的生活展示使其在社交网站上被刷屏。此外，优酷土豆《看理想》、爱奇艺《晓松奇谈》等文化节目的广泛传播，不仅证明此类节目能够同时兼顾内容深度与观看快感，也发掘出互联网在文化节目发展上的全新生长点。

其三，纷纷推出具有体验性的特色内容。如乐视网《十周嫁出去》从明星嘉宾"征婚"的真实需求出发，面向所有观众开展线上报名与线下约会，打造了一档"真找真嫁"的婚恋真人秀节目；再如腾讯视频《我们 15 个》，节目开播前公开招募 15 位素人，对他们长达一年的野外生存进行 24 小时直播，在节目编排、互动参与、体验形式等方面有着区别于传统节目的创新表现。

（二）模式创新：重视用户思维与丰富盈利结构

在对视频网站内容自制的梳理中，能够发现其较之传统视频产品显著的模式差异。

其一是用户思维主导下的传播模式创新，好的用户体验渐成自制内容品质的重要保证。如腾讯视频自制节目《你正常吗?》第二季，完全基于网友参与互动和大数据的累计分析完成节目设置，是一次契合互联网传播特性的有益尝试。还有近几年各大视频网站推出的各种细分类的选秀节目，《hello! 女神》《中国有嘻哈》《这! 就是街舞》《创造 101》等，相比十多年前的选秀节目《超级女声》，网络自制的选秀节目不再将选手晋级的权力掌握在某一个评委手中，而是全部由屏幕前的网友决定，比如 2017 年的《快乐男声》就是通过视频直播、短视频制作、微博互动等方式，直接与粉丝近距离沟通，让粉丝可以见证自己喜欢的偶像"巨星养成"的整个过程。

其二是盈利模式的多元组成。除传统广告业务的持续性增长外，视频网站正逐渐养成用户的付费习惯。视频网站的付费用户数量近年有了较为明显的增长，爱奇艺的付费用户由 2014 年的几十万急速扩张至 2015 年年中的 500 万，凭借《盗墓笔记》《灵魂摆渡 2》等超级剧目的收费全集观看，爱奇艺逐渐打开"中国视频付费时代"的入口。到 2018 年第二季度，爱奇艺会员服务收入为人民币 25 亿元（约合 3.74 亿美元），同比增长 66%；订阅会员规模达 6 710 万，其中付费会员为 6 620 万。[①] 腾讯视频的订阅用户数则达到 7 400 万，同比增长 121%。[②] 其对于用户付费的吸引和主要维系方式在于独播的剧目和综艺节目，付费用户可以比普通用户抢先观看更多的内容。此外，在付费模式的创新上，腾讯视频率先开启付费观看不同结局的独特体验，以及在综艺节目中付费观看不同视角、更多节目花絮等，其个性体验大为提升付费用户的注意力聚焦。此外，爱奇艺自制节目《奇葩说 2》的定向广告深度植入、乐视自制节目《学姐知道》通过落地活动与线下营销方式介入"O2O"机制等，都在不断扩充视频网站的盈利来源，为网络视频产品的生存与发展提供扎实的土壤。

从既有发展来看，主流视频网站演进的基本脉络在于从内容生产和分发主体不断向平台型视听媒介靠拢。2018 年完成 IPO（initial public offerings，首次公开募股）的爱奇艺被视作迎来"发展新阶段"，从中可以看到视频网站在当下的竞争态势已经不是点对面的机制性"对抗"，而是点对点的策略性建构，这意味着不同的视频网站要想完成从媒体到平台的结构化转型，必须要找到差异化、垂直化、细分化的战略升级路径。尤其在当前各家视频网站纷纷切入全产业链布局、集团化转型的情形下，如何以内容为原点逐步确立生态化的内容服务体系，则成为核心竞争力的具体体现。

---

① 爱奇艺. 爱奇艺发布 2018 年 Q2 财报：总营收 62 亿元同比大增 51% 会员规模同比增长 75% [EB/OL]. （2018 - 08 - 01）[2020 - 03 - 07]. https://www.iqiyi.com/common/20180807/678d1ae3fbd337c3.html.

② 新华网. 腾讯公布 2018 年中期及第二季度综合业绩报告 [EB/OL]. （2018 - 08 - 15）[2020 - 03 - 07]. https://baijiahao.baidu.com/s? id=16088812766653362748&wfr=spider&for=pc.

第三节 竞争与合作：电视与视频网站的有益互动

无论是视频网站全面拥抱自制的加速进程，还是传统电视对节目编播的创新策略，都能够表明优质内容依然是视频发展的核心要素——"内容为王"的思维始终是互联网时代视听传播安身立命的根基。

然而，传统电视由于在经营模式、传播机制等方面的老化问题，已经难以维系电视作为"第一媒介"的长久地位。互联网视听产品的高速发展也促成更多有关电视转型的深刻思考。近年来，这种思考进一步转化为具体表现，可以看到电视与视频网站间展开了诸多不同面向的互动，无论好坏对错，这些互动都于迫在眉睫的电视转型有益，并对互联网时代电视的未来发展有所启示。

一、一种警示："此消彼长"

从《芈月传》到《如懿传》，能够看到，高投入高收益的"大剧"正不断激活视频内容市场，而电视台与视频网站围绕优质资源展开的争夺也愈发激烈，视频网站在竞争格局中的表现大有盖过传统电视的势头。

究其原因，其一是电视优势的内部消解。"一剧两星"政策客观上造成电视频道购剧成本的增加，仅有少数频道有实力进行首播剧集的采购与生产，一线卫视甚至为强化优质资源的垄断，开始推进独播策略的全面落地。同时也因优质内容的倾斜，投入量级较小的二三线卫视举步维艰。其二是视频网站的"跑马圈地"。视频网站广告份额的提升与付费模式的培养都倚赖于优质视频资源，除了已开始全面发力的自制内容，好的版权内容也成为其占领市场的重要筹码。如爱奇艺以 7 500 万取得《花千骨》独家网络版权，并利用这一 IP 进行全品类周边开发，其中同名手游的月流水过 2 亿元，收益颇丰。

在优质资源的竞争中，电视与视频网站力量此消彼长，这恰恰提供了一种警示：优质资源有限，而合理、创新的内容运营模式将发挥至关重要的作用。

二、一种激励："化敌为友"

随着网络自制节目产能的大幅提升，节目反向输出电视台的步伐也在不断加快。网络自制节目对传统电视的"反哺"一方面肯定了电视的市场积累，另一方面也能从中洞悉网络节目返销频道这一策略背后的逻辑：视频网站正以更开放的心态逐步深入内容生产、营销推广等机制的创新中。爱奇艺《我去上学啦》《爱上超模》等节目输出电视平台，既能扩大节目受众群、增强网站的广告吸引力，对视频网站的品牌塑造而言也大有助益。值得一提的是，针对电视平台涌现的大量现象级节目，视频网站甚至研发了部分与之相关的衍生节目进行更有针对性的投放，如腾讯视频的《剧透好声音》是对电视节目《中国好声音》的有力补充。

同时，传统电视也并非完全故步自封，选择与视频网站"化敌为友"也是一种顺应时代潮流的正确心态。其中的典型代表为浙江广电与腾讯视频的"联姻"，双方在播出平台、内容资源、广告宣传三方面实现全面战略合作。

可以看到，当前视频内容的竞合态势虽然显著，但最终落点并非是"鹿死谁手"的角逐，而是在互惠互利的深度合作中达成共赢。事实上，这也呈现出一种更长远的激励视角：打破平台区隔会是未来视频内容业实现可持续发展的重要前提。

三、一种启发："自我繁殖"

无论电视抑或视频网站的势力版图，原生平台都是最重要的根基。在融媒体视野下，传统电视的转型也理应充分发挥自有平台的兼容性，构成视频内容市场的核心竞争力。

湖南卫视新媒体平台芒果 TV 就是这方面的经典示例。自芒果 TV 的独播策略施行以来，2015 年芒果 TV 统计数据显示"平均每 10 个网民中就有 3 个用户使用"，生动描述了其可观的市场占有率。芒果 TV 依靠与原生平台湖南卫视的"台网联动"，牢牢把握内容与渠道的共同优势，通过生产优质原创内容或独播自有平台内容的方式获得竞争优势。芒果 TV 面向湖南卫视的年轻用户群扎根"粉丝经济"，继续深耕受众特征，不仅继续深度运营了卫视的王牌综艺与热门剧集，也由平台自主产出包括《明星大侦探》《百万秒问答》《妈妈是超人》等在内的大量优质自制节目，进一步巩固了湖南卫视的传播优势。从 2017 年开始，芒果 TV 实现对湖南卫视的版权付费反哺，从 2018 年开始实现内容反哺。

2017 年，芒果 TV 实现净利润 4.89 亿元，成为国内主流视频市场中第一个实现盈利的综合性视频平台。① 截至 2019 年上半年，芒果 TV 全平台日活量突破 6 800 万，预计全年收入过百亿、利润过 10 亿，相当于在互联网上再造了一个湖南卫视。②

同时，中央广播电视总台也在新媒体转型中取得新的进展，基于互联网时代下受众市场、用户习惯的变化打造的"三微一端"（微博、微信、微视和央视新闻客户端）的"新央视"产品矩阵，使央视自身的优势媒体资源得到更多渠道的释放，是央视转型路径中的一次有力尝试。

芒果 TV 和"三微一端"的成功试水从侧面反映出电视频道的新媒体平台搭建是更有效也更高效的一种"台网联动"形式。虽然这种"自我繁殖"的策略并不一定适用于所有电视频道，但为在该领域的革新与突破提供了一种积极的启发。

本章小结

近年来，"唱衰"电视的声音愈发响亮。随着视频网站在生产机制、用户体验、盈利模式、产品生态等方面臻于成熟，传统电视对视频内容领域的掌控力也在逐步减弱。从视频内容发展状况而言，面对视频网站的角力，电视依然生产了诸多优质内容，甚至形成诸多新的内容变化。然而，互联网时代对原有信息不对称的传播生态的解构，使得电视的供给不再是稀缺资源，也令电视内容的变现能力不断降低。由此重新审视电视转型的路径，在热议多年的内容转型探讨背后，我们会发现传统电视的症结其实源自传统经营模式的存续，单向、闭合的传播范式已无法适应互联网时代的要求。

然而，通过对近年来视频内容领域的梳理我们不难发现，面对颓势的出现，传统电视不仅仍旧维持着内容生产的相对优势，也在与视频网站的竞合中寻得

---

① 芒果 TV. 芒果 TV2017 年行业率先盈利 4.89 亿 [EB/OL]. (2018 - 04 - 02)[2020 - 03 - 07]. http://corp.mgtv.com/a/20180402/1703577703.html.

② 搜狐网. 吕焕斌深度解读芒果模式：2019 芒果超媒承诺利润过 10 亿、收入超百亿 [EB/OL]. (2019 - 05 - 28)[2020 - 03 - 07]. https://www.sohu.com/a/317107867_663268.

有价值的借鉴。从大视听传播生态的角度而言，电视的"衰落"也许只是传统模式衰落造成的一种假象，在维系优质内容生产与创新的前提下，模式转型成为传统电视寻求变革的关键。

其一，重视新技术驱动。2015 年全国"两会"《政府工作报告》中首次提出"互联网＋"行动计划，倡导大数据、云计算等新技术与传统行业的深度整合，为传统电视的模式转型提供了政策指导。如，央视网开始全力打造"智慧融媒体"，利用数据可视化等新技术呈现形式面向全媒体提升内容传播力，使得一个新型传播体系初具规模。

其二，重视用户思维。互联网时代，"产品导向"的生产逻辑将逐渐被"用户导向"所取代。依照受众需求定制个性化内容，才能形成更精准的市场投放。腾讯视频依托自身大数据平台进行内容生产的成功案例应对电视发展有所启示。IP 内容的价值链生成，实质是对用户思维的不断深耕，如上海东方传媒集团设立互联网节目中心，研发跨电视互联网视听内容以适应"网生代"用户诉求，不失为一种有益的尝试。

其三，重视商业模式创新。传统电视以广告份额为主的盈利机制，面对不断被分流的注意力市场渐失活力。视频网站构建的多元商业模式提供了一种有力的视角以供电视业借鉴。苏州广电控股的无线苏州新媒体集团即是一个成功示例，其通过将电视新闻栏目与城市服务深度缝合并搭建"云城市"应用平台，形成流量分成、电商、付费游戏等多样的盈利模式，助力传统广电突围。

其四，重视平台转型。"台网联动"作为媒介融合的重要表现之一，为电视转型提供了有力的支持。过去"电视＋网络"主导的"台网联动 1.0"时代促成诸多个案的成功，如今诸如湖南卫视与"芒果 TV"这般内部"台网联动"的成功则形成了"电视＋'新电视'"的"台网联动 2.0"新发展。正如有学者指出的，"或许有一天电视机会没有，电视台也可能消失，但电视（视频）是不会死的"①，"平台转型"的思路或许能对未来电视的持续性发展产生更为深刻的影响。

本章着重考察了传统电视和我国视频网站的过去、当下与未来。虽然在既

---

① 谭天，邱慧敏. 如何把节目打造成平台：兼论电视媒体融合发展中的价值创新［J］. 中国电视，2015（2）：62-66.

有的发展框架下，相应的前瞻式观察必然是有限的，但经由一定程度的梳理和阐释，我们能够从中看到影响视频网站"下半场"发展的几个关键要点：其一，应重视新技术的结构化影响。不断壮大的互联网短视频、直播业务就是对此做出的回应。在大多数视频网站坐拥精品内容与强势渠道的状况下，诸种新技术的介入会成为差异化发展突围的重要因素。其二，对视频网站的考量应不仅仅从政策或市场的单一视角出发，未来我国网络视听业的构建将进一步体现出多种社会力量共同形塑的结果，因而在"边界"的探寻上需要更为审慎。其三，无论是全内容品类布局抑或垂直细分内容布局，"独特性"都是紧随"精品化"之后的重要关键词。在竞争格局进一步收缩的背景下，如何面向不同场景生产与传播契合于自身发展路径的内容，是值得思索的命题。其四，做完整产业链是视频网站继在线广告、会员付费等常态变现手段之后实现多元盈利的突破点。平台型视听媒介的策略性建构在新时期还会有更多新的表现。

第二章　视听信息传播效果测量的传统路径

视听信息传播效果可以从经济效益、社会影响等多个方面来衡量，本研究主要考察视听信息产品的观众注意力和口碑。相关研究中对其量化评估一般有两条路径：一是对受众的媒体接触行为进行测量，二是考察受众对于视听信息的满意度以及哪些因素会影响观众的态度。在传统电视时代，电视节目线性播出，观众只能在非常有限的频道中选择性观看节目，基于抽样数据的收视率调查基本可以涵盖观众的视听信息收视行为，有时也会辅以小规模的对观众态度的抽样调查作为补充。

第一节　观众收视行为测量：收视率调查

收视率反映了一个基本信息：特定时间段内电视观众收看特定频道（栏目或节目）的人数。这是反映观众收视行为的核心数据，长期以来也被作为衡量电视产品乃至整个电视机构竞争力的关键指标。收视率调查发展到今天已经成为电视行业运行不可或缺的组成部分。

一、收视率调查的概念与方法

观众的媒体接触频次、时间直观反映了视听信息的传播效果，早期观众媒体接触行为测量以收视率调查为主：采用连续性调查方式，通过组建能够代表整体电视人群的固定样组，借助日记卡或测量仪等数据采集手段，长期持续记录样本观众在每个测量单位时间内的收视行为。[①] 收视率的调查对象一般被界定为目标区域内 4 岁及以上的电视家庭人口（即拥有电视机的家庭人口）。之所

---

① 陈若愚. 中国电视收视年鉴（2015）[M]. 北京：中国传媒大学出版社，2015：4.

以选择家庭人口作为调查对象，是因为收视率调查有其连续性，调查对象需保持稳定，而家庭人口具有较强的稳定性。

常用的收视率测量方法有两种——日记卡和人员测量仪，这两种方法的样本户均是通过统计方法进行抽取的，前者是由工作人员每周上门收取样本户的调查表，后者则是在样本户家中电视机上安装可以回传数据的测量仪。为了提高数据的精度，目前日记卡法正逐渐被人员测量仪的方法所取代。抽取样本的方法主要采取概率抽样，可以用来推断总体和计算抽样误差。其样本量的确定与其他抽样调查一样，也是在允许误差和调查成本之间平衡的结果。遵循这一原则，我国目前主要收视率调查公司中国广视索福瑞媒介研究（CSM）全国测量仪收视调查网样本户（家庭户）为 10 400 个，推及人口约 12.8 亿[①]，城市收视调查网中各城市的样本规模一般为 300 户；尼尔森在美国进行收视率调查的样本规模，全国网为 8 000 户，25 个城市测量仪网每个城市为 200~400 户，31 个兼有测量仪和日记卡的城市网每个城市为 350~600 户，154 个日记卡城市网每个城市为 100~300 户；视频研究（Video Research）公司在日本进行的收视率调查，东京、大阪、名古屋三城市测量仪网每个城市均为 600 户，九州、长崎等 20 个日记卡城市网每个城市为 200 户；凯度传媒（Kantar Media）在英国进行的收视率调查的样本规模为 5 000 户。[②]

电视媒介将时段卖给广告商，获取广告收入，但本质上售卖的是附着在交易时段和节目上的"观众注意力"，因而收视率调查分析主要围绕观众、节目和时段分析展开。收视率调查中最常使用、最为人熟知的测量指标是收视率。收视率指标主要通过"到达率"（反映谁在看）和"人均收视时长"（反映看了多长时间）两个最为基础的指标计算得出，并由此派生出其他分析指标。收视率调查作为一个测量体系，可分为基于观众收视行为分析的指标和基于广告收视效果评估的分析指标。基于观众收视行为分析的指标包括收视总量、观众结构、观众重叠、观众流动等指标，基于广告收视效果的分析指标包括到达率、暴露频次、毛评点、千人成本和收视点成本等。

[①] 中国广视索福瑞媒介研究（CSM）[EB/OL]. [2020 - 03 - 07]. http://www.csm.com.cn/gy/wldc.html.

[②] 陈若愚. 收视率 100 问 [M]. 北京：中国传媒大学出版社，2014：43 - 45.

收视率数据的生产需要遵循一定的行业规则和标准，《全球电视受众测量指南》（Global Guidelines for Television Audience Measurement，GGTAM）是全球收视率调查通行的准则，我国收视率调查还需要遵守《中国电视收视率调查准则》等。GGTAM 由致力于协调电视受众测量系统一致化的欧洲广播联盟（European Broadcasting Union，EBU）和欧洲受众研究组织于 1989 年发起，并成立了联合工作小组。随后的 10 年中，全球有多个组织①加入了这项工作，共同致力于协调全球各国的受众调查传统和实践。随着全球化的发展，收视率公司在欧美以外的地方扩张，该标准逐步成为国际公认的收视率调查通行准则②。

二、全球收视率调查的发展历史

收视率调查最开始是由收听率调查衍变而来的。早在 20 世纪 30 年代，美国公司就开始采用抽样的方式，通过电话调查、日记卡的方式来进行收听率调查。收听率调查产生的原因主要在于广播的市场潜力被广告商所察觉，他们期望能通过调查数据来探知无形的听众。在效率优先的美国商业广播体制下，由于内容产品的评价需与广播公司的经营直接挂钩，因而收视效益和广告效益是评估的重点，一般以观众触达、节目收视、广告收视、经营运作等为指标来判断市场反应。③ 收视率调查体系能直观地反映内容产品的市场规模，因而逐渐成为最主流的传播效果评价标准。

---

① 这些机构包括美国广告研究基金会（ARF）、加拿大广告研究基金会（Canadian ARF）、欧洲广告联合会（EAAA，现在的 EACA）、欧洲电视广告协会（EGTA）、欧洲媒介研究组织（EMRO）、欧洲民意与市场调查协会（ESOMAR）、欧洲受众研究组织（GEAR）、泛欧洲电视研究组织（PETR）和世界广告联盟（WFA）等。

② 《全球电视受众测量指南》（GGTAM）的主要目的是为设计电视收视率调查方法（技术）提供操作层面的建议，并提出收视率测量应该遵循的以下 10 项原则：电视受众测量需要设计来满足所涉及国家或市场的整体性需求；在任何时候，在数据生产商和用户之间必须有全面的磋商；对所有数据定制者，调查方法和流程的所有细节信息必须公开可获得；研究资源必须被有效地配置和使用；研究方法必须经过试验和测试，必须以科学为基础，以获得系统的有效性和可信度；收视率调查必须采用最好的研究方法；在整个系统（包括现场、数据收集、数据处理和数据报告）中，必须有严格的、系统化的质量控制系统；受访者回复的负担需要通过提高回复率来减轻，同时要减少偏差，以获得最有效和可信的数据；所有被授权的用户对数据的获得享有同等的权利；鼓励研究组织创新并仔细地、有控制地对新的研究流程进行实践，并完整地记录其研究方法和结果。

③ 刘燕南．电视评估：公共电视 vs 商业电视：英美及台湾的经验与思考［J］．中国地质大学学报（社会科学版），2011（2）：75 - 80.

（一）萌芽期：以电话调查为主

20 世纪 20 年代，美国商业广播的发展使得广告商和广告网开始寻求能够对听众进行客观测量的方法。当时，广告主方因为怀疑哥伦比亚广播公司（CSB）和美国无线电公司（RCA）的听众评估报告有夸大的成分，于是请一位名叫克罗斯利（Crosley）的市场调查员来设计测量听众收听情况的方法。他从电话簿中随机抽取样本，打电话请被访者回忆昨晚收听的广播节目，这就是最早的收听率调查。1930 年，广播合作分析社（Cooperarive Analysis of Broadcasting，CAB）成立。CAB 沿袭了克罗斯利的电话回忆法，从全美 35 个收听广播网的城市搜集数据。

20 世纪 40 至 50 年代，收视率调查也逐渐发展起来。20 世纪 40 年代末，原本只进行收听率调查的 Hooper 公司开始在纽约展开收视率调查服务，主要通过同步电话法来进行测量，即询问接电话的人是否正在收看节目，如果回答"是"，则请他说出正在观看的节目或频道名称，同时辅以日记卡法搜集其他定性资料。这种方法相比回忆法误差较小。

（二）起步期：测量仪的研发

与此同时，另一种测量方法也开始逐渐发展。1936 年，AC 尼尔森公司通过收购 Audimeter 公司——该公司主要利用声音测量仪（Audimeter）来测量听众收听情况——进入收听率调查行业。声音测量仪装有一根锋利的记录针，可以与收音机调频表盘同步地在一卷纸制磁带（后换成 16 毫米胶片）上刻下划痕，之后 AC 尼尔森公司会回收磁带和胶片，研究人员通过对划痕的分析获得听众收听的频率和时长。比起之前的电话法对收听人的测量，AC 尼尔森公司的数据采集方法则变为对收听设备使用的测量，测量数据比之前更为准确，但不能判定到底是谁在收听。1942 年，AC 尼尔森公司开始在美国提供全国性广播收听率服务。20 世纪 50 年代，电视收视率测量也开始采用声音测量仪，AC 尼尔森公司开始推出尼尔森电视网收视指数（Nielsen Television Index）和尼尔森电视台收视指数（Nielsen Station Index）。[①]

1949 年，美国研究局［American Research Bureau，ARB，阿比创（Arbitron）市场研究公司前身］开始采集收视率数据。不同于 AC 尼尔森公司的测

---

① 谷征，徐展 . 国外收视率调查业的发展历程及其特征解读 [J]. 中国广播电视学刊，2011 (11)：23 - 25.

量仪法，该公司主要采取日记卡法来搜集数据，由观众记录专门的观看日记并且把完成的日记卡寄回公司。这一方法解决了 AC 尼尔森公司的测量仪法缺乏人口统计数据的问题。20 世纪 50 年代初，ARB 合并了另一家收视率调查公司，无论是调查范围还是技术实力都对 AC 尼尔森公司造成了竞争压力。[①] 因此 AC 尼尔森公司在 1955 年将日记卡法作为补充纳入采集方法以应对挑战。另外，ARB 为了与 AC 尼尔森公司抗衡，也一直尝试研发新的测量仪。1967 年，ARB 被 CDC 公司（Control Data Corporation）收购后，利用技术优势开发出一种新型测量技术。而 AC 尼尔森公司也于几年后推出了新型测量仪——即时存储测量仪（storage instantaneous audimeter），该设备可以把测量仪中记录的数据通过电话线直接即时回传，这使得 AC 尼尔森公司可以在节目播出的第二天就发布收视率数据。从 20 世纪 60 年代中期到 20 世纪 80 年代，美国全国网的收视率调查服务都由 AC 尼尔森公司提供，地方电视收视率服务则是处于 AC 尼尔森公司与阿比创市场研究公司竞争的状态。[②] 1993 年，阿比创市场研究公司放弃了收视率调查业务，专注于地方广播收听率调查。

（三）成长期：大规模的收视率调查体系的建立

20 世纪 60 年代，各国的收视率调查行业都逐步发展起来，许多之后在国际范围内开展业务的主流收视率调查公司都在此时期成立（见表 2 - 1）。

表 2 - 1 20 世纪 60 年代各国收视率调查行业发展情况

年份	国家	事件
1958 年	法国	广告载体研究中心（CESP）成立；1964 年，开始建立大规模的收视率调查体系；1967 年，CESP 拆分出舆论研究中心专门从事收视率和观众满意度调查
1961 年	日本	AC 尼尔森公司进驻日本市场
1962 年	日本	视频研究（Video Research）成立
1962 年	英国	AGB（Audits of Great Britain）公司成立；1966 年，AGB 公司受 BBC 委托，开始进行电视观众测量
1963 年	法国	索福瑞（Sofres）公司成立
1965 年	美国	Taylor Nelson 公司成立

---

① 韦伯斯特，法伦，里奇. 视听率分析：受众研究的理论与实践 [M]. 王兰柱，苑京燕，译. 北京：华夏出版社，2004：101.

② 多米尼克，刘宇清. 美国电视的收视率与观众反馈研究 [J]. 世界电影，2005（5）：153 - 163.

20 世纪 80 年代后期，英国 AGB 公司推出了一种新型的人员测量仪（peo-
ple meter），其优势在于该设备有一个遥控器，每一位家庭成员都有一个专属
按键，当他们看电视的时候，可以在遥控器上按下他们的专属按键，换言之，
比起之前只能精确到户的测量仪，人员测量仪是精确到个人的，可以确定是谁
真正在收看节目。在此之后直至今天，收视率调查的测量仪技术基本都是以此
为基础的，是精确到个人的收视数据。因此在当时，AC 尼尔森公司为了应对
竞争也开始使用人员测量仪技术。1988 年，AGB 公司退出美国市场，AC 尼尔
森公司在美国市场的收视率业务基本开始进入垄断期。20 世纪 80 年代，索福
瑞公司开始抢占德国和意大利等国的收视率调查市场，并巩固其在法国和西班
牙收视率调查行业的市场份额[①]，而 AC 尼尔森公司在 1984 年被邓白氏
（Dun& Bradstreet）公司收购。

（四）成熟期：并购潮的兴起

从 20 世纪 90 年代起，几家主流的收视率调查公司开始在世界范围内扩张，
并进入频繁的并购、拆分、重组时期（见表 2 - 2）。之后全球大部分地区的收视
率调查行业都被这几家跨国公司所垄断。

表 2 - 2　　20 世纪 90 年代主流收视率调查公司并购、拆分、重组的重要事件

时间	公司	事件
1991 年	AGB 公司	AGB 英国部分被 Addison Consultancy（前身为 Taylor Nelson）收购，合并后新公司更名为 Taylor Nelson AGB
1995 年	邓白氏	调查研究集团（Survey Research Group）和 AGB 澳大利亚/新西兰部分被邓白氏收购
1996 年	邓白氏	邓白氏公司将 AC 尼尔森公司拆分为尼尔森媒介研究（Nielsen Media Research，NMR 负责电视收视率调查）和 AC 尼尔森（负责消费者和票房调查）两部分
1997 年	Taylor Nelson Sofres	与索福瑞公司合并，成立 TNS（Taylor Nelson Sofres）
1999 年	尼尔森媒介研究	被荷兰出版公司 VNU（Verenigde Nederlandse Uitgevers-bedrijven）收购
2001 年	AC 尼尔森	被荷兰出版公司 VNU 收购
2005 年	AGB 公司	被 WPP 集团收购

---

① 刘德寰，左灿. 收视率调查状况与中国收视率发展模式的探讨：兼谈数据垄断 [J]. 广告大观
（理论版），2009（4）：66 - 71.

续前表

时间	公司	事件
2005 年	AGB 公司	WPP-Kantar 旗下的 AGB 公司与 VNU 旗下的尼尔森媒介研究合资（各入股 50％），成立 AGB 尼尔森媒介研究，在美国和加拿大以外进行电视收视率调查
2006 年	VNU 集团	被 6 家私人资本公司收购，并更名为尼尔森公司（The Nielsen Company）
2008 年	TNS	被 WPP 集团收购，归入 Kantar 集团旗下
2008 年	尼尔森公司	原 Kantar 集团旗下的 AGB 公司（含合资的 AGB 尼尔森媒介研究）剥离，尼尔森公司获得了 AGB 尼尔森媒介研究的全部股份

三、中国收视率调查的发展

中国的收视率调查起源于 20 世纪 80 年代中期。1986 年，国家统计局在全国共 28 个城市发起了观众抽样调查，该调查是受中央电视台总编室的委托，之后中央电视台总编室还与北京市统计局合作，在北京地区开展了"农村电视观众抽样调查"，这被认为是中国收视率调查的起源。1986 年 6 月，以黄金时段为重点的日常电视节目收视情况开始被纳入统计范围，与此同时，上海电视台、广东电视台也开始对观众进行抽样调查，我国电视业开始正式采用收视率调查方式。此前，电视台主要通过观众来信以及座谈会等方式来收集观众意见，然后据此对节目进行改进。[1] 可见，我国由于电视业本身的体制与美国等西方国家不同，收视率行业的发展由来也不一样：美国等一些发达国家是由于市场化的需求从而产生了实时的收视率调查，而我国的收视率调查起初是以全国观众调查的形式出现的，是由定性的访谈、观众来信发展为定量的观众抽样调查，具有非常明显的非市场化特征。由于彼时的电视业竞争压力较小，市场风险也不大，无上星与落地之争，各电视台独占一方资源，"收视率－广告－电视台"还尚未三方联动，而且仍有国家拨款，电视台的生存不仰赖于观众的多少，收视率还处于无关紧要的位置。[2] 因此，早期由中央电视台主导的全国电视观众抽样调查主要是用于内部参考以及分析节目效果，意在掌握观众对各台节目的

① 郭镇之. 中国电视史 [M]. 北京：文化艺术出版社，1997：42.
② 刘燕南. 从引入收视率到推出满意度 [J]. 新闻与传播，2007 (12)：15－22.

收看情况，而非为广告方提供相关数据。

1992 年，中央电视台与地方台联合成立全国电视观众调查网，市场力量也开始席卷中国的传媒系统。[①] 从这一时期开始，我国的收视率调查开始与世界范围内的收视率调查接轨。1995 年，该调查网经改制，成立央视调查咨询中心。该调查网已建成 51 个调查站，样本量达到一万多户，初具规模，形成了一个全国范围的调查网和 29 个区域调查网。在这一阶段，除中央电视台外，还有 200 余家社会公司尝试在中国开展收视率调查业务，其中比较有名的是从 20 世纪 70 年代开始就在香港从事收视率调查的 SRG（Survey Research Group）。1994 年，该公司被 AC 尼尔森公司收购，AC 尼尔森公司也开始逐步进入东亚市场。1996 年，香港广告商会对于收视率数据公开招标，当时包括美国尼尔森集团和法国索福瑞集团等多家国际收视率调查公司参与竞标。经过调查对比，商会成员签字表示"支持提议央视调查咨询中心与索福瑞收视率系统为中国唯一的收视率调查机构"。次年，央视调查咨询中心分拆出收视率调查业务，与索福瑞集团合作成立央视-索福瑞媒介研究有限公司（CSM，2015 年更名为中国广视索福瑞媒介研究）[②]，这标志着中国收视率调查走向市场规范的开端。央视-索福瑞媒介研究有限公司在原有的观众调查网的基础上扩大和规范调查网的建设，旨在提供全国性、连续性和产业化的服务，收视率调查被纳入市场化的经营管理。20 世纪末，我国的收视率调查网在网样本户已超 2.2 万户，能 24 小时不间断地对近 7 000 个电视频道的收视情况进行监测，成为世界上最大的观众收视调查网。

在随后的十几年中，我国收视率调查开始进入垄断期，央视-索福瑞媒介研究有限公司和尼尔森集团是最为主要的收视率供应商。1998 年，英国 TNS 集团完成对索福瑞集团的收购；2006 年，WPP 旗下的电视收视调查机构 AGB 与尼尔森媒介研究成立合资公司 AGB 尼尔森媒介研究，整合其在 30 多个国家的收视率调查业务，中国业务也包含在内；2008 年英国传媒集团 WPP 收购 TNS，根据欧洲反垄断条例，WPP 集团不能在同一市场拥有两家收视率调查公司，

① 张韵，吴畅畅，赵月枝. 人民的选择?：收视率背后的阶级与代表性政治［J］. 开放时代，2015（3）：158 - 173.

② 陈若愚. 收视率 100 问［M］. 北京：中国传媒大学出版社，2014：9.

WPP 放弃其在 AGB 尼尔森媒介研究的股权，尼尔森公司完成对 AGB 尼尔森媒介研究的完全控股，同年，尼尔森公司暂停 AGB 尼尔森媒介研究在中国的收视率调查业务。2010 年，尼尔森公司借助与杭州华数在回路数据调查方面的合作回归中国市场。由于传播环境和技术的变化，近年来也有一些新的调查公司涌现，如泓安科技、酷云互动等，通过新的收视率调查技术进驻收视率调查市场。中国收视率调查市场进入新一轮的竞争期。

四、收视率调查发展的特点

由于收视率数据客观且可持续性的调查方式，不仅是在美国，在全球范围内都是衡量节目热度的重要标准，逐渐成为电视节目和广告交易的通行货币。从国内外的收视率调查发展历史来看，目前大多数国家的收视率调查服务都为一家所垄断，而且少数跨国公司掌控着全球的收视率调查。但由于各国电视行业的体制不完全相同，垄断情况也不尽相同，它可以分为三种模式：协会模式、自然竞争模式和媒体控制模式。[①]

协会模式的典型代表是英国的广播受众研究委员会（Broadcasters'Audience Research Board，BARB)，这一模式由使用数据的媒体、广告公司和广告主等共同成立非营利性的行业机构（协会），制定本市场收视率调查的基本准则，确定收视率调查的数据供应商，并规范行业行为。BARB 于 1981 年成立，是一个非营利性组织，其本身并不进行收视率调查的具体工作，而是委托专业公司以 BARB 的名义来提供电视观众测量服务。目前这些专业性合作公司包括 RSMB、Ipsos MORI 和 Kantar 集团，每一家公司都承担着不同职责。

自然竞争模式的典型代表是美国的尼尔森媒介研究。该模式是通过市场竞争的方式，自然形成一家收视率调查公司垄断市场的局面，收视率调查公司拥有数据所有权，行业组织对收视率调查公司的行为进行审核和监督。日本的收视率发展历程也属于这一模式。1994 年，尼尔森公司在日本关东地区开始逐步用人员测量仪取代原有的日记卡法，测量方法的变化导致日本各民间电视台的收视率数据大幅下滑，直接影响了广告收入，致使各民间电视台纷纷与尼尔森

① 刘德寰，左灿. 收视率调查状况与中国收视率发展模式的探讨：兼谈数据垄断［J］. 广告大观（理论版），2009（4）：66 - 71.

公司解约。① 1997 年日本本土的视频研究公司也开始采用人员测量仪技术。2000 年，尼尔森退出日本，此后日本收视率市场为视频研究公司独家垄断。

而媒体控制模式则是指由主流媒体本身，或者由主流媒体所筹建的公司通过自建调查公司或者委托调查公司的方式，生产收视率数据，比如澳大利亚的 OzTAM 就属于这一模式，OzTAM 由澳大利亚三大城市商业电视网络 Seven、Nine 和 Ten 所拥有。

按这种模式划分方式，我国的收视率调查应属于自然竞争模式，目前，CSM 基本上处于一家独大的垄断地位，尼尔森公司曾一度退出中国市场后又回归。从发达国家的发展经验来看，未来的垄断形势应该更加明显。由于收视率造假等问题而常被诟病的垄断，有不少学者为其做出辩护，认为在收视率调查中比起竞争的公平性，更为重要的是标准的统一性问题，因而垄断并非坏事。②

五、收视率调查存在的问题

我国各大电视台虽然多年来一直在尝试将更为多元化的指标纳入电视评估，但总体而言还是以收视率为主要考核标准。而收视率作为测量观众收视行为的"通用货币"，近年来却由于样本污染、数据造假、唯收视率带来的不良影响等问题而备受质疑与诟病。

就收视率测量而言，调查方法本身存在缺陷。其一，目前常用的两种测量方法，日记卡法可能会出现"厌烦情绪""辨认准确度"的问题，而人员测量仪法则可能存在"一户多机"的问题。③ 其二，样本污染的问题。抽样的小数据的特性与体制的不完善可能造成了样本污染。由于安装及维护测量仪/日记卡、铺设调查网的成本较高，虽然收视率调查公司也在尽力扩大样本量，但目前我国一线城市的样本户家庭在 300～500 户，北上广等大城市的样本户稍多一点，其他中小城市的样本户则更少，同时电视频道又非常多，从统计学的角度来看，

① 谷征，徐展. 国外收视率调查业的发展历程及其特征解读 [J]. 中国广播电视学刊，2011 (11)：23 - 25.
② 刘德寰，左灿. 收视率调查状况与中国收视率发展模式的探讨：兼谈数据垄断 [J]. 广告大观（理论版），2009 (4)：66 - 71.
③ 季为民，聂双. 收视率的市场含义与电视的文化追求："收视率"对电视业的影响分析 [J]. 新闻与传播研究，2004 (4)：41 - 46.

只要有几户的收视行为发生改变，相关频道的收视率数据就会产生较大的波动。而电视业的发展和市场竞争不断加剧，广告主方主要依赖于电视节目收视率来进行广告投放决策，这直接决定电视节目的生存状况。因此，收视率的重要性为样本污染提供了动机，其测量的方法也使得有不良动机的行为方有机可乘。[①]有学者指出，目前由于监管机制和相关法律法规不完善，对于违法违规行为的诉讼和问责成本太高、成功案例少，违规近乎"零风险"。[②]

第二节　行为测量之外：节目品质与公共价值评估

尽管收视率调查逐步系统化直接、便捷地为业界和学界提供了公认的收视行为测量数据，但大多数学者还是认为将收视率数据作为评判节目好坏的唯一指标有失偏颇。冈特（Gunter）等学者就指出，我们从收视率数据只能获知观看节目的人数和时长，而无法获知观众对节目的偏好和关注程度，也无从知晓观众能否从该节目中获得享受，收视率数据无法评估节目本身的质量。[③] 不仅如此，在世界范围内，广电业都在趋向商业化、市场化，因此人们也开始对电视的角色与社会责任问题进行反思，这些变化也体现在电视节目品质的评估中。[④]

一、节目品质评估：质化的收视率调查

1978 年，美国传播研究处展开了一系列定性研究项目来考察公共电视的节目品质，包括 VOXBOX、TVQ、PTVQ、TQR 等。这些方法也被称为质化的收视率调查，因为其中多是用定量的研究方法来进行质化研究，而非真正的质化研究，与传统的收视率相比，这些方法可以让研究者获知更多的观众意见。

比如，VOXBOX 是安装在样本户电视机上的一种电子装置，除频道按键

① 常启云. 颠覆与重构：大数据时代下的广义收视率 [J]. 新闻知识，2014 (12)：17-18.
② 刘燕南. 再谈收视率造假：缘起、技术与监管 [J]. 现代传播（中国传媒大学学报）. 2012 (10)：1-6.
③ GUNTER B.，BLEMENS J.，WOBER M. Defining television quality through audience reaction measurement [M]. London：Independent Television Commission，1992.
④ 刘燕南. 电视评估：公共电视 vs 商业电视：英美及台湾的经验与思考 [J]. 中国地质大学学报（社会科学版），2011 (2)：75-80.

外，还另外设有 9 个特殊按键——非常好的（excellent）、提供有用信息的（informative）、可信的（credible）、有趣的（funny）、无聊的（boring）、不可信的（unbelievable）、愚蠢的（dumb）、想换台（zap）和演员角色表现（person）用以评价节目质量，观众可以按下其中某个或多个按键来表达对电视节目的看法，数据会通过电话线传回系统的主计算机进行分析。TVQ 是一种邮寄问卷形式的调查，询问观众对节目的认知情况、接触度、偏好度等；PTVQ 是其中的一项指标，适用于调查特定分众的节目，可以显示节目是否受到目标观众群的喜爱。TQR（Television Qualitative Rating，也称为 TV Factor Ratings）则在研究方法上更为科学和复杂，它先采用小组座谈会的方法进行探索性研究，然后从全国抽取 3 000 人的样本进行定量研究，通过因子分析归纳出 7 个维度 14 个因子（见表 2 - 3），最后从这 14 个因子出发考察观众对节目的满意度。

　　但这些方法也存在各自的优势和不足：VOXBOX 搜集数据比较便捷，可以收集样本户对于各节目的看法，但所包含的评价指标较少而且模糊；TVQ 的问卷调查方式测量指标比较系统详细，但数据搜集相对滞后而且邮寄问卷的回收率较低；TQR 的研究方法更复杂、科学，因子分析得到的指标也较全面，但由于整个研究步骤比较复杂，研究成本也较高，因而难以同时对多个节目进行评估。

表 2 - 3　　　　　　　　　　　　TQR 的 14 个因子

节目给观众提供了什么	因子 1：提供知识、使人充实 因子 2：提供消遣、逃离现实生活
节目如何影响观众	因子 3：给予欢乐 因子 4：制造紧张和刺激
观众对节目的感受	因子 5：积极评价—想看 因子 6：消极评价—不感兴趣
节目诉诸的类型	因子 7：适合儿童/家庭观看 因子 8：主要供成人娱乐
节目内容	因子 9：主题/人物是熟悉的、现实的 因子 10：主题/人物是不熟悉的、不寻常的
观众与节目的关系	因子 11：观众代入情绪 因子 12：观众是感兴趣的旁观者
节目强调的感官	因子 13：画面漂亮迷人 因子 14：语言风趣机智

在我国，对于电视节目品质的评估主要包括对观众的满意度调查和专家评议两种方式。

观众满意度是指观众对节目内容、播放时间、播放形式、节目编排等多方面质量的主观评价，在英国等其他国家也被称为"欣赏度"。1999 年，中央电视台发起了我国最早的满意度调查，该调查由央视调查咨询中心执行，以全国观众为调查对象，采用入户访问的方式，问卷设计主要参考了 BBC 的欣赏指数调查，包括节目满意度和频道满意度，该调查每季度执行一次。除了中央电视台外，各地方电视台也逐渐开始注重对频道和栏目满意度的评估。央视调查咨询中心开始受到许多地方电视台（如安徽电视台、湖北电视台和哈尔滨电视台等省市级电视台）的委托针对在该地区落地的频道和节目开展满意度调查。

专家评议则是由相关领域的专家学者从专业角度来对电视节目各方面的表现进行评分，各个时期依据评判的节目的地域、范围不同，选取的专家标准有所不同，相应的评判标准也有所差异。因此，相较于面向观众的满意度调查，专家评议是一种主观性更强的节目品质评估方式。

上述以美国为代表的公共电视评估主要集中在节目评估层面，美国的公共电视台在美国收视市场上市场份额很低，因而也更注重节目品质的研究。与此相比，英国的评估模式则主要是以电视台或频道为单位的公共价值评估。

二、公共价值评估：多元化的评价维度

公共电视的核心使命是促进公民社会的发展，其节目以教育类、文化类节目为主，既要反映本土文化特征，又要兼顾多元化和少数族群，主要满足公民的视听需要，而非迎合观众喜好。[①] 各国的公共广播电视系统在历史背景、自身定位以及对于公共利益的理解等方面有所差异，日本的 NHK 注重多元化，英国的 BBC 秉承"第四权力"传统，美国的 PBS 强调精英主义，澳大利亚的 SBS 专门服务于不同种族和不同的文化需求。虽然各国的公共电视定位各有侧重，但总体而言在区别于商业电视台市场导向的逻辑上具有一致性，注重更为多元的视野，为观众提供迫切需要且无法从商业媒体获得满足的资讯服务。

---

① 倪燕，赵曙光. 西方公共电视的节目评估：收视率悖论 [J]. 国际新闻界，2004 (2)：65 - 68.

　　20 世纪 90 年代初，公共广播电视媒体将"多元化"作为自身品质的证明，认为其不同于商业广播电视媒体之处就在于节目类型的多样性和观众的异构性；20 世纪 90 年代末，在有线电视和卫星电视提供了更为多样的频道和节目之后，公共广电媒体开始转向注重"公共利益"和"责任"，以凸显其品质。以英国为代表的公共广播体制，其电视评估就更注重综合性使用收视率数据，同时也关注公共价值。2000 年，"世界广播电视理事会"（WRTVC，属于联合国非政府组织）根据各种对公众问责的工具，确定了四个概念作为绩效评估的原则，它们分别是"独特"（distinctiveness）、"品质"（quality）、"效率"（efficiency）以及"普及"（universality）[①]，并以此为基础发展公共广电的具体评估指标。为了应对竞争的加剧，英国广播公司 BBC 和日本放送协会 NHK 等也不断修缮测量和评估的指标和方法，进一步明确"公共价值的定义"。比如，BBC 主要从三个维度来将"公共价值"这一概念具体化：首先从价值要素维度来看，公共价值分为三部分，个人价值、公民价值和经济价值；公共目标维度则涵盖民主、文化、教育、社会、全球价值和建构数位英国等六个方面；并将公共价值的测量维度分为四个方面——到达率、品质、影响力和消费价值。其绩效评估的四个维度又各自包括更为细化的衡量指标：

　　（1）到达率（reach）：到达率（每周 15 分钟以上）、到达率较低的观众群到达情况分析、每周平均收看时长、观众市场份额。

　　（2）品质（quality）：满意度、欣赏指数（appreciation index）、得奖数量及比例、平面媒体报道数量及正负向报道比例、独特性与创新性评估。

　　（3）影响力（impact）：记忆度、影响因子（记忆度与观众份额的比例）、信任度及行为影响、平面媒体报道、社会及教育性活动的影响力测量。

　　（4）消费价值（value for money）：每位观众成本、观众每小时成本、消费价值认知调查。[②]

　　除了到达率、满意度、欣赏指数、记忆度等指标需要通过观众调查得到外，

---

　　① JUNEAU P. The CMRTV's activities ［EB/OL］.（2000 - 12 - 13）［2018 - 01 - 13］. http//www. or-bicom. uqam. ca/en/.

　　② BBC. Public service broadcasting：the BBC's performance measurement framework ［EB/OL］.（2005 - 05 - 30）［2018 - 09 - 19］. https：//www. nao. org. uk/wp-content/uploads/2016/03/Public-serv-ice-broadcasting-the-BBC%E2%80%99s-performance-measure-ment-framework. pdf.

BBC 还参考了美国 PBS 的播后效益指数（Points of Impact Beyond Broadcast，PIBB），将平面媒体报道数量、节目得奖数量及比例、网页浏览率等量化指标纳入衡量范围。[①]

但如刘燕南所指出的，公共广播电视体制下的电视评估，模糊了质量、效果和绩效评估之间的界限，既包括传播效果评估的相关指标，也包含评估节目质量的指标和维度，这种将"公共价值"作为评估目标的电视评估混杂了非常多的因素，应属于电视台或频道层面的评估。

我国的电视媒体从组建以来就不是纯粹以市场为导向的，因此在收视率调查发展的同时，建构多元化的评估体系也一直是电视媒体的追求方向。2000年，"CSM 制播分离新形势下的电视节目评估研讨会"在成都举行，全国有 70余家电视台和广告公司参会，对新形势下的电视节目评估进行了探讨。

2001 年年初，中央电视台的满意度调查对原有的评估指标和维度进行了较大幅度的改动：引进了一些国际上比较通行的指标，并由 10 分制改为百分制；对原来评估体系中不符合国情的部分也进行了舍弃，只让观众选择自己喜欢收看的频道和节目并对其进行评价，而不是对过去三个月中看过的所有栏目进行评价；此外，还将港澳台在内地落地的卫星频道和省级卫视都纳入调查范围。

2002 年，中央电视台推出了以客观指标、主观指标和成本指标相结合的电视栏目评价体系。同年，中央电视台还推出了《中央电视台栏目警示及淘汰条例》，该条例对所有开播一年以上的栏目进行考核，根据综合评价指数，每季度对有问题的栏目进行警示，一年内被累计警示三次即被淘汰。中央电视台的栏目评价体系一直在不断地完善，2011 年 7 月 1 日起，"中央电视台栏目综合评价体系优化方案暨年度品牌栏目评选办法"（指标体系详见表 2 - 4）进入正式实施阶段，该办法的实施也正式宣告了在央视实施六年之久的"末位淘汰制"的终结。这一体系以评判年度品牌栏目政策来督促提高节目质量，该体系分为引导力、影响力、传播力和专业性四个指标，其中以收视率调查客观数据为来源的传播力指标权重占比达到一半；以观众调查的方式采集数据的影响力指标权

---

① 曹琬凌，彭玉贤，林珍玮. 公共广电问责体系初探［J］. 新闻学研究（台北）. 2008（7）：129 - 186.

重占四分之一，该指标下设两个二级指标——公信力和满意度，主要体现观众对于电视栏目的态度，可衡量节目的社会效果；专业性等对于节目制作水准和品质的测量主要通过专家打分获得，该指标权重仅占 5%；此外，由于我国的电视媒体承担着喉舌这一重要职责，因此，引导力的考察也是不可或缺的，通过专家打分和观众调查两种方式来评判栏目的导向是否正确，其价值观是否被认同，该指标也反映了栏目的社会效果，权重占整个指标体系的 20%。这一指标体系比较全面地体现了对电视栏目公共价值的评估，数据采集的方式也比较多样化（见表 2-4）。

表 2-4　　　　　　　　　中央电视台栏目综合评价体系指标设置

指标	二级指标	考量维度	专家打分	观众调查	收视率调查
引导力（占比 20%）	引导力（占比 20%）	表征栏目导向是否正确，价值观是否被认同的社会效果指标	√	√	
影响力（占比 25%）	公信力（占比 10%）	表征栏目可信性、权威性以及责任感方面的社会效果指标		√	
	满意度（占比 15%）	总体满意度		√	
		分项满意度		√	
传播力（占比 50%）	收视目标完成率（占比 10%）	受众传播规模的拓展与维护			√
	观众规模（占比 20%）	栏目传播广度与观众群的拓展能力			√
	忠诚度（占比 15%）	栏目黏着观众的能力			√
	成长趋势（占比 5%）	栏目成长性和阶段性状态			√
专业性（占比 5%）	专业品质（占比 5%）	制作水准和品质（编辑编排、制作剪辑、播音主持、音响音乐、画面镜头、舞美、文字写作）	√		

此外，其他一些电视台推出了自己的评估体系，比如，江西电视台推出的节目评估体系包含收视率、满意度和专家评审三项指标，将节目在各项指标上的得分加权计算综合得分；上海电视台的节目评估体系则更偏向于经济效益，包含收视率、成本降低率、社会评价、广告创收等指标。

总体而言，由于我国电视市场竞争错综复杂，各电视台对于电视节目满意度评估的探索至今仍是"各自为政"，在节目品质和公共价值这一尺度上，不同电视台的评估标准无法横向比较。因此，我国的视听效果传播评估整体而言还是以收视率调查为主的评估体系，满意度调查仅作为其补充。

本章小结

本章主要介绍了传统电视传播效果测量的方法，其一是通过收视率调查来测量观众的收视行为，其二是通过满意度调查来获知观众对于电视节目的态度。

传统的收视率调查从 20 世纪 30 年代发展至今，经过不断的迭代，已非常成熟。从最早期的利用电话调查法询问受访者前一天的节目收听/收看情况，到每周回收比较规范的日记卡，再到更为精确的测量仪，目前全球的收视率调查都遵循比较科学的调查方法。从 20 世纪 60 年代起，各国大规模的收视率调查体系逐步建立，20 世纪 90 年代，几家主流的收视率调查公司开始在世界范围内扩张，全球的收视率调查行业几乎都被这几家跨国公司所垄断。我国的收视率调查经过 20 多年的发展，也进入垄断期，央视-索福瑞媒介研究有限公司和尼尔森公司是最为主要的收视率供应商。

观众态度测量则主要以电视节目品质和公共价值评估为主，除了不定期的问卷调查之外，也有专家评审、小组座谈会、通过在样本户电视机上安装电子设备等方法来获取观众喜好。相较于行为测量，态度测量难以长期、持续地实施，通常是阶段式的、截面的测量。

因此，虽然各国都在不断尝试受众测量的丰富和多元化，但收视率仍然是最为主要的考核标准。收视率的重要性为样本污染提供了动机，而其垄断特征也使得不良动机的行为方有机可乘，这是之前传统的受众测量被诟病的主要问题。

当前由于传播环境和技术的变化，收视率不再能完全涵盖观众的收视行为，新的测量技术也应运而生，因此也有一些新的调查公司涌现，我国的收视率调查市场已进入新一轮的竞争期。关于电视端收视率测量和态度测量的发展将在下一章进行介绍。

第三章 大数据时代多屏视听信息传播效果测量的探索

随着视听技术的发展，数字电视、视频网站逐渐成为观看视听信息的重要渠道，观众可以在电视或网络上回看、点播自己想看的节目而不再受限于时间，传统的收视率调查就不再能完全反映观众的收视行为，基于大数据的网络点击量、时移收视率和回路数据等视频受众的测量也被纳入收视行为的测量范畴。社交网络兴起以后，短视频如节目花絮等适于碎片化观看的视听内容成为观众的新宠，社交媒体因此成为视听信息观看的一个非常重要的新入口，视频受众测量也开始向产品用户测量转变；同时，社交网络上用户的转发、评论等行为也在影响着视听信息的传播范围与口碑评价，对这些影响的研究也从基于抽样小数据的满意度调查向基于大数据的舆情研究发展和转变（见图 3-1）。

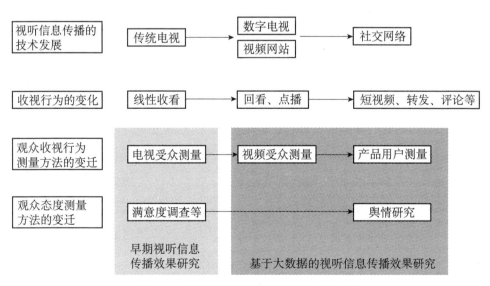

图 3-1 视听信息传播效果测量方法变迁

第一节　大数据与视听信息传播效果研究

作为近年来的热门概念之一，大数据与大数据方法广泛而深刻地影响了从科学研究到社会实践的各个领域，信息传播领域也不例外。精准推送、社会化计算、人工智能……信息传播最具活力和发展前景的这些领域背后，无不是大数据的逻辑在推动。

一、大数据与大数据方法

（一）大数据的概念与特点

首先，何谓大数据？舍恩伯格（Viktor Mayer-Schönberger）认为，大数据是指采用所有数据，而不用抽样或随机分析来获取数据的方法。[①] 也有研究者认同麦肯锡公司提出的定义，认为大数据是指无法在一定时间（也有表述为可容忍的时间）内用传统 IT 技术、数据库软件对其进行感知、获取、管理、处理和服务的数据集合。[②] 这一定义中的"一定时间"或"可容忍的时间"都是一种模糊的表述，缺乏量化的标准。国际数据公司（International Data Corporation，IDC）在 2012 年的定义则给出了量化的标准，从数据形式上来看，一般认为大数据至少包含两种及以上的类型；从数据规模上来看，至少是 100TB 的高速、实时数据流；还有一种也被认为是大数据，是从数据的增长速率来判断，即初始为小数据，但每年数据会以超过 60％ 的速率增长。由于软硬件的技术水平一直在发展，数据量和处理时间的相对关系在不断变化，给定一个具体的量化数据作为标准显然也并不是一劳永逸的。虽然目前对于大数据并没有一个确切的、公认的定义，但以上这些定义也显示了人们对于大数据的特点已达成一定的共识。比较有代表性的是用 4V 对大数据的特点进行概括，其中前三个 V 属于比较公认的特征，也基本与 IDC 的量化标准的几个维度吻合，最后一个 V

---

① 舍恩伯格. 大数据时代：生活、工作与思维的大变革 [M]. 盛扬燕，等，译. 杭州：浙江人民出版社，2013：12.

② 李国杰，程学旗. 大数据研究：未来科技及经济社会发展的重大战略领域：大数据的研究现状与科学思考 [J]. 中国科学院院刊，2012（6）：647-657.

所指则有所不同：（1）Volume（规模），数据体积量大，一般在 10TB 乃至 PB 级别；（2）Velocity（速度），指数据处理速度快，实时处理，数据增长量快；（3）Variety（多样性），包含视频、图片、地理位置信息等多样的数据类型；（4）Veracity（真实性）/Value（价值）①，国际商业机器公司（International Business Machines Corporation，IBM）认为大数据的第四个特点是具有真实性②，而 IDC 则认为大数据的第四个特点是价值性，因为在大数据中，有价值的信息分布稀疏、密度低，比如一段数十小时的监控录像中可能只有几秒的数据是有价值的。

（二）"第四范式"

大数据的特征从表面上描述了大数据与传统的"小数据"之间的差异，但大数据带来的绝不只是数据规模、类型上的变化，它还带来了新的数据思维和研究方法，引起了学术界对于科学研究方法论的重新审视。著名数据库专家吉姆·加里（Jim Gary）博士在 2007 年提出了"第四范式"（The Fourth Paradigm）的概念，他认为在数据密集型科学研究中出现了一种新的数据探索型研究方式。前三种范式分别是经验、理论和计算范式③。最初的科学研究是以经验范式为主导的，之后出现了利用模型、定理来对问题进行归纳的理论范式，理论模型提供了泛化的能力，缓解了经验的不足，而对于许多太过复杂难以用理论分析和模型解决的问题，人们开始用模拟的方法来探求答案，计算范式由此产生。而大数据则催生了一种新的范式，科学家可以直接从海量数据中分析、挖掘所需要的内容（见表 3-1）。一方面，具有的数据越多，则越不需要依赖模型的泛化能力，大数据可以为研究提供尽可能高的覆盖度和精度；另一方面，在海量数据下，以数据为中心，对数据相关性的分析而非因果关系分析，打破了传统的从结果出发探究原因的科学模式，因而使得新的研究范式成为可能。

但这也并不意味着在大数据时代，模型就不重要了，因为在社会科学中样

---

① GROBELNIK M. Big-data computing：Creating revolutionary breakthroughs in commerce，science and society [EB/OL]．[2020-03-07]．http：//videoletures. neet/eswc2012_grobelnik_big_data/．

② IBM. What is big data? [EB/OL]．（2012-08-23）[2019-09-22]．https：//www. ibm. com/analytics/hadoop/big-data-analytics．

③ HEY T，TANSLEY S，TOLLE K. The Fourth Paradigm：Data-Intensive Scientific Discovery [M]．Washington：Redmond，Microsoft Research，2009．

本空间往往过大，而且总处于变动之中，研究中难以获得足够覆盖样本空间的数据量，所以仍然需要通过建构模型来提供适当的泛化能力。只是传统的数据库多是先有模型，然后才会搜集和产生数据，而大数据时代往往是先有数据，模型是在有数据之后才确定的，而且会随着数据量的增长而变化。

表 3-1　　　　　　　　　　　科学发现的四种范式

科学范式	出现时间	方法
经验范式	几千年前	描述自然现象
理论范式	几百年前	利用模型，归纳
计算范式	几十年前	模拟复杂现象
数据探索范式	现在	利用工具抓取数据或利用模拟器生成数据；利用软件处理；将信息存储于计算机；科学家分析数据库

（三）大数据方法的基本流程

如前所述，大数据方法成为新的研究范式，虽然数据类型以及应用需求可能不尽相同，但基本的处理流程大致相似，其他学科尤其是社会科学学科在利用大数据方法来解决研究问题时也基本遵循这样的流程。

1. 数据获取

大数据的一个重要特点就是来源和类型的多样性，因此要对大数据进行处理，需要经过几个步骤。首先从所需数据源中抽取数据，并对数据进行集成，然后从中提取出关系和实体，对其进行关联和聚合，最后再选取一定的结构来存储数据。[①] 在这一过程中还需要对数据进行清洗，以保证数据质量。有一种观点认为，在大量数据下可以允许存在一定的错误的数据进入分析环节，而不必过于强调数据质量，然而如果没有约束，当数据系统中混杂进大量的错误数据时，则可能致使数据分析得到南辕北辙的结果。[②] 传统的数据库领域对于数据的抽取和集成已有很多成熟的研究，大数据时代数据集成的方法也在不断发展。目前的数据抽取与集成方法可以分为四种：基于物化或 ETL 方法的引擎（materialization or ETL engine）、基于联邦数据库或中间件方法的引擎（federation engine or mediator）、基于数据流方法的引擎（stream engine）及基于搜

---

① 孟小峰，慈祥. 大数据管理：概念、技术与挑战 [J]. 计算机研究与发展，2013 (1)：146-169.

② 马建光，姜巍. 大数据的概念、特征及其应用 [J]. 国防科技，2013 (2)：10-17.

索引擎的方法（search engine）。①

2. 数据分析

大数据的价值就产生于此，因此数据分析是大数据处理流程的核心。传统的数据挖掘、统计分析等分析方法在大数据时代也在调整以适应大数据的发展。孟小峰等从大数据的特点出发，提出了应该对分析方法予以改进的几个维度：其一是从大数据的规模出发，由于数据量的激增使得云计算应运而生，成为重要的大数据处理工具，因此要适应云计算的框架，许多算法就必须做出调整，变得更具扩展性；其二，就数据的处理速度而言，由于实时性成为大数据应用的一个重要特征，准确率不再是算法优劣的最主要指标，如何在实时性和准确率中取得有效的平衡是许多场景中的算法更需要考量的问题；其三，从数据的结构差异来看，过去适用于小数据的算法未必能从大数据中挖掘出有效信息，因此当数据量达到一定规模后，需谨慎地选择算法。②

3. 数据展示

数据展示，即以可视化的形式输出数据分析结果。如何让用户简便、直观地了解正确的数据分析结果，也是大数据处理流程中非常关键的部分。目前的数据展示环节中常用的技术为数据可视化技术和人机交互技术。数据可视化技术可以形象、直接地向用户展示分析结果，常见的数据可视化技术包括标签云、历史流、空间信息流等。人机交互技术则是通过用户的点击等动作来完成数据的展示，可以提高用户的卷入度，便于用户理解。此外，用户还可以通过数据起源技术来追踪数据分析的过程，从而更好地理解分析结果。③

二、大数据与信息传播

近年来，大数据已成为各个学科的热点话题和热门研究方向，新闻传播学对大数据的认识和研究也在不断深化并被其影响。

---

①　HAAS L. Integrating extremely large data is extremely challenging [EB/OL]. （2012 – 05 – 08）[2016 -12 - 01]. http：//idke. ruc. edu. cn/xldb/www. xldb-asia. org/program. html.

②　孟小峰，慈祥 . 大数据管理：概念、技术与挑战 [J]. 计算机研究与发展，2013（1）：146 -169.

③　CHAPMAN A，ALLEN M D，BLAUSTEIN B. It's about the data：provenance as a tool for assessing data fitness [C]. USENIX Conference on Theory and Practice of Provenance，2012：8.

前文已经提到对于大数据目前并没有公认的定义，而且不同的学科和应用场景往往有不同的阐释侧重点。在新闻传播学者中，喻国明从时空维度分析认为，大数据的真正价值并不在于体量"大"，而在于维度"全"。因为传统的数据分析时代也存在海量数据集，但往往维度单一，分析价值有限；而当前大数据的全则既体现在多角度、多层次数据的空间维度，也体现在与人的社会活动相关的数据在时间维度上的持续呈现。① 陆地则从字面上将"大数据"进行拆解："大"——数据规模大、空间大、形成时间长；"数"——数量、数字，可以通过定量的方法来对相关信息进行分析；"据"——可以作为决策依据的有价值的事实或信息。② 前者主要从特点和价值上进行定义，而后者则落脚于对大数据的使用，认为其是决策的依据。

大数据虽然是近几年才兴起的概念，但早在此之前，海量数据的处理问题就已存在。黄永勤研究了 Web of Science 数据库中收录的国外研究大数据的相关文献，通过绘制关键词的知识图谱发现了大数据相关研究发展的脉络（见表3-2）。③ 自《自然》（Nature）杂志 2008 年推出大数据专刊后，业界和学界都开始关注大数据这一概念，随后应用和研究范围开始逐步拓展。

表 3 - 2 早期大数据相关研究发展脉络

年份	早期大数据相关研究发展进程
2000—2004 年	遗传算法、神经网络算法、数据库、数据仓库、数据挖掘、信息分类等
2005 年	用户生成内容（UGC）导致数据量的激增
2006 年	云计算使得存储和处理海量数据成为可能
2008 年	《自然》杂志推出了大数据（Big Data）专刊

可见，大数据的概念之所以兴起有两个重要原因，其一是技术的发展尤其是社交媒体带来的数据量激增，根据 IDC 2011 年的统计，2011 年全球创造和复制的数据中，四分之三的数据出自个人发布的音视频和图片信息，远超有史以来所有印刷品的数据总和。新媒体时代，社交媒体中的自我暴露既是社会交往中的表演也是自我记录，自我数据化成为一种普遍行为，大数据的兴起与之

---

① 喻国明. 大数据方法与新闻传播创新：从理论定义到操作路线 [J]. 江淮论坛，2014（4）：5 - 7.

② 陆地，靳戈. 大数据：电视产业转型升级的支点和交点 [J]. 电视研究，2014（4）：13 - 15.

③ 黄永勤. 国外大数据研究热点及发展趋势探析 [J]. 情报杂志，2014（6）：99 - 104.

密不可分。① 其二是海量数据存储和处理技术的发展，这两点尤其是前者与信息传播密不可分。有学者提出了"传感器社会"的概念来概括这种用户行为和技术发展引发的数据爆炸。他们认为在当前社会下，所有可以用来自动记录和捕捉各类数据的程序应用和互动设备都可以被视作传感器，对这些可传输、存储和分析的数据的广泛搜集导致了数据爆炸。②

用户产生了海量数据，信息传播方式也在悄然改变，大数据也为这种传播方式的量化研究提供了基础。黄升民等指出了视听媒体尤其是传统电视媒体可以运用大数据的一个重要基础就在于，过去音视频信息和图片较难通过数据系统来处理，而如今它们都可以被转化为可解读的数据形式来存储、分析和管理。③ 大数据的优势即在于此——多元的数据来源、多样化的数据类型以及强大的容错能力。因此，大数据时代，媒体在面对新的信息生产和传播方式时，应该利用大数据方法来探索为用户提供新的媒体服务。④

三、大数据与传播效果研究

自传播学诞生以来，效果研究就一直是最受关注的问题之一，但以经验性研究为主的效果研究近年来却少有突破，大量论文都在不断重复验证和发展着已有的少数经典理论或理论假设。⑤ 国外有学者指出这种基于经验范式的效果研究走向僵化的原因："不是因为无话可说，而是因为已经穷尽了自己的逻辑。"⑥

过去的经验研究，首先从方法上来说是基于小样本的抽样推断总体的逻辑，大数据无疑从方法论上就已经跳出了原有的经验研究的逻辑。

其次，从研究目的来看，传统的效果研究以解释问题为主，即探求数据中

---

① 彭兰. Web2.0及未来技术对数字化个体的再定义 [J]. 当代传播（汉文版），2013（2）：13-16.

② ANDREJEVIC M, BURDON M. Defining the sensor society [J]. Social Science Electronic Publishing, 2014, 16（1）：19-36.

③ 黄升民，刘珊. 大数据时代，电视如何作为? [J]. 南方电视学刊，2013（3）：21-23.

④ 倪宁. 大数据时代的传播观念变革 [J]. 西北大学学报（哲学社会科学版），2014（1）：139-145.

⑤ 周葆华. 效果研究：人类传受观念与行为的变迁 [M]. 上海：复旦大学出版社，2008.

⑥ 麦格雷. 传播理论史：一种社会学的视角 [M]. 刘芳，译. 北京：中国传媒大学出版社，2009：52.

的因果关系，因为传统的数据基本属于结构性的数据，其优势在于结构性好、功能性强，劣势在于耗时长、成本高，解释比较单一化。[①] 而大数据来源于生活中的各种行为，购物、搜索、表达等，这些数据的生成和采集与行为几乎同步，而且成本也较低，但这意味着得到的基本都是非结构性的数据。在大数据时代，因果关系不再重要，而应把中心放在寻找事物之间的相关性上。[②] 虽然人类可能永远不会放弃追寻因果关系，但大数据用数据说话，代表着另一种价值观，没有预设的立场，看数据能说明什么[③]，换言之，这也意味着大数据会将效果研究的重点从过去的解释问题导向发现问题。

最后，从研究视角来看，大数据将带来研究视角的扩展与变化。由于大数据本身所带来的研究目的与方法的转变，研究视角无疑也将跟着发生转变。操瑞青总结了三个方向上可能发生的变化：其一是从群体效果转向个体效果，过去考察对象为社会学上所说的"平均人"，而大数据则可以帮助我们挖掘个人的深层需求，进行针对性传播；其二是从离散个体转向社会关系分析，大数据对社交媒体的数据挖掘可以将传统传播效果研究中所忽略的社会互动对人的影响纳入考察范围；其三是从探寻因果转向追踪过程，基于大数据的数据挖掘和数据可视化为考察过程提供了便利，而不再只拘泥于二元的因果关系，这将为效果研究领域带来更多可能性。[④]

第二节　大数据时代视听信息传播效果测量技术的演进

随着大数据时代技术的发展，视听信息传播效果的测量方式也有了较大的转变，本节主要介绍不同平台利用大数据技术来获得视听信息传播效果数据的几种方法。

---

① 喻国明. 大数据方法与新闻传播创新：从理论定义到操作路线 [J]. 江淮论坛，2014（4）：5 - 7.

② 舍恩伯格. 大数据时代：生活、工作与思维的大变革 [M]. 盛扬燕，等，译. 杭州：浙江人民出版社，2012：18 - 19.

③ 倪宁. 大数据时代的传播观念变革 [J]. 西北大学学报（哲学社会科学版），2014（1）：139 - 145.

④ 操瑞青. 传播效果研究的新思考：基于大数据时代的探索 [J]. 浙江传媒学院学报，2014（5）：38 - 44.

一、基于回路数据的电视测量

所谓回路数据（Return Path Data），是指数字机顶盒实时记录和回传的电视家庭户的收视行为和互动服务使用情况的海量数据流。在当前的数字电视媒体环境下，回路数据提供的观看行为测量主要包括时移收视率和实时收视率两方面。

（一）时移收视测量研究

从模拟信号到数字电视，电视这一大屏终端的信息接收方式逐渐多元化，目前主流的产品包括数字有线电视、IPTV、OTT TV、智能电视等。这些数字电视产品虽然由于运营商不同、使用的网络和带宽不同，导致用户体验有差异，但从提供的内容、功能和服务来看，基本大同小异。

对观众而言，电视接收端的技术进步最直接的影响在于收视行为的变化。英国 BARB 的数据显示，虽然直播收视仍然是英国电视观众的主要收视方式，但时移收视的占比在逐年上升，2010 年 1 月的数据显示时移收视仅占 6％，到 2017 年 3 月时移收视已超过了 14％。美国知名的互联网统计公司 comScore 的一项调查显示，28％的 18～34 岁受访者表示会在电视台首播之后的三天内回看电视节目。具有点播、回看功能的电视机顶盒日益普及，观众的点播、回看行为所占的份额也日渐增大，传统的线性播出方式受到挑战，数字电视背景下时移收视为电视增量价值的开发和影响力的拓展贡献了重要力量。[①]

数字互动电视/机顶盒不仅为观众提供了回看和点播的功能，也为观众收看行为的测量打开了另一扇门。观众行为测量可以不再依赖于抽样调查获得样本数据来推断总体，而是实时记录并回传每一位用户的使用行为。全球范围内的收视率应用都已开始将直播收视率和时移收视率汇总来计算节目的总收视率。澳大利亚的 OzTAM 公司从 2010 年开始向市场提供时移收视数据，从 2016 年开始时移收视数据从 7 天扩大到 28 天。英国 BARB 早已开始定期推出时移收视报告，其网站数据显示，2017 年 7 月总收视率（千人）排名第一的是 16 日播出的电视剧《权力的游戏》，总收视率（千人）为 3 487，其中直播收视率（千

---

① comScore. 灵活性是在线看电视的主要原因，比例达 56％ ［EB/OL］.（2014 - 11 - 04）［2017 - 12 - 05］. http: //www.199it.com/archives/288337.html.

人）仅为 121，时移收视率（千人）为 3 366。① 该公司的研究还显示，电视剧、艺术、教育和电影等类型的节目时移收视占比较高，而新闻以及党政宣传等节目的时移收视占比则较低。美国尼尔森公司的时移收视测量指标主要包括"时移收视率对直播收视率的增幅"，以及"时移收视率相对于直播收视率的差值"排名。

国内的大部分互动电视提供的回看点播时间是 7 天，因此，国内的时移收视率也是基于 7 天内回看和点播的情况计算的。目前，CSM 和尼尔森网联都分别推出了自己的时移收视报告，二者在测量范围、指标设置上都有较大差异。从测量范围来看，CSM 发布的《2015 年电视时移收视报告》分析了 12 个时移收视测量城市（包括北京、上海、广州等）的数据，涵盖全国范围内播出的近 600 部电视剧和 200 余档综艺节目。尼尔森网联的《三年"时移"录：2013—2015 年，中国人的收视变化》则主要分析了北京地区观众的时移收视行为。前者更具广度，呈现了更大范围的总体时移收视情况，后者则是针对一个地区的深度研究。从测量指标来看，CSM 更侧重于节目分析，除了收视率、市场份额外，"时移收视对节目增量价值的提升"是其主要指标，计算的是时移收视率与直播收视率的比值。其报告提到，热播综艺节目《极限挑战》、《爸爸去哪儿》第三季以及《我是歌手》第二季时移收视均带来了超过 10％的收视增量，《欢乐喜剧人》时移收视所带来的收视增量更是达到 19.38％。② 而尼尔森网联则更重视频道分析，更常使用"回看时长"指标，数据显示，"北京地区每人每天回看时长从 2013 年平均 12.23 分钟略微增至 2015 年（1—10 月）平均 13.03 分钟；在北京观众的回看收视排名中，湖南卫视和江苏卫视等一线卫视回看收视率较高"③。从报告来看，二者都与国外的测量水平有一定的差距，还未能定期推出反映所有节目时移收视状况的收视报告。

总体而言，目前对于时移收视的监测技术已经比较成熟，但还不完善，没

---

① BARB. Monthly top 30 catch-up programmes by audience [EB/OL]. (2017 - 09 - 01) [2017 - 09 - 01]. http://www.barb.co.uk/viewing-data/monthly-top-30-catch-up-by-audience/.

② CSM 推出国内首个电视时移收视报告 时移收视率让电视更增值 [EB/OL]. (2015 - 12 - 08) [2017 - 11 - 01]. http://www.199it.com/archives/414899.html.

③ 尼尔森网联. 三年"时移"：2013—2015 年，中国人的收视变化 [EB/OL]. (2016 - 01 - 12) [2017 - 10 - 03]. https://www.useit.com.cn/thread - 11189 - 1 - 1.html.

有公认的标准和计算口径。不同机构的研究侧重点也不尽相同，这可能是由于测量技术的不一致、为了规避自身的局限性所造成的。

(二) 智能电视的实时收视率

数字互动电视/机顶盒除了可以提供观众点播、回看产生的时移收视率以外，还可以实时提供观众观看正在播出节目的收视率。智能电视的实时收视率系统呈现的是与传统收视率一致的直播收视率，但其数据来源并非小样本的抽样调查，而是和时移收视率一样，通过海量样本的回路数据计算得到的。其主要特点在于实时性，所提供的数据每分钟都在更新，电视台和节目方都可以快速及时地获取节目的收视情况。目前，主要有两家机构提供实时收视率的测量和查询。

深圳宇龙计算机通信科技有限公司较早推出的酷云系统（网址为 eye. kuyun. com）已经提供了比较多的查询指标，包括关注度、实时关注度、地区关注度、市占率、节目留存率、重叠率、到达率、忠诚度、用户牵引、关注度贡献、流入流出和 TGI 指数等，基本承袭了传统收视率体系中涉及的指标。根据酷云系统的数据模型说明，"酷云是基于最真实的大数据理论，而非样本理论"，其数据未经过抽样，而是来源于其覆盖的 10 055.4 万（截至 2016 年 9 月 8 日）家庭用户收视终端（包括智能电视机、广电机顶盒和 IPTV 机顶盒）的实时数据回传。全样本的数据统计的确降低甚至杜绝了人工干预、数据过滤等常被质疑的收视率造假的问题，但仍有其局限性。因为未安装智能电视的家庭户以及尚未能覆盖到的智能电视家庭户被排除在"全样本"之外，"全样本"代表的并不是电视观众总体，因而与其他数据进行融合和对比的时候存在研究总体不一致的问题。

CSM 与欢网科技于 2016 年合作推出的 CSM-huan 智能电视实时收视系统（网址为 www. csm-huan. com），也是基于智能电视海量终端数据形成的分钟级实时收视数据系统。与酷云系统不同的是，该系统将海量数据与抽样数据进行了融合，根据全国电视观众的收视时长分布，对 4 200 万智能电视终端进行了抽样，全国网抽取了 50 万固定终端作为样本，52 城抽取了 20 万；此外，系统还对实时数据进行了加权，通过模型实时计算前一分钟的收视数据，可以对 CSM 次日发布的传统的电视收视数据进行预测。目前该系统只推出了"实时收视率"这一指标，另外，与酷云系统一样，还有一些非公开的针对观众收视与用户属性、消费行为的融合研究。该系统的优势是与传统收视率可以融合，但由于加权等数据处理过程未被公开，因此常被质疑的人工干预、数据造假等问题难以避嫌。

对比二者的实时数据，酷云系统的"实时关注度"和CSM-huan的"实时收视率"之间不仅在数值上有一些偏差，频道节目之间的排序也不尽相同，本质上还是由于调查的总体不一样，CSM利用拥有小数据的优势对大数据进行了加权处理，推及的是所有电视观众，而酷云系统的"全样本"数据代表的是其覆盖的一亿多智能电视家庭户。

回路数据为测量观众收视行为提供了一条新路径，海量样本、所有使用行为的实时记录和回传无疑是回路数据的优势，但回路数据也有其弊端，传统收视率调查可以搜集观众的基本信息，而回路数据只能精确到户，并不能了解到底是什么样的观众在观看该节目。

二、网络观看行为测量

网络端视听信息传播效果测量由于技术的不同，采集到的数据结构也不尽相同。数据采集的方式主要有三种：其一是通过爬虫技术对网络数据进行抓取，这种方法只能获得表面数据，过往的用户播放行为除了点击量外很难得到更为详细的信息；其二是在用户端安装软件，可以监测样本用户在各个视频网站观看视听信息的行为；其三是在视频网站或服务器端植码，获得的是在所植码网站或服务器观看视听信息的所有用户的观看行为。后两种方法都可以得到比较深层细致的数据，二者也各有所长。

在用户端和网站端监测的方法可以得到较为详细的用户行为数据，因而采用这两种方法的测量都以用户行为测量为主。

在用户端进行监测比较典型的是艾瑞公司，它主要通过其40多万签约监测样本，对国内主流视频媒体收视情况及收视人群分布提供第三方监测。其数据采集工具iVideoTracker的主要工作原理为搜集所监测样本的网络视频行为，搜集并分析日志信息，摘出视频播放页数据，并根据页面面包屑、频道、网页标题等信息，与其影片信息数据库进行匹配，随后通过自动或人工分拣视频相关内容，最后提供数据查询客户端。其主要监测指标包括月度视频播放覆盖人数、月度总有效播放时长、总浏览页面数、日均有效播放时长、人均有效播放时长、人均浏览页面数、人均单次有效播放时长等。这种测量方法可以了解不同网民收看网络视频的偏好，为各视频网站之间的比较提供统一的测量标准。目前各大视频网站公布的数据虽然基本都遵循 VV（Video View，视频播放量）、PV（Page View，页面浏览量）这样一套测量指标，但测量标准各异：首先可能采取的测量技术不同；其次技术虽然相同，但技术指标不同，比如同样使用心跳包技术测量用户播放行为，有的网站采取 3 秒的时间间隔，有的网站则采取 5 秒；再次，视频内容方或粉丝对视频内容可能存在刷点击量等行为；最后，各网站出于自身利益考量，也有可能虚报数据，导致最后呈现的数据缺乏可比性。艾瑞公司的这种通过样本用户监测视频播放行为的方法为各视频网站之间的数据呈现提供了统一标准。

国双科技则是在服务器端监测采集数据的典型代表，并适当结合了用户端监测。该公司推出了两种测量方案。其一是 Gridsum Video Dissector，可统计 IPTV 机顶盒、PC 端、OTT TV、移动终端、有线电视机顶盒、互联网电视机的视频播放行为。它通过在播放器中嵌入跟踪代码的方式来采集视频播放相关数据，基于维度和指标进行多维度数据分析挖掘，最后数据呈现包括频道/视频分析、直播收视分析、用户喜好分析、视频广告分析等。其二是 Gridsum TV Dissector，可对 IPTV、互联网电视、有线电视、卫星电视、地面数字电视等电视终端进行数据采集与分析。它通过在双向机顶盒中间件/App 应用内植入采集代码或导入用户行为日志的方式采集用户在使用数字电视的过程中产生的各种信息和行为数据，经过数据清洗、分析后，最后可以提供全数据的直播收视率统计与点播、回看数据分析，以及 EPG 广告数据的精确统计等。基于服务器端的数据采集比较适用于对某一网站的用户行为进行个案分析。比如，国双科技对芒果 TV 网站、App 及 OTT TV 等多终端用户观看节目过程中的暂停、拖拽等行为进行采集，对同一用户同一视频的多次观看行为进行合并，最终生成用户回看曲线、拖拽曲线和离开曲线，从而定位出《爸爸去哪儿》《我是歌手》等品牌节目的回看点与流失点，帮助湖南卫视调整节目剪辑、优化游戏环节，提高收视率。

三、舆情研究

尼尔·波兹曼（Neil Postman）在《技术垄断》（*Technopoly*）一书中写道，"新技术不是什么东西的增减损益，它改变一切"。社交媒体并不仅仅是观看视听信息的新入口，它还改变了人们交往的场景、方式，以及人与人之间的关系。可见，测量数字电视的回看、点播，以及网络收看的市场规模，仅反映了新的传播渠道带来的收视增量，并不能完全反映新媒体所产生的影响。约书亚·梅罗维茨（Joshua Merowitz）认为，新媒体或新媒介类型可能会重塑社会场景，类似于建墙或拆墙，将人们分置于不同场景，或合并入相同的场景。社交媒体让不同圈子的人进入了同一个公共领域，为舆论的生发提供了新的、直观的、可追踪和测量的场所。换言之，社交媒体所提供的信息更多的不是视听信息本身，而是二级信息，即关于信息的信息。可见，对于舆论声量和倾向的测量考察的并不是视听信息内容本身，而是对"关于信息的信息"的测量与分析。①

相比于传统的舆情分析，大数据无疑为舆情研究提供了新的技术和方法。从海量的网络信息中搜集、存储和清洗数据，并通过挖掘数据来进行舆情研究，其理论基础、思维逻辑、信息和数据处理方法都与过去的舆情研究方式有较大的转变，在未来的舆情研究中大数据将会进一步成为核心概念和关键技术。

随着大数据广泛的商业应用，一系列新的基础技术快速发展并被推广普及，如云计算、移动互联网、物联网、内存计算等，还有一些新的大数据挖掘技术，比如文本挖掘、意见挖掘、中文分词和 NLP 自然语言处理、神经网络算法等。基于这些技术的发展和成熟，过去相对缺乏定量研究方法支持的关系网络和扩散过程研究将可以开展更多、更精细的实证研究。喻国明等提出大数据时代舆情研究的视角应从单向度的内容研究转向"内容＋关系"的多维度研究。② 事实上，有不少相关的研究已经展开，比如李彪等通过对新浪微博中 21 个热点事件的研究发现，微博具有无标度网络的特征，看似在整个社会范围内带来了所谓的"话语平权"运动，但其背后是话语的再集权，形成了新的话语权力新贵。③

———————————

　① 斯特拉特.麦克卢汉与媒介生态学［M］.胡菊兰，译.开封：河南大学出版社，2016：158.

　② 喻国明，王斌，李彪，等.传播学研究：大数据时代的新范式［J］.新闻记者，2013（6）：22－27.

　③ 李彪，郑满宁.从话语平权到话语再集权：社会热点事件的微博传播机制研究［J］.国际新闻界，2013（7）：6－15.

不仅如此，舆情研究的重点也将由舆情监测转向预警和预测，从单向度的危机应对和品牌营销转向各领域的综合信息服务①。目前国内外已有许多可以对舆情信息进行监控和预警的系统，比如国外的 StatPac、ReviewSee、OpinionFinder 以及国内的方正、谷尼、TRS 等系统，可以帮助企业或政府了解和把握可能面临的舆情危机。这些系统各自有其优势，但总体而言，目前还没有一个非常完备的系统，可以达到舆情分析所期望的智能化要求。在相关的指标体系的建构以及方法的构想上已有较多研究成果，但投入应用的、经过大量数据检验的系统则大多还停留在监测的阶段，且多为自动舆情分析报告和人工经验相结合的方式，能够预警和预测的智能系统还比较鲜见。

综合各指标体系的研究来看，比较多涉及的维度有热度、强度、扩散度、倾向，更为细化的指标则主要包括浏览次数、发帖数、回复数、转载率、负面回帖总数、主流的专业搜索工具的搜索量，等等，详细归纳见表 3 - 3。

表 3 - 3　　相关研究中舆情测量指标体系构建所提及的维度和指标归纳

涉及的维度	一级指标	具体测量指标
关注程度	舆情热度	关注热度、舆情网站分布、舆情地区分布、来源权威度、舆情署名度、发布者影响度
	舆情强度	主题扩散度、主题敏感度、主题重要度、点击频率、回帖频率、转载频率
	参与度	新闻网站新闻评论的数量、社交媒体转发量及评论量、社区论坛主帖及跟帖的数量、博客网站博文及回复的数量
	民众关注	各渠道的累计发布帖子数量、发帖量变化率、累计点击数量、点击量变化率、累计跟帖数量、跟帖量变化率、累计转载数量、转载量变化率
	聚焦度	主流的专业搜索工具的搜索量、各网络媒体自带的搜索工具的搜索量
倾向程度	舆情倾度	受众倾向分布、突变参数、倾向离散程度
	态度倾向	舆情信息态度倾向程度
	负向舆论潜力指标	与事件相关的网络舆情表达信息中负向的态度意见数量占所有态度意见数量的比例

① 喻国明，王斌，李彪，等. 传播学研究：大数据时代的新范式 [J]. 新闻记者，2013（7）：6 - 15.

续前表

涉及的维度	一级指标	具体测量指标
扩散程度	传播扩散	流量变化值、网络地理区域分布扩散程度
	扩散度	新闻网站的点击量、社交媒体的接收量（每条/篇信息阅读量总和）、社区论坛的点击量、博客网站的点击量
扩散速度	舆情生长度	焦点状态值、拐点状态值、舆情时效值
	舆情发展速度	舆情综合检测指数某一具体得分值 G/该事件的舆情总和监测指数从 0 上升到 G 所用时间 I
敏感程度	内容敏感	舆情信息内容敏感程度
	舆论危机潜力指标	矛盾主体因素的包含水平、冲突缘由因素的包含水平、后果危害因素的包含水平、道德伦理热点的对应水平……
其他衍生指标	解析度	新闻网站点击量与评论量之差、社交媒体接受量与转发量评论量之差、社区论坛点击量与评论量之差、博客网站点击量与评论量之差
	强烈舆论潜力指标	与事件相关的网络舆情表达信息中具有较高强度的态度意见数量占所有态度意见数量的比例

资料来源：根据王青、成颖、巢乃鹏的《网络舆情监测及预警指标体系构建研究》，戴媛、郝晓伟、郭岩、余智华的《我国网络舆情安全评估指标体系的构建研究》以及刘绩宏、张海的《舆论危机事件舆情、舆论的鉴别性特征及其预警应用》等研究编制。

以上的舆情研究主要以重大突发事件为研究对象，而具体到视听信息的传播，对于新闻节目，网络中讨论的大多是基于新闻中的事件，与上述舆情研究的内容基本重合；对于电视剧、综艺等娱乐节目的网络舆情测量，则主要由营销方来驱动。总体而言，大部分研究都是基于上述类似的指标，包括节目的提及量、讨论量、评论正负面信息的比例等。

第三节　视听信息传播效果的跨屏测量实践

相较于时移收视率和智能电视实时收视率已经产品化，电视端、PC 端、移动端等多终端的跨屏测量则还远未达到成熟的地步，但也有一些探索已经展开。

一、基于个案研究的"电视+网络传播效果测量"

目前，跨屏的效果测量已有一些试图建立"全媒体"收视率的尝试，但大多还是基于个案的研究，能够大规模应用的"全媒体"收视率体系尚未出现。比如 2014 年世界杯足球赛期间 CNTV、CSM 和 CTR 联合发布的"世界杯多屏收视数据"即是试水"全媒体"收视率的代表案例。数据显示，2014 年世界杯巴西与克罗地亚揭幕战当天中央电视台多屏收视率为 1.89%，其中，电视观众规模为 4 600 万人左右，电视收视率（含电视首播、重播和当天时移数据）为 1.32%；CNTV 网络直播收视率为 0.36%，观看网络直播的用户规模达到 500 万人；另外，当天在 CNTV 网站点播观看开幕式及首场赛事视频的用户规模达 1 049 万人，累计次数超 1 900 万，累计访问总时长达 659 万小时。"世界杯多屏收视数据"显示了世界杯赛事在多终端传播方式下的综合传播效果。①

此外，CSM 联合 comScore 开展跨屏收视测量（Cross Media Audience Measurement，CMAM），每周推出《热点节目跨屏收视报告》。该报告基于传统电视和互联网平台的传播异同，以"电视＋网络"的数据呈现为主，着重对当期热点电视剧与综艺节目进行跨屏收视行为测量分析。比如，2016 年 8 月 22 日至 28 日的跨屏收视测量报告显示，在电视端观众规模最高的节目，观众量达到了 3.65 亿；在 PC 端观众规模最高的节目，观众量也达到了 1 920.9 万。从 PC 端观众规模与电视端观众规模的比值数据上看，当周所有节目的平均比值为 4.40%。该报告主要通过"观众规模"这一电视和 PC 端可比的指标来将二者融合到一起，通过二者的比值来分析电视节目的延伸价值。

总体而言，目前业界针对跨屏收视的测量多呈现为个案，距离产品化和标准化还有很长一段距离。网络端和电视端的测量指标有很大差异，PC 端和移动端由于收视场景和行为的不同，相同的指标下数据也可能出现量级上的区别，因此三者之间如何整合是跨屏收视测量面临的最大难题。

二、立足社交媒体的观众覆盖与口碑测量

社交化媒体的传播效果研究主要是将微博中的分析指标与电视收视率体系进行匹配和对接，为电视节目在社交网络上的影响力提供客观的评价方法和评估标准。2013 年，Twitter 与 Kantar 集团合作在美国和欧洲展开了一系列研

---

① 人民网. 世界杯首赛多屏收视率发布　电视播出吸引近四千六百万球迷 [EB/OL]. (2014 - 06 - 17) [2017 - 05 - 03]. http://news.xinhuanet.com/photo/2014—06/14/c_126619342.htm.

究，通过考察 Twitter 上人们关于电视节目的讨论与社交来对电视节目收视率和社交媒体口碑的关系进行深入分析。2014 年，新浪微博与 CSM 合作推出微博电视指数，这一产品参考了 Kantar 集团和 Twitter 开发的产品架构。

微博电视指数利用关键词抓取微博上用户对电视节目的讨论内容，将相关节目在微博上的提及人数、提及次数和阅读量作为评价指标，主要考察的是电视节目的观众覆盖和网络口碑状况，同时对微博上讨论该档电视节目的人群特征进行深入分析。该指数中各评价指标数据都是从节目开播前 6 小时开始统计的，以防止历史数据的干扰；指数包括日排行和周排行，对应节目当天和本周的热度。微博电视指数推出第一期排行榜时，正值《爸爸去哪儿》第二季开播，节目官方微博账号发起了♯萌娃变泥洼♯话题，引导观众观看电视的同时也在微博上参与讨论互动，三日内该话题的曝光量就已近 6 000 万，该节目在首期微博电视指数排行榜上位列第一，高涨的微博人气也反过来促进了收视率的增长。[①]

三、基于爬虫抓取技术的指标体系测量

如何将不同渠道和终端的用户收视行为数据整合到一起是效果研究一直以来的难点，而将行为数据与满意度数据相结合则更难处理，因为各方数据不同源不同结构，而且存在数据孤岛的问题，因而采用建构指标体系模型的方式将各渠道、终端的传播效果结合在一起是比较合理和易操作的方式。建立传播效果评价指标体系这一方法，主要是通过抓取网络公开数据来建立模型，目前学界和业界都已有不少相关的研究。

业界中较早展开研究的是美兰德公司，该公司发布了《2016 上半年中国视频融合传播白皮书》，每周也推出"电视节目网络传播指数"数据报告。美兰德构建的视频融合传播指标体系主要从网络传播的广度、深度、口碑、原创内容的二次传播效果等维度综合考量视频节目的融合传播力与影响力，其评价指标包括网媒关注度、微博提及量、视频点击量、微信公号刊发量等。该体系数据采集监测范围，截至 2016 年 6 月底，涵盖全国一万余家网站（包括门户、新闻、资讯网站，各大博客、论坛）、社交媒体新浪微博、50 余万个微信公众号、

---

① 新华网. 央视-索福瑞与微博发布首个社交媒体电视指数［EB/OL］.（2014 - 07 - 03）［2017 - 12 - 01］. http：//news. xinhuanet. com/tech/2014 - 07/03/c _ 126704174. htm.

八家视频网站和九家移动新闻客户端。数据采集方法主要依靠云计算中心和服务器集群，实时监测和抓取用户对于视频媒体信息的观看和评论情况。数据分析环节主要分为两部分，首先是对数量的分析，通过视频相关信息的数量来反映网络上用户对相关视频的关注程度，以及在不同网络平台的分布情况；其次是对文本的分析，通过对内容文本的挖掘来探索用户对于视频节目的满意程度、情感倾向和关注的偏好等。

近一两年也有一些新创立的以大数据营销为主营业务的公司比如骨朵传媒、猫眼、云合数据等开始推出影视排行榜。这些公司的数据比美兰德的数据报告更具优势的地方在于，它们的榜单是实时更新的，而且所含的信息更加全面，比如微博数据不只包括提及量，还有相关话题的数量、阅读量等。其不足在于，对于所抓取的各指标的数据只是简单罗列，并没有建立模型将各指标整合在一起，推出的排行榜大多只是按照点击量进行排名。

学界的指标体系构建也多是利用网络爬虫技术抓取数据，兼取行为和意见指标。与美兰德的视频融合传播指标体系相比，学界的指标体系更具理论依据，维度划分更清晰，但受限于人力财力，数据采集范围往往较小，节目分析的样本量也较少。本研究综合相关研究者的成果，将以往主流指标体系研究中涉及的维度和指标归纳如下（见表 3-4）。

表 3-4　　　　　　以往研究中指标体系构建所提及的维度和指标归纳

	维度内容	维度名称	涉及的指标
提及较多的维度	反映视频受关注程度	关注度 收视度 搜索度	播放量/点击量 下载量 搜索量
	反映视频的易接触程度	显著度 推荐度 曝光度	内容显著 网页位置/首页推荐/首页呈现
	反映观众对视频的参与程度	参与度 关注度 热议度 卷入程度	热议量 网民评论量 是否产生微话题 微博提及量（人数、次数/条数） 微博阅读量

续前表

	维度内容	维度名称	涉及的指标
提及较多的维度	反映其他媒体对视频的传播力度	扩散度 知名度 新闻转载度 话题推动力 网络推动力	传统媒体报道或转载量 网媒关注度（条数） 论坛议题数量 微信公众号刊发量（篇数） 持续时间 是否衍生出新话题
	反映观众对视频的态度	满意度 美誉度	正负向意见比例 正面评论与评论总数的比例
提及较少的维度	反映观众的类型分布	集中度	网友类型分布
	反映观众对视频广告的忍耐程度	有效度	广告时长
	反映视频的吸引力	吸引度	网站花絮数量 视频数量
	反映视频的播放环境	唯一性	是否独播

资料来源：本表参考喻国明、陆地、周勇、周小普、张树庭等研究者的相关成果编制而成。

此外，也有少量研究是学界与业界相结合的，比如中国传媒大学口碑研究所推出的"中国电视节目网络人气指数体系（IPI）"，该研究选取了100家影响力最大、最有代表性的网站作为观察样本，抓取100家网站内的相关主题信息及网民评论和点击量等数据，并采用德尔菲法和层次分析法来确定权重，从而建立相关的指标体系和数据模型，对量化的数据进行综合计算得出最终的IPI指数值，主要的指标包括关注度、评价度、参与度、波及度等。但该研究主要研究了电视节目在网络上的影响力，而未能把电视传播情况与之相结合。还有北京大学陆地发起的"中国电视满意度博雅榜"，该榜单每年发布，主要是前期利用大数据的相关方法抓取网络上关于电视频道、节目的海量评论，并对其进行清理、分类，从上千个节目中初选出候选频道和节目；后期则主要是依赖主观的意见来对节目进行评判，由13位专家对候选节目进行打分，评价指标包括文化品位、创新能力、人际口碑、社会价值和总体印象等五项，最后按照专家打分和软件分析3：7的权重进行汇总，评选出满意度前十的频道和前20名的各类节目。比起其他的榜单，该榜单更为依靠专家的综合意见，网络上采集的数据相对占比较小。

目前现有的建立指标体系的研究主要存在以下可以改进的地方：其一，对于网络指标的选取，业界更全面，学界更具理论依据，但两者都未能考察各指标的有效性，没有对指标模型的校验和优化过程。其二，指标体系权重的确定目前主要有三种方式：等权重、德尔菲法以及德尔菲法与层次分析法相结合。这三种方法主要是凭借研究者或者相关专家的经验，缺乏客观数据的说服力。其三，虽然大部分研究都是通过抓取网络上的大量数据来建立模型，但并没有充分利用大数据的优势，只是简单地将指标的数据与通过经验性的方法获得的权重相结合，而没有对大数据进行数据挖掘，去发现数据之间的关系。

第四节 多屏视听效果测量的难点

近年来，业内在不断推进跨屏测量，但离全媒体的融合测量还有一定的距离。电视端和网络端的测量大多还是分而治之，虽有很多机构在尝试建构横跨各种播放终端的统一的评价体系，但困难重重，进展缓慢，目前还未能出现公认的标准评价体系。这其中的主要困难还是在于数据来源和数据结构问题。

一、数据孤岛

如前所述，跨屏测量的数据主要包括传统电视收视、智能/互动电视收视和互联网视频信息收视三个部分。首先，传统电视收视测量铺设调查网络不易，有较高的行业壁垒，数据主要由 CSM 和尼尔森公司这两家传统收视率调查公司掌握，互动电视的运营商和互联网视频监测机构难以涉足；其次，智能/互动电视本身涉及的终端、运营商多种多样，OTT TV、IPTV 等不同地域有不同的提供商，标准也不一，要获得各地域的数据需要与不同的供应商进行合作，增加了统一的难度；最后，视频网站之间公开的数据标准也不一样，第三方监测机构虽然能提供相对客观的可对比的数据，但仍然有一定的局限性，与各视频网站的后台数据还是有差异。各方都有其利益考量，彼此间的合作困难重重，目前有一些两方的合作展开，但三方的合作或同时拥有三方数据的合作还未出现成形的产品。

二、数据同源和多源

数据来源的问题除了各方数据拥有者不同之外，来源于哪些样本也是令众多跨屏测量研究者纠结的问题。一般而言，同源样本被认为是比较理想的跨屏测量，因为能够反映同一样本的流动情况，对样本用户不同媒介的使用行为进行比较，同时也能得到明确的样本用户的个人身份信息。CSM 曾尝试在样本用户的 PC 端、移动端安装虚拟测量仪，与传统收视率测量相结合，从而达到同源测量的目的。但这一方式的推进比较艰难，一方面同源测量需要的样本量大、成本高，另一方面同源测量会把用户所有的收视行为记录在案，用户对隐私问题的担忧也使其裹足不前。

目前的跨屏测量基本都是多源测量，即将不同屏端的数据并置，通过部分指标或算法将不同屏端的情况进行对比或融合。同源测量对样本的要求较高，如果多方合作需要从样本选择的前端就开始合作，但由于各方都持有一部分数据，重新铺设样本网络费时费力，因此多源样本混合自然是经济效益较高的做法。另外，多源样本可以反映各自屏端的用户分布情况，而同源样本需要兼顾，难免在每一端都有局限性。但样本不同源的弊端在于测量技术不同，指标不一，数据结构有较大的差异，难以匹配和融合。

三、数据结构差异

就电视屏端而言，传统电视收视率与智能/互动电视（包括数字有线电视、IPTV 和 OTT TV）传播形成的回路数据在测量指标上差异不大，其难点主要在于样本的融合。传统收视率是小数据，抽样调查测量的是个人收视信息，而回路数据则是实时监测的海量数据库，只能精确到户收视而无法精确到个人。目前 CSM 和尼尔森公司都在某种程度上解决了这个问题，即根据自行研发的算法来推算个人收视，但算法的合理性以及推算数据的代表性还有待进一步的实践检验。

相比传统收视率与回路数据之间的差异，网络端与电视端测量的数据结构差异更大。将网络视听信息的测量纳入收视率指标体系，其难点主要在于指标的融合，网络点击量反映的是收看的人次数，而传统收视率反映的是到达率（收看人数）和忠实度（收看时长），表现的是人时数，二者无法简单比较和融合。就网络端自身来说，行为与意见的指标也难以融合，行为指标是客观量化的，而意见指标则相对主观，如何将主观指标进行量化也是难点之一。

本章小结

　　本章主要介绍了技术发展下的视听信息传播效果测量的新实践：由于视听技术的发展和收视行为的变化，观众收视行为测量和态度测量都从过去小规模的抽样调查转向了基于大数据的行为测量和舆情研究。

　　大数据的概念近几年尤为热门，对于社会科学而言，它提供了一种新的研究范式，可以从海量数据中分析、挖掘所需要的内容，打破了过去从结果出发探究原因的科学模式。利用大数据来进行传播效果研究，从方法论上跳出了原有的经验研究的逻辑，将效果研究的重点从过去的解释问题导向发现问题。

　　基于大数据的传播效果测量主要可以分为三个方面：其一是基于回路数据的电视测量，回路数据是从数字机顶盒实时回传的海量数据流，不仅可以实时测算收视率数据，还可以测量时移收视；其二是网络观看行为测量，可以通过在用户端安装软件、在视频网站或者服务器端值码以及通过爬虫技术抓取网络数据等方式来采集网络收看行为的数据，三种方法各有利弊；其三是舆情研究，从海量的网络信息中搜集、存储和清洗数据，并通过挖掘数据来进行舆情监测、预警和预测，具体到视听传播，主要是由影视节目的营销方来驱动，对视听内容的网络舆论进行量化分析。

　　除了不同平台和终端上测量技术的发展外，学界和业界也在不断尝试多终端跨屏测量的融合方法。目前有一些尝试取得了初步的成效，做出了相对成熟的产品，但也仍在不断地迭代和完善。比如基于个案研究的"全媒体"收视率的尝试，将电视和网络的收视率通过观众规模或者时长等可以互相比较和加和的指标整合在一起作为某节目在多终端传播方式下的综合传播效果。又如将收视率体系和社交媒体中的分析指标进行匹配和对接的微博电视指数，可以同时反映电视节目的观众覆盖和网络口碑状况。还有基于爬虫抓取技术的指标体系测量，更为全面地将不同渠道、终端的行为数据以及态度数据相结合，学界和业界均有此方面的尝试，但各有优劣，目前还未能出现比较公认、权威、有代表性的指标测量体系。虽然业内在不断推进跨屏测量，但离全媒体的融合测量还有较大的距离，其原因主要在于数据来源的多样性、拥有数据的各方之间合作的难度以及数据结构存在较大差异。

总体而言，目前已有不少关于视听信息的传播效果的研究，这些研究无论在理论框架还是方法论上都为本研究打下了良好的基础，但也存在一些不足，主要体现在三方面的不调和：

首先，来自业界的实践经验和学界的理论研究没有实现有效的沟通和衔接。学界主要从学理上对新媒体环境下视听传播规律进行探讨，缺乏实践层面的验证和数据支持；业界则基于各自的经验提出了一些新的收视评估方法、指标，缺少理论框架支撑，从而影响了其体系的严谨性和对整个行业的说服力。

其次，行为测量与态度测量之间缺乏有效的结合。尽管目前已有一些相关的研究和实践，比如微博电视指数等，但这些研究仅从实证的角度论证了电视节目社交媒体口碑与收视率具有较强的相关关系，并未对这两方面的数据进行整合。

最后，抽样小数据与大数据之间难以匹配和融合。传统的抽样调查会忽略受众群体和社会网络之间的关系①，基于大数据的分析方法可以弥补这一缺陷，洞察消费者的内部关系，但由于数据来源、数据搜集方法的限制以及数据孤岛等问题的存在，大数据的代表性还有待商榷和检验。虽然二者都有各自的优势与不足，但由于数据来源不同、结构不同，因此很难将二者进行融合。对于如何将不同源不同结构的数据结合到一起来考量传播效果，有学者给出了建立全媒体指标体系的两条路径：其一是挖掘各渠道的用户数据，包括广电收视数据、社交媒体数据、搜索引擎数据、视频网站数据、论坛数据以及购物网站等所有节目相关的用户行为痕迹，并挖掘不同屏数据间的关联关系；其二是建立媒体自身的数据库，比如湖南卫视的芒果 TV、央视的 CNTV 等，这将使广电从被动接受第三方数据，转变为更加直接地"触摸"到自己的用户，从而为节目制作、内容营销进行自主、精确、全面的分析提供了可能。②

在下一章中，我们将在前人研究的基础上，尝试建立一个更为全面严谨的指标体系，能够将各方的数据有效地整合，并利用实践数据来对其验证。

---

① 麦奎尔. 受众分析 [M]. 刘燕南，李颖，杨振荣，译. 北京：中国人民大学出版社，2006.
② 喻国明，刘旸. 媒介融合时代基于大数据的传媒生产创新 [J]. 新闻战线，2015 (9)：24-28.

第四章　多屏视听信息传播效果测量的研究设计与方法

为了适应多屏时代视听信息传播路径和行为的复杂性，本章将立足于媒介系统依赖理论建立相匹配的传播效果研究模型，确定相关测量指标和指标模型的基本结构。

第一节　研究的理论框架：媒介系统依赖理论

媒介传播效果研究经历了多次转向，从"皮下注射论""魔弹论"等强效果论到有限效果论，再到适度效果论，受众与媒介的关系始终是媒介效果研究的焦点问题，媒介系统依赖（Media System Dependency）理论也属于这一范畴。

一、媒介系统依赖理论

媒介系统依赖理论的雏形是德弗勒和鲍尔-洛基奇（DeFleur & Ball-Rokeach）于1976年提出的大众媒介效果的依赖模型，鲍尔-洛基奇在随后的几十年里对该理论进行了进一步的阐释和发展。

有研究观点认为，媒介效果的产生是由于媒介在特定的社会系统里以特定的方式满足了特定受众的需求。[①] 媒介系统依赖理论同样是将媒介和受众放入社会系统中进行分析，并对受众、媒介和社会三者之间的关系进行了更为详细的阐述。该理论认为，受众-媒介-社会三者之间的关系直接决定了媒介对受众和社会的传播效果（见图4-1）。[②]

---

① 麦奎尔. 麦奎尔大众传播理论 [M]. 崔保国，李琨，译. 北京：清华大学出版社，2010：315.
② BALL-ROKEACH S J, DEFLEUR M L. A dependency model of mass-media effects [J]. Communic Res, 1995, 3 (1)：3-21.

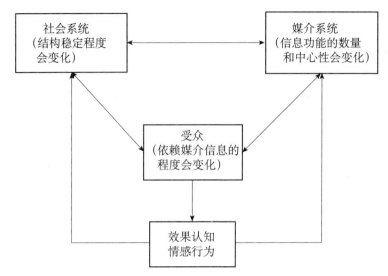

图 4 - 1　媒介系统依赖理论的效果概念模型（Ball-Rokeach & DeFleur, 1976）

如果单从受众与媒介关系的解释来看，媒介系统依赖理论的阐释与使用和满足理论有异曲同工之处。虽然鲍尔-洛基奇在其 1998 年发表的《媒介权力理论与媒介使用理论：不同的故事、问题与思维方式》（A Theory of Media Power and a Theory of Media Use: Different Stories, Questions, and Ways of Thinking）一文中指出了媒介系统依赖理论与使用和满足理论之间的区别，二者的理论源头、经验源头、中心问题和概念都有差异，但媒介系统依赖理论与使用和满足理论有一种类似于音乐中的"复调"① 的关系，二者在某些方面有相似之处，比起后者，前者将媒介与受众的关系放入一个更大的社会系统中来考察，包含了更为宏观的视角。

使用与满足理论主要是基于比较微观的视角，认为受众会由于自身的需求和目标而去主动选择并接触媒介，而在此过程中的满足程度会影响其下一次的媒介接触行为。② 媒介系统依赖理论同样将受众看作积极的、主动的，媒介内容通过受众的认知心理过程对个人产生影响，但其中的核心概念并不是受众的"选择性"（selectivity）行为，而是"依赖性"（dependency），依赖性的强度与

　　① BALL-ROKEACH, S J. A theory of media power and a theory of media use: different stories, questions, and ways of thinking [J]. Mass Communication & Society, 1998, 1 (1/2): 5-40.

　　② KATZ E, BLUMLER J G. The uses of mass communications [M]. London: Sage Publications, 1974: 20.

媒介效果成正比，依赖性越强，改变受众认知、情感和行为的可能性越大。

所谓"依赖性"，鲍尔-洛基奇和德弗勒将其定义为一种关系，在关系中"一个社会成员需求的满足和目标的达到取决于其他社会成员拥有的资源"，因此从个体角度来说，媒介系统依赖即"个人依赖媒介所控制的资源来实现自己的目标"。自 1976 年媒介依赖模型正式提出后，许多研究者指出这一理论的局限之一就在于依赖的非对称性。由于媒介技术的发展，个体开始深度参与到信息生产中，因而媒介与个体之间的这种不对称关系也发生了变化。因此，鲍尔-洛基奇等人在 1990 年的论文中将这种微观层面的媒介系统依赖关系的定义进行了扩展，将其定义为："实现个人目标的程度取决于获取媒体系统的信息资源，而媒体系统目标的实现程度取决于个人控制的资源。"① 换言之，媒介系统依赖理论的两个基点就在于：目标与资源。受众、媒介和社会在同一个生态系统中具有各自的目标和资源，各部分目标和资源的性质决定了各自的依赖关系。个人有待满足的需求（比如人类的基本需求：生存和成长）和需要实现的目标（理解、确定方向以及娱乐），当媒介能够持续且稳定地提供满足需求和目标的资源时，人们会习惯性地使用媒介，产生惰性，便有了依赖。但鲍尔-洛基奇认为，不应仅仅将之视为个人需求或目标的产物，个人与媒体的关系是在不断变动的，将这种关系视为媒介系统依赖的产物更合适。因为除了个人目标之外，一方面，媒介提供的特定的信息功能也是影响依赖的因素之一，媒介提供的相关信息的数量越多、中心性越大，受众和社会对该媒介的依赖性则越强；另一方面，个人和媒介间的依赖关系还受制于社会系统的情况，社会环境中的结构性冲突和变动会影响个体所面临的不确定性，人们主动搜索和寻找信息来了解社会环境中正在发生的事，以消除不确定感，因而相应地对媒介的依赖性也会增强。

前文主要分析了个体的媒介系统依赖关系，从媒介层面来看，媒体被视为生态整合的机构，是社区和城市生活中宏观和微观单元的接口：它们为个人和

---

① BALL-ROKEACH S J, POWER G J., GUTHRIE K K, et al. Value-framing abortion in the united states: an application of media system dependency theory [J]. International Journal of Public Opinion Research, 1990, 2 (3): 249 – 273.

人际网络提供了参与和适应更广阔的社会所需的知识。① 在工业社会、后工业社会中，社会结构越来越复杂，人们越来越少能意识到超出其自身结构位置的社会中在发生什么，因此大众媒介成为非常重要的提供信息、娱乐的渠道。媒介对受众和社会的需求提供资源，同时也依靠受众和社会来获得与节目内容和利润相关的资源。媒介系统和其他社会系统"会寻求控制对方的资源，只要条件允许且不会危及自身的利益，它们就会这样做"②。鲍尔-洛基奇指出，媒体与社会有机体其他部分之间的依赖关系必须经过发展或变化，以反映媒体及与其有依赖关系部分的演化发展，以及这些关系的社会生态学的变化。③ 宏观媒体关系既会产生合作，也会产生冲突，合作由共同利益驱动，冲突由自我利益驱动；二者的合力使得关系处于不稳定中，各方都在寻求增加权力以达到权力的均衡或取得更大的权力优势。这种宏观的关系限制了基于媒介产品消费的微观媒介系统依赖关系的生态（比如其结构、强度和范围）。

鲍尔-洛基奇试图寻找一种将媒介产品（宏观）与消费（微观或宏观）联系起来的方式，在其 1998 年发表的论文中，她将其媒介依赖的模型进行了发展和完善，将过去有学者认为是分离的或者说有竞争关系的大众传播和人际传播放入同一个生态系统中进行研究。④ 她将人际环境这一中观层次的因素引入媒介系统依赖模型，探讨了在媒体消费与生产的生态环境下个体媒介系统依赖关系的生态（见图 4-2）。

图 4-2 中展示了鲍尔-洛基奇的一些主要假设。从个人的角度来说，当个人所处的环境出现问题时，比如充满不确定性或可感知的威胁或二者兼而有之，会对个人的目标产生影响，从而影响个体媒介系统依赖关系的强度和范围。在个体差异上，其一是心理变量的影响，比如兴趣、价值观会影响个人目标，而感知效用、期待以及媒介资源的可信度等心理变量则会影响媒介系统依赖关系。而个体在社会中的结构位置变量会造成个人目标在社会经济地位、生命周期以

---

① BALL-ROKEACH S J. A theory of media power and a theory of media use: different stories, questions, and ways of thinking [J]. Mass Communication & Society, 1998, 1 (1-2): 5-40.

② 德弗勒，洛基奇. 大众传播学诸论 [M]. 杜力平，译. 北京：新华出版社，1990：357.

③ 同①.

④ CHAFFEE S H. Mass and interpersonal channels: Competitive, convergent, orcomplimentary? [M] //Inter media: Interpersonal communication in a media world. New York: Oxford University Press, 1982：62-96.

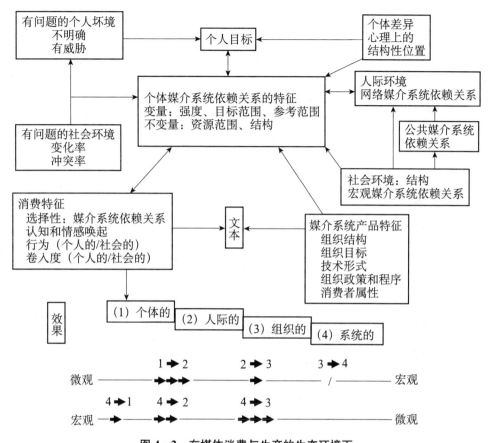

图 4-2 在媒体消费与生产的生态环境下

个体媒介系统依赖关系的生态 (Ball-Rokeach, 1998)

及生活方式等方面的差异。

人际环境的主要影响机制则在于人们对于人际交谈的预期。对某一话题讨论的预期与人们寻求信息的行为直接相关。而且，当人们认为他人对某一话题感兴趣时，他们也会对此更感兴趣[1]；如果他们期望在未来与他人就此话题有更多互动的话则更是如此[2]。因此，某一群体的成员可能会观察他人的媒介关系，比如使用的媒介（电视或网络）、观看的内容（电视剧或综艺等），

---

[1]　WANTA W, WU Y C. Interpersonal communication and the agenda-setting process [J]. Journalism Quarterly, 1992, 69 (4): 847 - 855.

[2]　PETTEY G R. The interaction of the individual's social environment, attention and interest, and public affairs media use on political knowledge holding [J]. Communication Research, 1988, 15 (3): 265 - 281.

他们也会尽量去贴近他人的媒介系统依赖关系，以期能够与其他群体成员有更多类似的媒介体验，在互动的时候有更多的谈资，以及更一致的看法和观点。① 当然，反过来个人的媒介系统依赖关系也会影响人际网络的媒介系统依赖关系。

个人和人际网络的媒介系统依赖关系被认为是宏观媒介系统依赖关系这一生态结构中的一部分，因此都受到社会环境的制约。宏观关系限制了基于媒介产品消费的微观媒介系统依赖关系的生态（比如，它们的结构、强度和范围）。而且，宏观媒介系统依赖关系还直接影响媒介生产的文本范围。② 而从消费特征来看，主要是受众的选择性、认知和情感唤起以及行为对媒介系统依赖关系的强度和范围有影响，鲍尔-洛基奇指出已有许多实证研究证实了这些方面与媒介系统依赖关系的共时性相关，但对于历时性的媒介系统依赖关系的变化及其后续影响的研究则比较缺乏。

媒介系统依赖理论强调将效果置于生态系统中考察，从微观的个体效果，到中观的人际的、组织的效果，再到宏观的系统的效果彼此间相互影响。如图4-2所示，从微观到宏观效果的动态流动与从宏观到微观有所不同。有学者认为，比起以个人为中心，媒介系统依赖理论更倾向于以社会为中心。③ 也就是说宏观层面对微观层面的约束和影响比微观层面对宏观层面的影响更为强烈，而从个人到人际到组织再到系统，其影响是依次递减的。

总体而言，在媒介技术不断发展的今天，媒介环境日益复杂，影响受众和媒介之间关系的因素更为多元化，媒介系统依赖理论将受众—媒介—社会三者视为一个有机的整体，并吸纳整合了许多相关理论，既关照了时间上的关系变化，也包含了不同层级上的影响的流动，为综合的媒介效果的测量提供了理论基础。本研究选择媒介系统依赖理论作为理论框架来研究融媒体时代的视听信息传播效果测量的原因主要在于：

---

① ERBRING L，GOLDENBERG E N，MILLER A H. Front-page news and real-world cues：a new look at agenda-setting by the media [J]. American Journal of Political Science，1980，24（1）：16.

② BALL-ROKEACH S J. A theory of media power and a theory of media use：different stories，questions，and ways of thinking [J]. Mass Communication & Society，1998，1（1-2）：5-40.

③ PAN Z，MCLEOD J M. Multilevel analysis in mass communication research [J]. Communication Research，1991，18（2）：140-173.

　　首先，作为传播效果的理论范式之一，媒介系统依赖理论提供了一种将媒介产品与消费相联系的方式，而本研究正是重在考察媒介产品的消费，而非其他效果研究所侧重的社会效果或文化影响等方面，因而媒介系统依赖理论可以帮助我们建构媒介产品消费影响因素之间的关系。

　　其次，随着媒介技术的发展与普及、社交媒体的崛起，人际影响作为一个重要的影响因素需要被纳入效果传播的测量，媒介系统依赖理论将中观的人际环境引入媒介依赖的生态系统中，将人际传播、大众传播等放入同一个系统中进行分析，为本研究综合的效果测量提供了理论支持。

　　最后，前文也提到了媒介系统依赖理论的一些不足，比如鲍尔-洛基奇和郑朱泳指出虽然该理论涵盖了从微观到宏观等多层次，但相关的实证研究大多还是集中于微观层次的分析，也有宏观层次的探讨，但中观层次的研究较少，未被充分地解释，而且三者之间影响的流动性假设也难以从实证研究层面予以证实。① 本研究由于从公开性数据入手，个人在其中是隐匿的，因而并不是从个人微观层面着手，更多的是从媒介产品的宏观消费出发，探索受众与媒介之间的依赖关系，可以为媒介系统依赖理论提供更多中观和宏观层面的数据支持。此外，鲍尔-洛基奇还指出了受众消费特征与媒介系统依赖关系之间的共时性相关，但历时性的研究则相对缺乏，本研究将搜集具有时间跨度的数据，从历时性的角度来考察受众的媒介消费与媒介系统依赖关系之间的相关关系。

二、视听信息传播效果评估体系的理论模型

　　本节主要基于媒介系统依赖这一理论来建构传播效果评估的理论模型。为了能对行为进行预测，社会心理学研究中的一个非常重要的领域就是态度研究，通过态度来预测行为。个体观众对于视听信息的态度可以从认知、情感和行为这三个维度来衡量，本研究从媒介产品的角度入手，透过观众的媒介消费，同样可以从这三个维度来分析（见表 4-1）。首先，从认知角度而言，媒介产品的特征，比如通过什么媒体渠道传播、有哪些媒介形式等都将影响受众的认知，

---

　　① 洛基奇，郑朱泳，王斌. 从"媒介系统依赖"到"传播机体"："媒介系统依赖论"发展回顾及新概念 [J]. 国际新闻界，2004（2）：9-12.

从而影响媒介系统依赖关系的强度和范围；其次，从情感角度而言，如媒介系统依赖理论中所提到的，人际环境也将影响个体的媒介系统依赖关系，而社交媒体时代，无疑为人际影响的测量提供了便利；最后，从行为角度而言，观众的媒介消费行为直接反映了个体媒介系统的依赖关系。因此，本研究将从认知、情感和行为三个维度来测量传播效果。其中，认知维度下又划分了曝光度和扩散度两个二级指标，情感维度下则分为情感倾向和情感强度两个二级指标，行为维度下主要包括关注度这一个二级指标。整个指标体系模型的建立将分为两步：首先各维度下研究指标的初步选取将基于前人的经验，尽可能全面，囊括各方面可能会产生影响的指标；然后在积累了一定的数据之后，分析各指标的信效度，对指标进行取舍，优化模型。下文将具体介绍研究方法设计以及初步纳入测量的三级指标的选取和数据采集方式。

表 4-1　本研究对视听信息传播效果评估指标体系的维度划分与具体指标确定

一级指标	二级指标	三级指标
认知	曝光度	电视播出频道指数
		电视播出时段指数
		网络播出平台
		花絮视频数量
	扩散度	媒体转载量
		微信公众号刊发量
情感	情感强度	微博热议度
		微话题讨论度
		论坛议题数量
	情感倾向	社交媒体中正面评论的比例
行为	关注度	传统收视率
		智能电视实时收视率
		网络日增播放量
		网络搜索量

第二节　研究设计和方法

本节将以电视剧为样本，阐述研究设计的思路和基本方法，特别是研究模型建立的过程。

一、研究对象的选取

(一) 以电视剧作为研究对象

在视听信息中，新闻、电视剧和综艺这三种类型的节目观众关注度最高。但新闻节目在电视上和在网络上播出形式差异较大，电视上是一期节目完整播放，网络上多为一条条的新闻短视频，整合分析难度较大；综艺节目多为周播，播出周期较长，不方便数据搜集；而且相关研究显示，2017 年上半年，全网近 6.3 万档不同类型节目的视频点击总量达 5 007 亿次，其中电视剧内容以 3 360.1 亿次的视频点击量占据超六成的比重，与 2016 年同期相比增长近 40％，遥遥领先于其他类型的节目。故本研究选取电视剧作为研究对象。

(二) 电视剧的选取

在研究进行期间，抓取百度电视剧排行榜中每天排名前 50 的电视剧，进入榜单且在上星卫视和中央电视台播出的电视剧都作为本研究的研究对象。

二、模型建构与优化

(一) 数据搜集

以"天"为单位，通过爬虫技术持续抓取进入研究范围的电视剧每天在各个指标上的相关数据。

(二) 确定权重

在已有的相关研究中，通常用三种方法来确定指标的权重，其一是给每个指标赋予等权重，其二是用德尔菲法对相关专家学者进行访谈或问卷调查来确定指标的权重，其三是将层次分析法与德尔菲法相结合来确定权重。这三种方法主观判断成分较多，而本研究通过建构统计模型来计算权重，选取"次日收视率"作为传播效果指标体系模型的拟合目标，考察当天的电视、网络收看情况以及网络中该电视剧的舆论声量等指标对次日观众收看行为的影响。然后通过建构统计模型，将指标体系与拟合目标的最优解作为各指标的权重。

选择"次日收视率"作为预测目标的原因在于：一方面，具体的收看行为能最直接地反映观众对某部电视剧的"依赖"程度，而且对于业界而言，行为指标与经济效益直接相关，也是最有参考价值的传播效果评价指标；另一方面，网络上的观众评分（如豆瓣、时光网、优酷等网站的评分）虽可以部分反映观众对某部剧的总体满意度，但由于有水军刷分行为和样本代表性的问题，这类数据的信度和效度有待考证，难以直接使用。此外，就目前可获得的行为数据而言，回路数据虽然覆盖了大量的样本，但样本是有偏差的，并不能覆盖所有的收视人群；互联网点击量、评论转发量等数据则存在刷量、水军等作弊行为，数据真实性存疑；而传统的收视率作为沿用了几十年、覆盖全国收视观众且是通过抽样得到的具有代表性的数据，仍是现阶段最为权威和具有公信力的观众收看行为数据。

（三）统计模型的选择

视听信息传播效果考察的难点除了数据源的多样性之外，时间维度上的持续性也是其难以综合量化的主要原因。前一天播出的节目可能影响第二天或者更久的网络口碑和营销，网络上的舆论也可能会反过来影响之后的节目收视，但具体是否有影响、如何影响、影响持续多久几乎没有相关的量化研究。想要考察的各变量之间都有一定的相关关系，简单的多元线性回归不适合也难以全面地说明各变量之间的因果关系。因此，本文引入经济学中常用的向量自回归（VAR）模型来分析时间维度上网络收看行为、网络舆情各指标与收视率之间的相互影响关系。下章将对向量自回归模型以及如何将该模型应用于本研究做具体的介绍和说明。

（四）模型的优化

通过新数据的加入，在计算和拟合的过程中，不断地对指标体系模型进行调整和优化，以获得最简洁有效的传播效果评估模型。

第三节　指标体系内容、数据来源与采集方法

本节主要介绍研究模型中认知、情感和行为三个维度下每个指标的定义、数据来源和采集的方法。

一、认知维度

认知维度下主要包括曝光度和扩散度两个二级指标。不同的播出平台、播

出时段等有不同的市场影响力，必然会对视听信息的曝光度产生影响，从而影响传播效果；扩散度则反映了除直接的电视和视频网站播放所带来的观众认知之外，观众从微信公众号、新闻等其他渠道所获知的节目信息对传播效果的影响。

（一）曝光度

1. 电视播出频道指数

近些年来，上星频道的市场格局明显呈现出两极化趋势，不同频道的市场竞争力不同，所受到的关注也差异较大，注意力资源稀缺的当下，观众会优先选择优质频道观看。在竞争力强的频道播出的节目曝光度自然更高。频道指数通过频道的覆盖率和收视份额计算得到，计算公式如下：

$$电视播出频道指数＝节目播出频道 1 覆盖指数×节目播出频道 1 收视$$
$$指数＋节目播出频道 2 覆盖指数×节目播出频道$$
$$2 收视指数$$

其中，频道覆盖指数＝ 频道覆盖率/所有频道覆盖率[①]；频道收视指数为 2015 年全国电视收视市场频道全年的市场份额[②]标准化后的数据。若电视剧只在单个频道独播，则第二个频道的数据为零。

2. 电视播出时段指数

电视频道的线性播出与人们日常的生活作息形成了电视播出的黄金时段与次黄金时段，每周双休也使得周五至周日的收视情况要好于工作日。收视率更高意味着有更多观众在这些时段观看电视，被编排在这些时段播出节目的曝光度显然要高于在其他时段播出的节目。时段指数的计算方法为：将 2015 年全国样本城市观众周一至周日各时段收视率数据使用 min-max 方法标准化后，取电视剧播出时段的数据均值作为时段指数，即同一部剧不同周天的时段指数也是有差异的。

3. 网络播出平台

播出平台主要考察视频信息在哪个或哪些视频网站播出。一方面，视频网

---

① 覆盖率数据来源于中国广视索福瑞媒介研究 2015 全国收视调查网络基础研究，见《中国电视收视年鉴（2016）》。

② 该数据来源于《中国电视收视年鉴（2016）》。

站行业目前已经形成了相对稳定的市场格局，优酷土豆、爱奇艺、腾讯视频等主流网站的影响力和用户流量更大，在这些平台上播出的节目自然曝光度更高。另一方面，从视频节目采买方面来看，目前，对于重量级 IP 的电视剧、综艺节目，视频网站会采取独播策略，而对于不太可能大热的节目，为了降低成本则采取几家视频网站联合购买或者其中一家网站购买后进行分销的方式。对于视频网站而言，优质节目独播可以给其带来丰厚的利益回报，但对节目本身而言，单平台播出显然比多平台播出的曝光度低。

基于这两方面的考量，结合第三方调查机构公布的市场份额，本研究将视频网站分为三个梯队。背靠百度、腾讯和阿里三大互联网巨头的爱奇艺、腾讯视频和优酷土豆是视频网站的第一梯队，第二梯队中主要包括乐视、搜狐视频、PPLive、暴风影音，其他所有视频网站如风行、凤凰网、CNTV、芒果 TV 等都视为第三梯队。因此，播出平台这一指标的具体赋值方式为，在第一梯队网站播出的视频赋值 3 分，在第二梯队网站播出的视频赋值 2 分，在第三梯队播出的视频赋值 1 分；在多个平台播出的，将多个平台的得分相加，总分为这一指标的得分。

4. 花絮视频数量

视频网站和内容方为了吸引用户观看，往往会提供与节目相关的花絮视频供用户点播。相关视频的数量越多，其曝光自然也越多，也从侧面反映了节目的人气。有研究显示，腾讯视频和爱奇艺的点击量分别有 38％和 27％来自类似的剪辑短视频。本研究中花絮视频包括内容方提供的节目制作的幕后花絮视频、网站官方从节目内容中剪辑出的短视频、用户剪辑并上传的与节目相关的短视频等。花絮视频数量即为该指标的得分。[①]

（二）扩散度

这一维度主要包括媒体转载量和微信公众号刊发量两个指标。

1. 媒体转载量

比起重量级 IP 自带热度、大制作有大规模的宣传推广，有一些节目开始在电视上播出时无人问津，后由于其高质量而在社交媒体中口口相传后获得大量

---

① 美兰德媒介咨询. 2017 年 1—5 月网络视频剧集播出特征与趋势分析［EB/OL］. （2017 - 06 - 19）［2017 - 11 - 01］. https://baijiahao.baidu.com/s? id＝1570596140281859&wfr＝spider&for＝pc.

关注，传统媒体这时候往往会跟进报道，信息在主流传播渠道被扩散，信息覆盖的群体更多元广泛，会强化传播效果。媒体报道或转载量的数据获取主要采用搜索引擎的数据，在百度新闻中键入搜索词汇，所显示的新闻条数即为该指标数据。

2. 微信公众号刊发量

微信作为即时通信工具已与人们的日常生活密不可分，其朋友圈功能则使得具有媒体属性的微信公众号成为舆论产生的重要阵地。一般而言，微信公众号为了吸引更多的用户关注，往往紧跟热点事件，因此我们将微信公众号对于相关信息的刊发量也作为衡量扩散度的一项重要指标。此项指标通过搜狗微信搜索（网址为 http：//weixin. sogou. com/）获得，键入关键词即可得到微信公众号上相关文章的数量。

二、情感维度

一般而言，情感的测量分为两个方面，一是情感的强度，二是情感的倾向。微博、论坛等社交媒体由于其互动性和公开性，是人们发表相关情绪性观点和意见的主要空间，因而我们将微博和部分知名论坛作为主要的情感维度数据采集场所。

（一）情感强度

1. 微博热议度

微博上对某一话题的讨论热度主要体现在微博提及量、阅读量、评论转发量上。由于这些指标基本具有一定的关联性，本研究直接选用微博热议指数作为热议度指标的测量依据。新浪微博推出的微指数搜索功能（网址为 ht-tp：//data. weibo. com/index)，键入关键词即可获得该关键词在近几年内的微博热议指数。

2. 微话题讨论度

微博首页除了热门搜索之外，热门话题也是针对某一事件或节目进行探讨的重要平台。"＃微话题＃"栏目为用户整合了该话题的相关新闻，方便用户了解事件全貌。一般热议程度较高的事件和话题会开设专门的微话题，就影视节目而言，有制作方为营销推广官方开设的微话题，也有粉丝自发开设的微话题。

我们将微话题的讨论度作为参与度中的一个指标。微话题榜单每分钟更新一次，每分钟对榜单进行一次抓取，在榜单中出现的次数越多表明该话题的讨论度越高，因此，我们将话题每天出现在微话题榜单的次数作为微话题讨论度的数据，没有微话题的节目则按 0 计算。

3. 论坛议题数量

虽然近几年由于微博和微信的出现，论坛的发展有衰微之势，但作为信息扩散、用户交流互动的平台，尤其如百度贴吧、豆瓣小组等，对于年轻用户而言仍有不容忽视的影响力。因此，论坛议题数量也作为一项重要指标被纳入扩散度的测量。此项指标主要通过网络抓取技术获得，在用户流量较大的知名论坛（包括百度贴吧、豆瓣小组、知乎、天涯）中根据关键词抓取相关议题条数，将所有监测论坛的议题数加总。

（二）情感倾向

本研究中拟使用互联网中用户对于视听信息的正面评论量与评论总量的比例来测量观众的情感倾向。其数据获取方法主要通过在微博和论坛等用户讨论较多的网络平台抓取相关关键词，获得用户的评价，然后进行语义分析，提取出正面评价，将之与总评论量相除获得本指标的数值。

三、行为维度

行为维度的主要指标是关注度，观众对于视听信息的关注度主要体现电视收视情况、网络点播情况，以及主动搜索节目相关信息的情况。

（一）传统收视率

传统收视率数据来自 CSM 公司的调查数据，它反映的是关注的深度。根据定义，收视率＝在特定时段收看某一频道或某一节目的人数/总体推及人口。

（二）智能电视实时收视率

海量样本收视率是互动电视实时回传的用户收视行为大数据，指标含义及计算方法与上述传统收视率相同。数据来源包括 CSM-Huan 以及酷云的实时收视率系统。

（三）网络日增播放量

视频播放量是最为常用和直观的衡量视频受关注程度的指标。网络日增播放量按视频网站计算的播出次数测量，若在多个视频网站播出，则将各网站的播放量累加。

（四）网络搜索量

如果用户主动去搜索某条信息，一定程度上反映了用户对该信息的关注度和感兴趣程度，也说明了该信息的重要性和影响力。虽然各视频网站都有搜索功能，但并非所有的视频网站都提供了搜索指数的查询功能，而且，由于现在很多节目都是在某一网站独播，用户从百度这一全网搜索平台上进入播放页面更为便捷。因此，本研究选取节目关键词的百度指数作为搜索量的取值。

本章小结

媒介系统依赖理论作为媒介传播效果的理论之一，将媒介和受众放入社会系统中进行分析，认为受众-媒介-社会三者之间的关系直接决定了媒介对受众和社会的传播效果。这一理论将效果置于生态系统中进行考察，着重强调了微观的个体效果，中观的人际、组织效果，宏观的系统的效果彼此之间的相互影响。该理论既关照了时间上的关系变化，也包含了不同层级上的影响的流动，为综合的媒介效果的测量提供了理论基础。对于本研究而言，媒介系统依赖理论提供了一种将媒介产品与消费相联系的方式，可以帮助我们建构媒介产品消费影响因素之间的关系。而且本研究由于从公开性数据入手，更多的是从媒介产品的宏观消费出发，探索受众与媒介之间的依赖关系，因此可以为媒介系统依赖理论提供更多中观和宏观层面的数据。不仅如此，本研究将搜集具有时间跨度的数据，从历时性的角度来考察受众的媒介消费与媒介系统依赖关系之间的相关关系，以弥补过去历时性研究相对缺乏的不足。

因此，本研究立足于媒介系统依赖理论确立了研究模型，并在前人的研究成果之上确定了相关评估指标，初步确定了评价指标模型的基本结构，主要从媒介产品的角度入手，透过观众的媒介消费，从认知、情感和行为这三个维度来衡量产品的传播效果。鉴于本研究希望为视听产品的效果评估建立一种更为公开透明的方式，本章亦详细介绍了研究方法的设计以及具体指标的选取和数据采集方式，研究所用数据的采集尽可能依靠公共的开源数据渠道。

第五章 多屏视听信息传播效果评估模型的建构与优化

本章首先利用 10 部电视剧共 48 天的数据，通过向量自回归模型（Vector Autoregression，VAR）确定了指标体系的权重，并将 10 部电视剧在各指标上的数据与权重相结合得到了指标体系的综合指数，然后对指标体系进行了试测。通过相关性分析发现指标体系的综合指数与收视率等指标都具有较高的相关性，因而该指标体系已经能够较好地反映测量目标。但由于 10 部电视剧的数据量较小，还需要更多的数据来验证和补充试测的模型，所以之后又搜集了更多的数据，在前文指标体系的基础上对模型进行了一定的优化。

第一节 基于 VAR 模型的指标体系试测与权重确定

在互联网多级传播环境下，视听信息的传播效果受到多重因素的影响，简单线性回归模型难以反映这些因素的复杂关系及其复合作用。因此，本研究选择了经济学中比较常用的 VAR 模型。

一、VAR 模型介绍

VAR 模型的特点是，通过一种非结构性的方法来建立各个变量之间的关系。传统的经济计量方法（如联立方程模型等结构性方法）是以经济理论为基础来描述变量关系的模型。[①] 但经济理论通常并不足以对变量之间的动态联系提供严密的说明，而且内生变量既可以出现在方程的左端又可以出现在方程的

---

① 高铁梅. 计量经济分析方法与建模：EViews 应用及实例 ［M］. 2 版. 北京：清华大学出版社，2009：267.

右端，这使得估计和推断变得更加复杂，于是非结构性方法就应运而生。

向量自回归（VAR）模型是基于数据的统计性质建立的模型，VAR 模型把系统中每一个内生变量作为系统中所有内生变量的滞后值的函数来构造模型，从而将单变量自回归模型推广到由多元时间序列变量组成的"向量"自回归模型。VAR 模型常用来处理多个相关指标的分析与预测，预测相互联系的时间序列系统及分析随机扰动对变量系统的动态冲击，从而解释各种冲击对变量形成的影响，对系统进行动态性分析。

视听信息尤其是电视剧和综艺等节目的播出是周期性地分段播出的，有一段持续的时间，因而本研究的传播效果指标体系也是一个动态系统，而且由于用来评估传播效果的收视率、网络点击量、社交媒体上的讨论度、媒体报道的情况、自媒体对于节目的评价等等各方面因素之间相互影响、相互联系，因而这一系统是由多元时间序列变量组成的，非常适于用向量自回归模型来对其进行动态性分析。

二、基于 10 部电视剧的 VAR 模型建构

（一）数据来源与处理

本节数据收集期为 2017 年 8 月 1 日至 2017 年 9 月 17 日，选取了在此期间在电视上首播且在多天进入过百度电视剧排行榜前 50 的 10 部电视剧（见表 5 - 1）作为研究对象，收集了这 10 部电视剧各指标每天的相关数据，以一天的数据作为一期，处理软件是 EViews 9.0。在进行 VAR 模型分析时，为了消除可能存在的异方差的影响，分别对各指标进行取对数处理。

表 5 - 1　　　　　　　　　　本研究选取的 10 部电视剧

序号	电视剧名称	首播时间
1	《轩辕剑之汉之云》	2017 - 08 - 08
2	《我们的爱》	2017 - 08 - 10
3	《进击吧闪电》	2017 - 08 - 28
4	《守卫者・浮出水面》	2017 - 08 - 14
5	《秦时丽人明月心》	2017 - 08 - 14
6	《盲约》	2017 - 08 - 15
7	《人间至味是清欢》	2017 - 08 - 15
8	《血染大青山》	2017 - 08 - 19
9	《通天狄仁杰》	2017 - 08 - 21
10	《那年花开月正圆》	2017 - 08 - 30

（二）VAR 模型的估计

由于本节仅选取了 10 部电视剧，指标体系中的电视播出频道、电视播出时段、网络播出平台等指标之间的差异不大，因而未能进入模型。目前纳入 VAR 模型进行分析的八个指标以及最优滞后阶数的选取，均是经过多次计算检验尝试后确定的。回归估计结果如下：

LRating＝0.109×LBaiduIndex（－1）－0.290× LBaiduIndex（－2）＋0.255×LRating（－1）＋0.043×LRating（－2）－0.560×LDayPlaytimes（－1）＋0.838×LDayPlaytimes（－2）＋0.113×LMediaCount（－1）－0.487×LMedia-Count（－2）＋0.167×LPerPositive（－1）－0.111×LPerPositive（－2）＋0.091×LWeiboIndex（－1）＋0.090×LWeiboIndex（－2）＋0.524×LWeiboTopic（－1）＋0.042×LWeiboTopic（－2）－0.410×LWeixinArticle（－1）－0.300×LWeixinArticle（－2）＋0.602[①]

上述回归模型中所估计系数的 t 统计量值大部分在 10％显著水平下是显著的，尽管有部分系数不显著，我们仍选取滞后阶数为 2 的模型。部分系数不显著可能是由于在同一个方程中有同样变量的多个滞后值产生了多重共线性造成的。对 VAR 模型而言，单个参数估计值的解释是困难的，其应用除预测外，更重要的是用于结构分析的脉冲响应分析和方差分解。

（三）模型平稳性检验

VAR 模型的有效性建立于模型的稳定性上，如果模型不稳定，某些结果将不具备有效性，因此下面对估计出的模型进行稳定性检验。本文利用 AR 根进行检验，如果估计的 VAR 模型所有根模的倒数小于 1，即位于单位圆内，则其是稳定的。从图 5-1 可以直观地看出，所有的单位根都落于单位圆内，因此所设定的模型是稳定的，表明选取的变量之间存在长期稳定关系，可以进一步进行分析。

---

① 各指标后括号内的数值代表滞后阶数，（－1）为滞后 1 阶，（－2）为滞后 2 阶。简写的指标分别对应如下：LRating 为传统收视率，LBaiduIndex 为网络搜索量，LDayPlaytimes 为网络日增播放量，LMediaCount 为媒体转载量，LPerPostive 为正面评论的比例，LWeiboIndex 为微博热议度，LWeiboTopic 为微话题讨论度，LWeixinArticle 为微信公众号刊发量。下同。

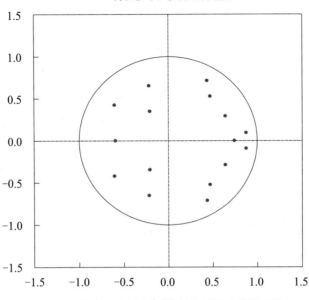

AR 特征多项式的根的倒数

图 5-1　基于 10 部电视剧的单位根检验结果图示

(四) 格兰杰因果关系检验

格兰杰因果关系检验主要是用来检验某个变量是否受其他变量的滞后变量的影响。VAR 模型中各变量的格兰杰因果关系检验结果如表 5-2 所示。

表 5-2　　　　　　格兰杰因果关系检验结果 (只显示有显著性的)

原假设	卡方	概值
LDayPlaytimes 不是 LRating 的原因	18.53567	0.0001
LWeixinArticle 不是 LRating 的原因	12.11885	0.0023
LWeixinArticle 不是 LMediaCount 的原因	9.011456	0.0110
LBaiduIndex 不是 LPerPositive 的原因	6.110540	0.0471
LDayPlaytimes 不是 LWeiboTopic 的原因	14.19938	0.0008
LMediaCount 不是 LWeiboTopic 的原因	11.31216	0.0035
LBaiduIndex 不是 LWeixinArticle 的原因	13.45309	0.0012
LRating 不是 LWeixinArticle 的原因	13.34558	0.0013
LDayPlaytimes 不是 LWeixinArticle 的原因	8.300684	0.0158
LMediaCount 不是 LWeixinArticle 的原因	31.73729	0.0000
LWeiboIndex 不是 LWeixinArticle 的原因	6.301959	0.0428
LDayPlaytimes 不是 LPerPositive 的原因	5.194121	0.0745
LWeixinArticle 不是 LWeiboIndex 的原因	5.285001	0.0712
LWeiboIndex 不是 LWeiboTopic 的原因	5.293306	0.0709

考察各变量两两之间的格兰杰因果关系，从表 5－2 的检验结果可得出在 5％的显著性水平下，滞后期的网络日增播放量和微信公众号的刊发量对传统收视率有影响，滞后期的微信公众号刊发量对媒体转载量有影响，滞后期的网络搜索量对正面评论的比例有影响，滞后期的网络日增播放量和媒体转载量对微话题讨论度有影响，滞后期的网络搜索量、传统收视率、网络日增播放量、媒体转载量、微博热议度都对微信公众号刊发量有影响；在 10％的显著性水平下，滞后期的网络日增播放量对正面评论的比例有影响，滞后期的微信公众号刊发量对微博热议度有影响，滞后期的微博热议度对微话题讨论度有影响。

当把传统收视率作为因变量时，其他变量与收视率的格兰杰因果关系如表 5－3 所示，虽然单个变量中只有网络日增播放量和微信公众号刊发量的卡方检验有显著性，但表的最后一行（All）显示所有滞后内生变量联合作用对传统收视率的影响是显著的。

表 5－3　　　　传统收视率作为因变量时的格兰杰因果关系检验结果

因变量：LRating

变量	卡方	自由度	P 值
LBaiduIndex	1.312	2	0.5189
LDayPlaytimes	18.535	2	0.0001
LMediaCount	4.375	2	0.1121
LPerPositive	3.510	2	0.1729
LWeiboIndex	2.920	2	0.2322
LWeiboTopic	2.453	2	0.2933
LWeixinArticle	12.119	2	0.0023
All	78.15558	14	0.0000

（五）脉冲响应分析

在 VAR 模型中，当某一变量 t 期的扰动项变动时，会通过变量之间的动态联系，对 t 期以后各变量产生一连串的连锁反应，脉冲响应函数将描述系统对冲击扰动的动态反应，并从动态反应中判断变量间的时滞关系。

考虑到样本容量，响应期设为 10 期，响应分析结果如图 5－2 所示。从图 5-2-1 中可以看出，当在本期给网络搜索量一个正冲击后，收视率在短期内会呈现上下波动，收视率在第 2 期达到正向最大之后逐渐收敛。这表明在短期内网络搜索量对收视率具有滞后效应，网络搜索量的增加会给收视率带来明显的带动作用，但从长期来看这种带动作用将会越来越弱。从图 5-2-2 中可以看出，当给本期网络日增播放量一个正冲击后，收视率在短期有一定的波动，在第 2 期达到最大的负响应，在第 3 期达到最大正响应后逐渐收敛。网络日增播放量由于播放平台的不同、刷量等作弊行为的存在，在短期内可能会存在一些结构性的问题，对收视率会产生一定的负面影响，但长期来看还是有比较正面的带动作用。图 5-2-3 和图 5-2-4 分别显示了媒体转载量、正面评论的比例对收视率的影响，总的来看，媒体转载量、正面评论的比例对与收视率的影响模式比较相似，在本期给予一个正冲击后，收视率在短期内有一定波动，在第 2 期有一个正响应，而在第 3、第 4 期会有所下降，但从第 5 期之后则都是正向响应，可见，媒体转载量和正面评论的数量对于收视率的增长具有长期的带动作用。图 5-2-5 显示了微博热议度对收视率的影响比较滞后，当本期给予一个正冲击后，初期和第 2 期的响应为零，第 3 期呈负响应转而上升，第 4 期达到最大正响应后下降，第 7~10 期均为负响应，可见微博热议度对收视率的提升有一个短期的正向影响，但长期来看未必能对收视率有正向提升作用。图 5-2-6 显示了微话题讨论度对收视率的影响，当在本期给微话题讨论度一个正冲击后，收视率在短期内会呈现上下波动，收视率在第 2 期达到正向最大后下降，第 5 期呈负响应，之后逐渐收敛。这表明在短期内微话题讨论度增长会明显带动收视率的增长，但长期来看这种带动作用则会被削减。图 5-2-7 显示了微信公众号刊发量对于收

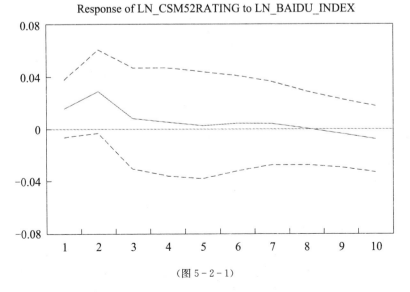

Response of LN_CSM52RATING to LN_BAIDU_INDEX

（图 5-2-1）

视率的影响，当给本期微信公众号刊发量一个正向冲击后，收视率呈现上下波动，可见微信公众号刊发量的增长并不一定必然带动收视率的增长。

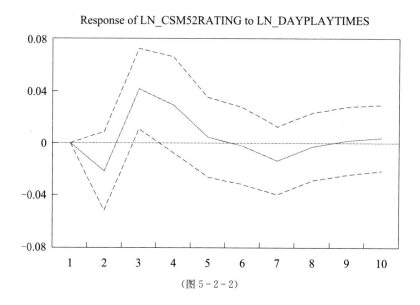

（图 5 - 2 - 2）

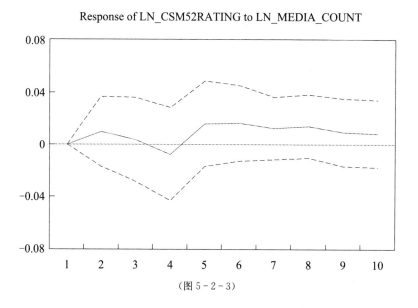

（图 5 - 2 - 3）

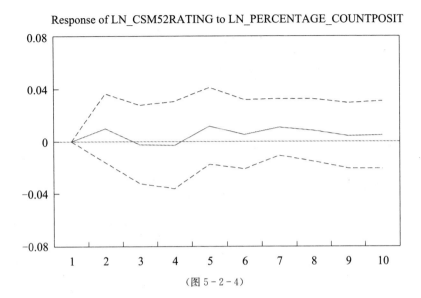

（图 5 - 2 - 4）

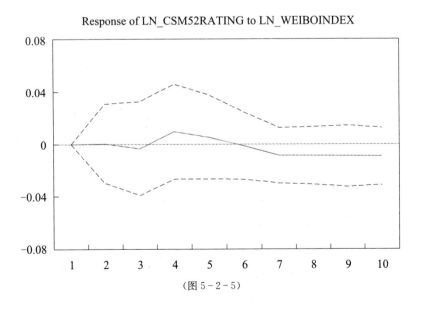

（图 5 - 2 - 5）

Response of LN_CSM52RATING to LN_WEIBOTOPIC_TIMES

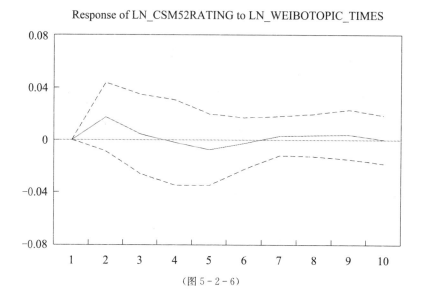

（图 5 - 2 - 6）

Response of LN_CSM52RATING to LN_WEIXIN_ARTICLE_COUNT

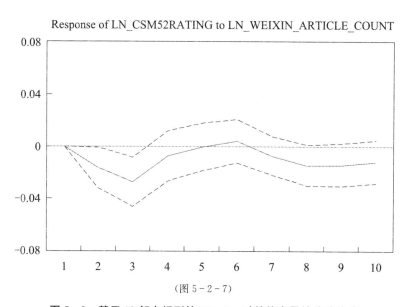

（图 5 - 2 - 7）

图 5 - 2　基于 10 部电视剧的 LRating 对其他变量的脉冲响应

（六）方差分解分析

方差分解是用方差来评价模型中各内生变量的相对重要性，即衡量每一种结构冲击对其他内生变量的贡献程度。从方差分解的结果来看（见表 5 - 4），滞后 1 至 10 期对收视率的变动贡献最大的是其自身因素，但其贡献率从滞后 1 期的 94.17％逐期递减至滞后 10 期的 43.11％，而其他指标对收视率增长的贡献程度综合起来看是逐期增加的。网络搜索量第 2 期对收视率的贡献率从第 1 期的 5.83％增长至 15.40％，至第 10 期时，网络搜索量的贡献率稳定在 8％左右，可见网络搜索量在短期内对收视率有较大提升，长期贡献较小。网络日增播放量的贡献率从第 1 期的 0.00％增长至第 2 期的 6.64％，从第 3 期开始贡献率稳定在 20％以上。媒体转载量和微信公众号刊发量的贡献率则从滞后 1 期到 10 期都有增长，第 10 期分别增长至 7.52％和 11.06％，二者对于收视率的影响比较长期和滞后。正面评论的比例和微博热议度对收视率的贡献率则较小，至第 10 期分别增至 3.19％和 2.97％。微话题讨论度的贡献率则是从第 1 期的 0.00％增至第 2 期的 4.29％，然后开始回落。可见，正面评论的比例、微博热议度和微话题讨论度对于收视率的增长带动作用较小。

表 5-4　　　　　　　　　方差分解表（％）

滞后期	标准误差	网络搜索量	传统收视率	网络日增播放量	媒体转载量	正面评论的比例	微博热议度	微话题讨论度	微信公众号刊发量
1	0.05	5.83	94.17	0.00	0.00	0.00	0.00	0.00	0.00
2	0.08	15.40	67.01	6.64	1.34	1.39	0.00	4.29	3.92
3	0.10	11.13	52.44	21.26	1.04	1.00	0.11	3.10	9.92
4	0.10	10.20	48.00	26.33	1.44	0.97	0.89	2.81	9.37
5	0.10	9.84	46.03	25.41	3.43	2.04	1.08	3.18	8.99
6	0.11	9.71	44.84	24.72	5.46	2.20	1.06	3.15	8.86
7	0.11	9.23	43.76	24.56	6.24	2.92	1.58	3.01	8.70
8	0.11	8.50	44.19	22.68	7.09	3.18	2.00	2.86	9.51
9	0.12	8.20	43.87	21.69	7.33	3.15	2.48	2.83	10.46
10	0.12	8.32	43.11	21.08	7.52	3.19	2.97	2.74	11.06

三、基于 10 部电视剧的视听信息传播效果评估指标体系试测

根据 VAR 模型的分析结果，我们将进入了 VAR 模型的八个因素作为评估视听信息传播效果的指标，同时为了最后得出的电视剧综合指数能更好地综合反映短期和长期效果，将方差分解中各变量 10 期的平均贡献度作为各指标的权重，因而将初始的模型修正如下（见表 5-5）。

表 5-5　　　　视听信息传播效果评估指标体系指标及权重的确定

一级指标	二级指标	三级指标	权重
认知	扩散度	媒体转载量	4.09％
		微信公众号刊发量	8.08％

续前表

一级指标	二级指标	三级指标	权重
情感	情感强度	微博热议度	1.22%
		微话题讨论度	2.80%
	情感倾向	正面评论比例	2.00%
行为	关注度	传统收视率	52.74%
		网络日增播放量	19.43%
		网络搜索量	9.64%

　　根据各电视剧在各指标数据上的平均值与权重结合计算得到各电视剧的综合指数，结果如表 5-6 所示。总体来说，《那年花开月正圆》的指数最高达到 94.8，其次是《人间至味是清欢》，而《血染大青山》《通天狄仁杰》等剧的传播效果则相对较差。

表 5-6　　　　　　　　　　10 部电视剧的综合得分排名

排序	电视剧名称	综合指数
1	《那年花开月正圆》	94.8
2	《人间至味是清欢》	86.9
3	《我们的爱》	83.5
4	《守卫者·浮出水面》	80.8
5	《秦时丽人明月心》	80.6
6	《盲约》	78.6
7	《轩辕剑之汉之云》	77.3
8	《进击吧闪电》	74.3
9	《血染大青山》	70.9
10	《通天狄仁杰》	70.1

　　在试测阶段，我们通过 10 部电视剧的分天数据，利用 VAR 模型分析了传统收视率、网络搜索量、网络日增播放量、媒体转载量、正面评论的比例、微博热议度、微话题讨论度、微信公众号刊发量八个变量之间的关系，研究结果表明，所有其他滞后变量对收视率的联合影响是显著的。脉冲响应分析和方差分解的结果显示网络搜索量和微话题讨论度对收视率在短期内有明显的带动作用，长期影响较弱；而媒体转载量和正面评论的比例对于收视率提升的长期影响则更为明显；网络日增播放量由于刷量、多平台等结构性问题，对于收视率的影响有波动，未来可能需要更细化的数据来发现规律，比如细分播放平台，或者通过算法来除去有水分的数据；比起网络搜索量和微话题讨论度，微博热议度对收视率增长的影响要稍滞后一些，而且长期来看可能会有一定的负向影响，微信公众号刊发量对收视率的影响比较长期，而且负向影响较多，结合前面格兰杰因果关系检验的结果，滞后期的收视率对微信

公众号刊发量的影响也是显著的，可见，高收视率的热门内容会引来更多自媒体的意见表达，但这些文章对于之后的收视率影响可能并不一定是正向的。

在分析了各指标在时间维度上的关系以及各指标有效性的基础上，通过统计模型客观计算出各指标之间的权重。为了对模型进行检验，将计算得到的 10 部电视剧综合指数与传统收视率和网络点击量进行相关分析（见表 5-7），结果显示综合指数与收视率和网络点击量都在 99% 的置信水平下显著相关。但不同于传统的、单一的仅将收视率或者网络点击量作为评价标准，综合指数还反映了收视率或网络点击量所不能解释的部分，比较三者的排名（见表 5-8）可以发现其中的差异：10 部剧中，《那年花开月正圆》在收视率上具有压倒性的优势，综合指数也最高，但网络点击量却只能排在第二位，这主要是由于其网络独播造成的；《守卫者·浮出水面》虽然收视率不错，但综合指数不及《我们的爱》，这可能是因为《守卫者·浮出水面》在网上的宣传相对较少，舆情讨论量较低，而深层原因可能在于收视群体的不同，电视以中老年收视群体为主，该剧在年轻人中则可能缺乏吸引力。传统的收视率、网络点击量和网络舆情由于总体不一致，如果要将三者非常精确地融合则需要进行同源样本的采集，这需要耗费大量的人力物力财力，而指标体系则可以比较好地解决这个问题，它可以将多方面的数据标准化后进行整合，在更大的数据量下将会得到更准确的预测和结果。

表 5-7　电视剧综合指数与日平均收视率、日平均网络点击量的相关分析

	相关系数	显著性
综合指数与日平均收视率	0.871	0.001
综合指数与日平均网络点击量	0.765	0.010

表 5-8　10 部电视剧综合指数、日平均收视率、日平均网络点击量排名对比

排序	电视剧	综合指数	电视剧	日平均收视率	电视剧	日平均网络点击量
1	《那年花开月正圆》	94.8	《那年花开月正圆》	3.715	《人间至味是清欢》	269 393 749
2	《人间至味是清欢》	86.9	《人间至味是清欢》	1.283	《那年花开月正圆》	165 705 438
3	《我们的爱》	83.5	《守卫者·浮出水面》	1.060	《我们的爱》	112 370 144
4	《守卫者·浮出水面》	80.8	《我们的爱》	1.041	《盲约》	98 188 628
5	《秦时丽人明月心》	80.6	《秦时丽人明月心》	0.744	《秦时丽人明月心》	59 618 406
6	《盲约》	78.6	《盲约》	0.667	《守卫者·浮出水面》	57 921 997
7	《轩辕剑之汉之云》	77.3	《轩辕剑之汉之云》	0.608	《进击吧闪电》	39 252 303
8	《进击吧闪电》	74.3	《进击吧闪电》	0.559	《通天狄仁杰》	37 988 702
9	《血染大青山》	70.9	《血染大青山》	0.534	《轩辕剑之汉之云》	22 276 597
10	《通天狄仁杰》	70.1	《通天狄仁杰》	0.310	《血染大青山》	15 461 483

第二节 评价指标体系的优化

一、评价指标的优化

对于评价指标的优化，主要是将初始设想中的电视播出频道指数和电视播出时段指数重新加入指标体系中。因为频道和时段除了对收视率有影响外，对于其他网络指标可能也存在影响，比如较有影响力的卫视频道会有官方主持的微博 ID、话题讨论、官方推出的通告等；而且，有的电视频道甚至和艺人明星一样，有比较忠实和狂热的粉丝，如湖南卫视、浙江卫视的粉丝，他们对于这些频道播出的电视剧和综艺节目在网络上的讨论也更活跃。而电视播出时段指数主要是来自周播剧的影响，目前电视台播出剧目的形式主要是 19：30—21：30 的黄金时段两集连播，22：00 档的电视剧则主要是周播剧，每周播一天至五天不等，以每周播两三天的情况为多。周播剧场主要是市场份额较高的卫视才有，而且周播剧往往是播出仙侠奇幻青春类剧集，适合年轻人的收看习惯，往往网上讨论量也较多，因而也对其他指标有影响。之前 10 部剧的电视播出频道指数和电视播出时段指数差异不大，没有明显的差别，因而未能进入模型，然而它们在优化的环节数据量增多，于是构建模型时尝试将这两个指标重新纳入，观察二者是否以及如何对其他指标及指标体系整体产生影响。

二、权重的再确定

(一) 数据来源与处理

本次数据搜集期为 2017 年 7 月 30 日至 2017 年 11 月 11 日，除了之前选取的 10 部电视剧外，还选取了此期间在电视上首播且在多天进入过百度电视剧排行榜前 50 的 20 部电视剧作为研究对象。因此，本节进行权重再确定时共搜集了包括之前 10 部剧在内的 30 部电视剧（见表 5-9）以上各指标每天的相关数据，以一天的数据作为一期，使用的软件是 EViews9.0。在进行 VAR 模型分析时，为了消除可能存在的异方差的影响，分别对各指标进行取对数处理。

表 5 - 9 指标体系优化时选取的 30 部电视剧

序号	电视剧名称	首播时间	播出频道
1	《浪花一朵朵》	2017 - 07 - 30	湖南卫视
2	《轩辕剑之汉之云》	2017 - 08 - 08	东方卫视
3	《我们的爱》	2017 - 08 - 10	江苏卫视
4	《守卫者·浮出水面》	2017 - 08 - 14	东方卫视
5	《秦时丽人明月心》	2017 - 08 - 14	浙江卫视
6	《盲约》	2017 - 08 - 15	浙江卫视
7	《人间至味是清欢》	2017 - 08 - 15	湖南卫视
8	《我的老爸是奇葩》	2017 - 08 - 15	北京卫视
9	《血染大青山》	2017 - 08 - 19	山东卫视
10	《通天狄仁杰》	2017 - 08 - 21	北京卫视、安徽卫视
11	《进击吧闪电》	2017 - 08 - 28	湖南卫视
12	《那年花开月正圆》	2017 - 08 - 30	东方卫视、江苏卫视
13	《战昆仑》	2017 - 09 - 01	黑龙江卫视
14	《春天里》	2017 - 09 - 06	CCTV—1
15	《何所冬暖，何所夏凉》	2017 - 09 - 10	浙江卫视
16	《李大宝的平凡岁月》	2017 - 09 - 10	北京卫视、安徽卫视
17	《田姐辣妹》	2017 - 09 - 10	山东卫视
18	《美味奇缘》	2017 - 09 - 11	湖南卫视
19	《苦乐村官》	2017 - 09 - 25	CCTV—8
20	《那片星空那片海2》	2017 - 10 - 02	湖南卫视
21	《花儿与远方》	2017 - 10 - 03	山东卫视、安徽卫视
22	《情满四合院》	2017 - 10 - 04	北京卫视
23	《一树桃花开》	2017 - 10 - 05	深圳卫视、天津卫视
24	《国民大生活》	2017 - 10 - 09	东方卫视、浙江卫视
25	《传奇大亨》	2017 - 10 - 09	浙江卫视
26	《维和步兵营》	2017 - 10 - 10	江苏卫视
27	《特勤精英》	2017 - 10 - 16	湖南卫视
28	《碧海雄心》	2017 - 10 - 26	山东卫视
29	《凡人的品格》	2017 - 10 - 28	江苏卫视、安徽卫视
30	《急诊科医生》	2017 - 10 - 30	北京卫视、东方卫视

（二）VAR 模型的估计

与第一次的权重确定相比，由于样本量的增加，将电视播出频道指数和电视播出时段指数也作为影响变量纳入指标模型中来，故共有 10 个指标进入模型。目前纳入 VAR 模型进行分析的 10 个指标以及最优滞后阶数的选取，都是运用软件计算检验，经过多次尝试后确定的。回归估计结果如下：

$$LRating = - 0.106 \times LBaiduIndex(-1) + 0.137 \times LBaiduIndex(-2) +$$

0.150×LBaiduIndex(−3)−0.151×LBaiduIndex(−4)+1.185×LChannel(−1)−0.225×LChannel(−2)−1.704×LChannel(−3)+1.481×LChannel(−4)−0.139×LDayPlaytimes(−1)−0.350×LDayPlaytimes(−2)−0.035×LDay-Playtimes(−3)+0.306×LDayPlaytimes(−4)+0.004×LMediaCount(−1)+0.004×LMediaCount(−2)+0.143×LMediaCount(−3)−0.079×LMedia-Count(−4)−0.063×LPerPositive(−1)−0.024×LPerPositive(−2)+0.040×LPerPositive(−3)−0.031×LPerPositive(−4)+0.640×LRating(−1)+0.139×LRating(−2)−0.188×LRating(−3)+0.198×LRating(−4)−0.975×LTimeSlot(−1)+0.297×LTimeSlot(−2)+1.001×LTimeSlot(−3)−1.079×LTimeSlot(−4)+0.067×LWeiboIndex(−1)−0.103×LWeiboIndex(−2)+0.044×LWeiboIndex(−3)+0.052×LWeiboIndex(−4)+0.739×LWeiboTopicTimes(−1)−0.122×LWeiboTopicTimes(−2)−0.535×LWei-boTopicTimes(−3)+0.276×LWeiboTopicTimes(−4)−0.089×LWeixinArti-cleCount(−1)−0.240×LWeixinArticleCount(−2)+0.241×LWeixinArticle-Count(−3)+0.0214×LWeixinArticleCount(−4)+1.117[1]

上述回归模型中所估计系数的 t 统计量值大部分在 10% 显著水平下是显著的，尽管有部分系数不显著，我们仍选取滞后阶数为 4 的模型。部分系数不显著可能是由于在同一个方程中有同样变量的多个滞后值产生了多重共线性造成的。

（三）模型平稳性检验

从图 5-3 可以直观地看出，所有的单位根都落于单位圆内，因此所设定的模型是稳定的，表明选取的变量之间存在长期稳定关系，可以进一步进行分析。

（四）格兰杰因果关系检验

本次 VAR 模型中各变量的格兰杰因果关系检验结果如表 5-10 所示。

---

① 各指标后括号内的数值代表滞后阶数，（−1）为滞后 1 阶，（−2）为滞后 2 阶，（−3）为滞后 3 阶，（−4）为滞后 4 阶。简写的指标分别对应如下：LRating 为传统收视率，LBaiduIndex 为网络搜索量，LChannel 为电视播出频道指数，LDayPlaytimes 为网络日增播放量，LMediaCount 为媒体转载量，LPerPostive 为正面评论的比例，LTimeslot 为电视播出时段指数，LWeiboIndex 为微博热议度，LWei-boTopic 为微话题讨论度，LWeixinArticle 为微信公众号刊发量。下同。

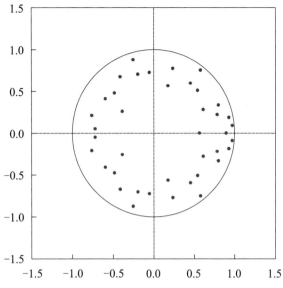

图 5 - 3　基于 30 部电视剧的单位根检验结果图示

表 5 - 10　　　　格兰杰因果关系检验结果（只显示有显著性的）

原假设	卡方	概值
LDayPlaytimes 不是 LBaiduIndex 的原因	10.10636	0.0387
LRating 不是 LDayPlaytimes 的原因	21.19760	0.0003
LMediaCount 不是 LPerPositive 的原因	11.66601	0.0200
LChannel 不是 LRating 的原因	16.80636	0.0021
LTimeslot 不是 LRating 的原因	10.28357	0.0359
LWeiboTopic 不是 LRating 的原因	9.945679	0.0414
LBaiduIndex 不是 LWeiboIndex 的原因	11.36801	0.0227
LMediaCount 不是 LWeiboIndex 的原因	16.52478	0.0024
LRating 不是 LWeiboIndex 的原因	14.64610	0.0055
LChannel 不是 LWeiboTopic 的原因	10.05198	0.0396
LRating 不是 LWeiboTopic 的原因	20.18147	0.0005
LChannel 不是 LWeixinArticle 的原因	13.31584	0.0098
LDayPlaytimes 不是 LWeixinArticle 的原因	9.736301	0.0451
LRating 不是 LWeixinArticle 的原因	14.38055	0.0062
LWeiboIndex 不是 LPerPositive 的原因	8.555769	0.0732
LWeixinArticle 不是 LRating 的原因	8.999415	0.0611
LMediaCount 不是 LWeixinArticle 的原因	8.616032	0.0714
LTimeslot 不是 LWeixinArticle 的原因	8.549370	0.0734

考察各变量两两之间的格兰杰因果关系，总体而言，部分变量之间的因

果关系与前次 VAR 模型相同，不同的部分可能是由于前次模型的样本量较小造成的。新增的两个变量也与部分其他变量存在格兰杰因果关系。从表 5-10 的检验结果可得出，在 5% 的显著性水平下，滞后期的微话题讨论度以及电视播出频道指数、电视播出时段指数对传统收视率有影响，滞后期的网络日增播放量对网络搜索量有影响，滞后期的传统收视率对网络日增播放量有影响，滞后期的媒体转载量对正面评论的比例有影响，滞后期的网络搜索量、媒体转载量和传统收视率对微博热议度有影响，滞后期的传统收视率和电视播出频道指数对微话题讨论度有影响，滞后期的网络日增播放量、传统收视率和电视播出频道指数对微信公众号刊发量有影响；在 10% 的显著性水平下，滞后期的微博热议度对正面评论的比例有影响，滞后期的微信公众号刊发量对传统收视率有影响，滞后期的媒体转载量、电视播出时段指数对微信公众号刊发量有影响。

当把传统收视率作为因变量时，其他变量与收视率的格兰杰因果关系如表 5-11 所示，与前次 VAR 模型的结果相似，虽然单个变量中只有电视播出频道指数、电视播出时段指数、微话题讨论度和微信公众号刊发量的卡方检验有显著性，但表 5-11 的最后一行（All）显示所有滞后内生变量联合作用对收视率的影响是显著的。

表 5-11 传统收视率作为因变量时的格兰杰因果关系检验结果

因变量：LRating

变量	卡方	自由度	P 值
LBaiduIndex	1.362308	4	0.8507
LChannel	16.80636	4	0.0021
LDayPlaytimes	3.265232	4	0.5145
LMediaCount	4.855907	4	0.3024
LPerPositive	1.180481	4	0.8813
LTimeslot	10.28357	4	0.0359
LWeiboIndex	2.461213	4	0.6516
LWeiboTopic	9.945679	4	0.0414
LWeixinArticle	8.999415	4	0.0611
All	97.04864	36	0.0000

（五）脉冲响应分析

考虑到样本容量，响应期设为 10 期，通过软件计算，得出结果如图 5-4

所示。与前次 VAR 模型脉冲响应分析结果相比较而言，正面评论的比例、微话题讨论度、微信公众号刊发量对收视率脉冲响应分析结果比较相似，其他几个指标则出现了一定的变化。

从图 5 - 4 - 1 中可以看出，当在本期给网络搜索量一个正冲击后，收视率在短期内会呈现上下波动，收视率在第 3 期达到正向最大之后逐渐下降，第 5 期接近零后又逐渐上升。这表明在短期内网络搜索量对收视率具有滞后效应，网络搜索量的增加会对收视率带来明显的带动作用，长期也有一定的带动作用，但不太稳定。

图 5 - 4 - 2 显示了电视播出频道对于收视率的影响。虽然电视播出频道对于单个电视节目来说是不变的，但总有旧的电视剧结束，新的电视剧开播，由于使用的面板数据中每天播出电视剧的频道指数是在变化的，从本模型中也可以看出电视播出频道对收视率的影响。从图 5 - 4 - 2 中可以看出，当本期给电视播出频道指数一个正冲击后，收视率在短期内有一定的波动，在第 3 期达到最大正响应后逐渐收敛。可见电视播出频道短期内对于收视率有正面影响，但长期来看电视播出频道对收视率的带动作用不大。

从图 5 - 4 - 3 中可以看出，当给本期网络日增播放量一个正冲击后，收视率在短期内有一定的波动，在第 4、第 5 期达到最大的负响应后逐渐收敛。网络日增播放量由于播放平台的不同、刷量等作弊行为的存在，可能会存在一些结构性的问题，对收视率会产生一定的负面影响。

图 5 - 4 - 4 显示了媒体转载量对收视率的影响。在本期给予一个正冲击后，收视率在短期内有一个负响应，在第 3 期达到负向最大后逐渐上升，第 6 期之后则都是正响应，可见，媒体转载量对于收视率的增长具有长期的带动作用。

图 5 - 4 - 5 显示了正面评论的比例对于收视率的影响。当本期给予一个正冲击后，收视率在初期有一个正响应，第 2、第 3 期回落，在第 5、第 6 期有一定的正向响应后收敛，总体而言，正面评论的比例对于收视率的影响较小，短期和长期对收视率的带动作用都较小。

图 5 - 4 - 6 显示了电视播出时段指数对收视率的影响。和电视播出频道指数类似，电视播出时段指数虽然对于同一部剧来说变化不大，但面板数据中每

天的电视播出时段指数还是有一定变化的。在本研究中电视播出时段指数主要区分了黄金档的电视剧和晚间十点档的周播剧。总的来看电视播出时段指数对收视率的影响比较波动，当本期给予一个正冲击后，第2、第3期呈负响应转而上升，第4、第5期呈一定的正响应后又下降，第8期达到最大负响应。这种负向影响可能与周播剧的存在有较大关系。

图5-4-7显示了微博热议度对收视率的影响比较滞后，当本期给予一个正冲击后，第2期有一个正响应，初期和第3期的响应为零，第5～8期的正响应达到最大，可见微博热议度对收视率的提升有一个短期小幅度正向影响，但长期影响更为明显。

图5-4-8显示了微话题讨论度对收视率的影响。当在本期给微话题讨论度一个正冲击后，收视率在短期内会呈现上下波动，收视率在第2期达到正向最大后逐渐收敛。这表明在短期内微话题讨论度增加会对收视率带来明显的带动作用，但从长期来看这种带动作用将会越来越弱。

图5-4-9显示了微信公众号刊发量对收视率的影响，当给本期微信公众号刊发量一个正向冲击后，收视率呈现上下波动，在第3期达到负向最大后逐渐收敛，可见微信公众号刊发量的增长并不一定必然带动收视率的增加。

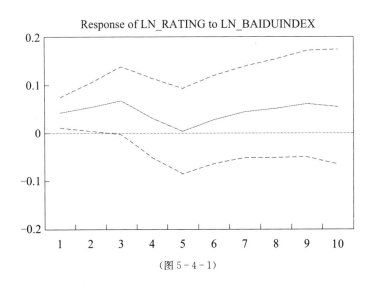

Response of LN_RATING to LN_BAIDUINDEX

(图5-4-1)

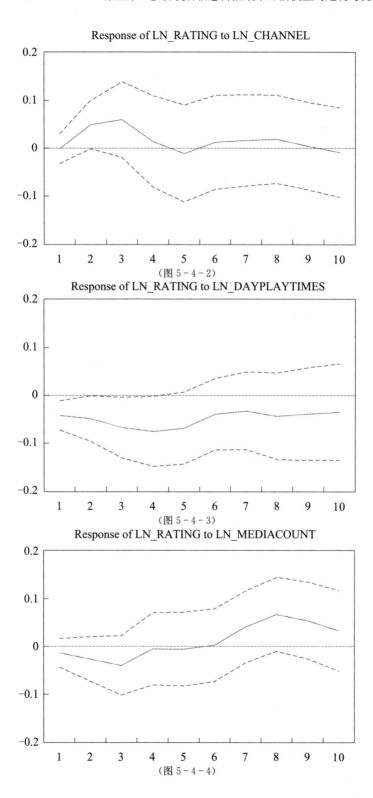

（图 5 - 4 - 2）

（图 5 - 4 - 3）

（图 5 - 4 - 4）

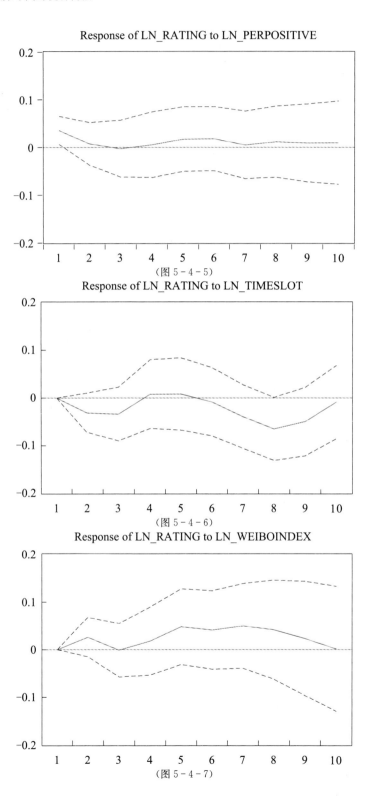

Response of LN_RATING to LN_PERPOSITIVE

（图 5 - 4 - 5）

Response of LN_RATING to LN_TIMESLOT

（图 5 - 4 - 6）

Response of LN_RATING to LN_WEIBOINDEX

（图 5 - 4 - 7）

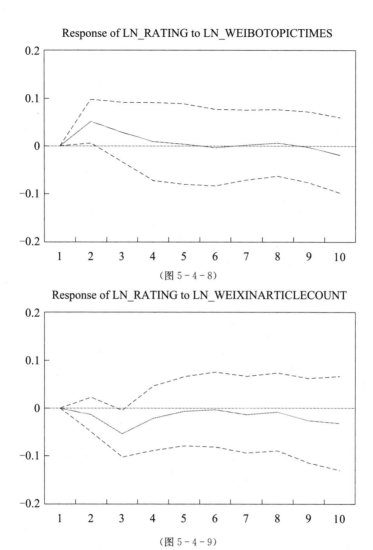

Response of LN_RATING to LN_WEIBOTOPICTIMES

（图 5 - 4 - 8）

Response of LN_RATING to LN_WEIXINARTICLECOUNT

（图 5 - 4 - 9）

图 5 - 4　基于 30 部电视剧的 VAR 模型中 LRating 对其他变量的脉冲响应

（六）方差分解分析

方差分解的结果与前次 VAR 模型的 1 至 10 期的方差分解结果基本成相似的变化趋势（见表 5 - 12），滞后 1 至 10 期对收视率的变动贡献最大的是其自身因素，但其贡献率从滞后 1 期的 78.97% 逐期递减至滞后 10 期的 43.21%，而其他指标对收视率增长的贡献程度相对较小，除微话题讨论度和正面评论的比例的贡献率逐渐递减之外（微话题讨论度从第 2 期开始），其他指标对收视率增长的贡献程度是基本递增的。网络搜索量第 2 期对收视率的贡献率从第 1 期的

7.67%增至10.32%，至第10期时，网络搜索量的贡献率稳定在12%左右。网络日增播放量第1期的贡献率与网络搜索量的贡献率相近，为7.27%，在第5、第6期时贡献率最大，达到18%左右，至第10期贡献率回落至15%左右。媒体转载量、微博热议度和微信公众号刊发量第1期对收视率的贡献率均较小，三者对收视率的贡献都偏长期影响，至第10期三者的贡献率分别稳定在7%、5%和3%左右。正面评论比例和微话题讨论度对收视率则偏短期影响，且影响程度较小，至第10期二者的贡献率分别为1%和2%左右。新增的两个指标，电视播出频道指数和电视播出时段指数在第1期的贡献率都较小，可以忽略不计，从第2期开始，电视播出频道指数的贡献率基本在5%左右浮动，电视播出时段指数的贡献率则基本在3%左右浮动，后期增至6%左右。

表 5-12　　　　　　　基于 30 部电视剧的 VAR 模型方差分解表（%）

滞后期	标准误差	电视播出频道指数	电视播出时段指数	网络搜索量	网络日增播放量	媒体转载量	正面评论的比例	传统收视率	微博热议度	微话题讨论度	微信公众号刊发量
1	0.10	0.01	0.00	7.67	7.27	0.78	5.30	78.97	0.00	0.00	0.00
2	0.17	5.25	2.12	10.32	8.86	1.93	2.87	60.96	1.48	5.81	0.41
3	0.21	7.23	2.55	11.31	10.40	3.01	1.61	55.06	0.83	4.26	3.73
4	0.25	6.31	2.22	10.58	14.59	2.58	1.39	53.95	1.03	3.70	3.64
5	0.27	5.90	2.10	9.71	17.76	2.39	1.55	50.68	3.12	3.40	3.37
6	0.28	5.76	2.07	9.96	18.32	2.29	1.78	48.85	4.48	3.26	3.23
7	0.29	5.43	3.11	10.61	17.42	3.42	1.63	46.29	6.06	2.95	3.07
8	0.30	4.88	5.60	10.91	16.21	6.05	1.49	43.24	6.39	2.55	2.67
9	0.31	4.32	6.45	11.93	15.25	7.12	1.37	42.53	5.98	2.26	2.79
10	0.32	4.02	5.98	12.67	14.72	7.15	1.31	43.21	5.50	2.29	3.15

根据 VAR 模型的分析结果，我们将进入 VAR 模型的 10 个因素作为评估视听信息传播效果的指标，同时为了最后得出的电视剧综合指数能更好地综合反映短期和长期效果，将方差分解中各变量 10 期的平均贡献度作为各指标的权重，因而将初始的模型修正如下（见表 5-13）。

总体而言，修正后的模型行为维度的权重有所下降，从 81.81% 下降至 77.02%，认知维度和情感维度的权重略有上升，认知维度的权重由前次的 12.17% 上升到 14.41%，情感维度的权重则从 6.02% 上升至 8.57%。具体到二级指标，由于本次指标体系修正过程将曝光度中的两个指标重新纳入模型，其

表 5 - 13　　　　　　　　　视听信息传播效果评估指标体系修正

一级指标	二级指标	三级指标	前次 VAR 模型权重结果（基于 10 部剧数据）	本次 VAR 模型权重结果（基于 30 部剧数据）
认知	曝光度	电视播出频道指数	未纳入模型	4.91%
		电视播出时段指数	未纳入模型	3.22%
	扩散度	媒体转载量	4.09%	3.67%
		微信公众号刊发量	8.08%	2.61%
情感	情感强度	微博热议度	1.22%	3.49%
		微话题讨论度	2.80%	3.05%
	情感倾向	正面评论的比例	2.00%	2.03%
行为	关注度	传统收视率	52.74%	52.37%
		网络日增播放量	19.43%	14.08%
		网络搜索量	9.64%	10.57%

权重占到 8.13%，扩散度的权重则由 12.17% 下降至 6.28%，认知维度的总体指标的权重变化了 2.24 个百分点，总体来说变化不大，说明原本的理论框架模型中维度的划分是比较合理的。认知维度下原有的两个指标，媒体转载量的权重变化幅度较小，相比较而言，微信公众号刊发量所占权重则下降了 5 个百分点左右，从原来的 8.08% 下降至 2.61%。情感维度下的三个三级指标权重均是略有上浮，其中微博热议度的权重由原来的 1.22% 上升至 3.49%。行为维度下的三个三级指标，传统收视率和网络搜索量的权重基本持平，网络日增播放量的权重有所下降，如前面所述，网络日增播放量由于可能存在的刷量行为而存在一些不正常的波动，在样本量增多的情况下，权重下降属于比较合理的情况。

比较指标体系修正前后 10 部电视剧的综合指数（见表 5 - 14）可以发现，修正后的综合指数较修正前略低了一点，除了新纳入的两个指标以及权重的调整外，另一个原因在于本研究中采用的归一化方法是 min-max 方法，由于有新的电视剧加入，各指标取值中的最大值和最小值可能都发生了变化，因而修正后的指数均较之前有所下降。但总体而言，二者的差异不太大，除了《秦时丽人明月心》和《轩辕剑之汉之云》之外，二者的差值基本都在两个百分点以内，这两部剧的差距较大可能是由于加入了电视播出时段指数，二者都是周播剧且在晚间十点档播出，电视播出时段指数相对较低对综合指数产生了一定的影响。

表 5 - 14　　　　　　指标体系修正前后 10 部电视剧的综合指数比较

序号	电视剧名称	修正前综合指数	修正后综合指数	差值
1	《那年花开月正圆》	94.8	94.7	0.1
2	《人间至味是清欢》	86.9	85.9	1.0
3	《我们的爱》	83.5	81.7	1.8
4	《守卫者·浮出水面》	80.8	79.8	1.0
5	《秦时丽人明月心》	80.6	77.4	3.2
6	《盲约》	78.6	77.7	0.9
7	《轩辕剑之汉之云》	77.3	72.7	4.6
8	《进击吧闪电》	74.3	72.5	1.8
9	《血染大青山》	70.9	70.3	0.6
10	《通天狄仁杰》	70.1	69.2	0.9

考察 30 部电视剧的综合指数排名（见表 5 - 15），90 分以上的电视剧仅 1 部，80～90 分的电视剧有 9 部，70～80 分的电视剧有 17 部，60～70 分的电视剧有 3 部。总的来说，30 部电视剧的综合指数得分呈正态分布，传播效果表现居中的较多，表现非常好和非常差的剧目都较少。若以指标体系分天的综合指数数据分析，综合指数得分的平均值为 78.8，标准差为 7.257，其正态分布的趋势更为明显（见图 5 - 5）。

表 5 - 15　　　　　　30 部电视剧在修正后的指标体系下的综合指数排名

排名	电视剧名称	综合指数	排名	电视剧名称	综合指数
1	《那年花开月正圆》	94.7	16	《秦时丽人明月心》	77.4
2	《急诊科医生》	88.0	17	《特勤精英》	77.0
3	《国民大生活》	87.0	18	《一树桃花开》	75.7
4	《人间至味是清欢》	85.9	19	《碧海雄心》	74.5
5	《我们的爱》	81.7	20	《苦乐村官》	74.1
6	《李大宝的平凡岁月》	81.1	21	《那片星空那片海 2》	73.0
7	《何所冬暖，何所夏凉》	80.8	22	《春天里》	72.7
8	《浪花一朵朵》	80.8	23	《轩辕剑之汉之云》	72.7
9	《维和步兵营》	80.7	24	《进击吧闪电》	72.5
10	《美味奇缘》	80.4	25	《我的老爸是奇葩》	70.4
11	《守卫者·浮出水面》	79.8	26	《血染大青山》	70.3
12	《凡人的品格》	79.0	27	《田姐辣妹》	70.3
13	《花儿与远方》	78.2	28	《通天狄仁杰》	69.2
14	《盲约》	77.7	29	《传奇大亨》	66.4
15	《情满四合院》	77.6	30	《战昆仑》	62.2

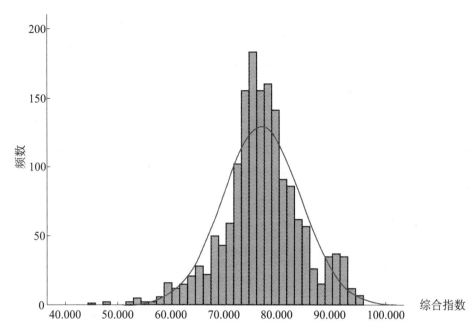

图 5－5　样本电视剧传播效果评估指标体系分天综合指数的频数分布

　　注：此图为分天的数据。按表 5－15，30 部电视剧综合指数最低的为 62.2，但有的电视剧某
天的指数是低于 60 的。

第三节　指标体系的信效度测量

　　在本节中，研究者对模型的信效度进行了测量，数据显示该指标体系具有
较高的信效度。

一、信度分析

（一）稳定性分析

　　一般通过"再测信度"的方法来测量量表的稳定性，其计算方法是计算两
次测量结果间的相关系数，相关系数越接近 1，表示稳定性越好。在本研究中，
对优化前和优化后的指标体系进行了稳定性分析，通过对前后两次相同的 10 部
剧的综合指数进行相关性分析，得到皮尔逊相关系数为 0.985，在 99％的置信
区间下显著相关，证明该指标体系的稳定性较好。

（二）内在一致性分析

信度即可靠性，是指测验结果的一致性或稳定性。对于指标体系的信度检验主要是进行内部一致性检验，通过克龙巴赫 α 系数（Cronbach's α coefficient）来进行检验，数据结果显示，视听信息传播效果评估指标体系的克龙巴赫 α 系数为 0.842。各指标的内部一致性较好，指标体系具有较好的信度。

二、效度分析

（一）表面效度

表面效度是考察各个具体指标对整个指标体系的效度是否都有足够的贡献，或者考察各项指标是否具有同质性。其考察方式是计算每个指标的得分与综合指数的相关系数，如果相关不显著，表示该指标的鉴别力较低，各指标与总得分的相关关系越显著，量表的内容效度也越高。将 30 部电视剧的分天综合指数与分天各指标的得分进行皮尔逊相关分析（见表 5-16），结果表明，各项指标的得分与综合指数都是显著相关的（概值 $p \leqslant 0.001$），说明量表内的各个题项之间具有较好的同质性。以相关系数大于等于 0.4 为较高的相关，可以发现，只有电视播出时段指数及正面评论的比例与综合指数的相关度较低，但在统计意义上也是显著相关的。因此，本指标体系有较高的表面效度。

表 5-16　视听信息传播效果评估指标体系各项指标与综合指数的相关性分析

指标	相关系数	显著性（双尾）
电视播出时段指数	0.268**	0.000
电视播出频道指数	0.551**	0.000
网络搜索量	0.753**	0.000
传统收视率	0.909**	0.000
网络日增播放量	0.444**	0.000
媒体转载量	0.414**	0.000
正面评论的比例	0.235**	0.000
微博热议度	0.556**	0.000
微话题讨论度	0.505**	0.000
微信公众号刊发量	0.724**	0.000

（二）效标效度

在量表的信效度测量中，效标是一个与量表有密切关联的独立标准。效标效度是将效标作为自变量，所测特性看成因变量，二者之间密切相关的才是有效的测量。在本研究中，指标体系所测量的特性是视听信息的传播效果，如前所述，本研究主要考察经济效益方面的传播效果，因而将次日收视率作为判断本指标体系的效度的主要效标之一。计算 30 部电视剧指标体系的分天综合指数和各项指标得分与次日收视率之间的相关性，结果如表 5－17 所示，各项指标的得分以及综合指数与次日收视率都是显著相关的（概值 $p \leqslant 0.001$），说明各项指标及整个指标体系都有较高的效度。

表 5－17　　　　　视听信息传播效果评估指标体系各项指标及综合指数
与次日收视率的相关性分析

指标	相关系数	显著性（双尾）
电视播出时段指数	0.299 **	0.000
电视播出频道指数	0.379 **	0.000
网络搜索量	0.668 **	0.000
传统收视率	0.852 **	0.000
网络日增播放量	0.192 **	0.000
媒体转载量	0.317 **	0.000
正面评论的比例	0.204 **	0.000
微博热议度	0.461 **	0.000
微话题讨论度	0.413 **	0.000
微信公众号刊发量	0.690 **	0.000
综合指数	0.821 **	0.000

第四节　基于格兰杰因果关系检验的各指标影响关系分析

前文在格兰杰因果关系检验部分考察了各指标之间的因果关系在统计学意义上是否有显著性。现将有显著性因果关系的指标之间以箭头连接来呈现指标之间互相影响的关系（见图 5－6）。

一、认知维度与行为维度间的关系

从图中可以发现，电视播出时段指数和电视播出频道指数毫无疑问对收视率有显著影响，媒体转载量对网络日增播放量有影响。而网络搜索量受到的影响主要来自行为维度本身，即网络日增播放量的影响。微信公众号刊发量并没

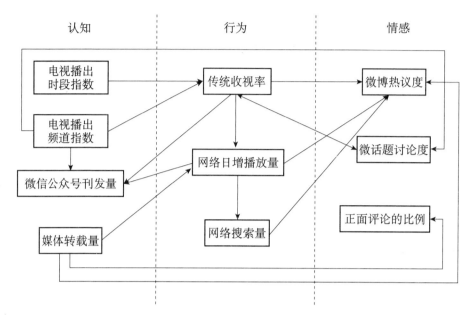

认知　　　　　　　　　　行为　　　　　　　　　　情感

图 5-6　各指标间的影响关系（基于有显著性格兰杰因果关系检验结果）

有对行为维度产生显著影响，相反该指标是受多个其他指标影响的，包括认知维度下的电视播出频道指数，以及行为维度下的传统收视率和网络日增播放量。

换言之，可以得到以下推论：电视播放的平台和时段对收视率有显著影响；媒体对于电视剧的报道量的增加会影响该剧的网络播放量；网络播放量的增加会带动网络搜索量的增加则说明，观众对于电视剧的网络搜索行为更多地发生在网络观看之后而非之前；而微信公众号上大量的自媒体文章对于观众观看行为的影响也并不显著，相反，自媒体的风向是跟着电视剧以及电视剧播出平台走的，市场份额高的电视频道播出的电视剧在微信公众号的文章中被讨论得更多，收视率和网络播放量的上升也会引发更多的自媒体讨论。可见，对于电视剧发行方来说，选取好的播出平台和时段以及通过媒体做更多的宣传是比较有效的提升观众观看行为的方法。

二、行为维度与情感维度间的关系

从行为维度与情感维度之间的关系来看，行为维度对情感强度指标的影响较大，而情感倾向指标则既不受行为维度的影响，又对行为维度无显著影响。具体而言，传统收视率、网络日增播放量和网络搜索量这三个行为指标均会对微博热议度产生影响；而传统收视率与微话题讨论度之间的影响则是双向的。

微博热议度来自微博指数，根据微博上对于微指数的说明，其是对提及量、阅读量、互动量加权得出的综合指数，可以全面地体现关键词在微博上的热度情况。相比微话题讨论，微博热议度所包含的讨论人群和互动范围更广泛，因此传统收视率、网络日增播放量和网络搜索量都会对其产生影响，但微博的热议对于后续观看行为的影响并不显著，讨论的人多并不一定会引发更多进一步的观看行为。而微话题讨论度则与微博热议度有所不同，由于微博发言机制的缘故，普通用户在对电视剧发表意见的时候通常只是在自己的微博中抒发感想，带话题则意味着想要与点进话题的其他用户进行讨论交流，而且会带话题对电视剧进行讨论的用户往往都是电视剧或剧中演员的粉丝，除了与他人交流之外还希望为自己喜欢的节目或演员增加热度，相对而言是电视剧的重度用户，因此该指标不仅会被传统收视率影响，反过来也可以影响接下来的收看行为。

三、认知维度与情感维度间的关系

相较于与行为维度之间的关系，认知维度与情感维度间的联系则较少，主要体现在电视播出频道指数会影响微话题讨论度，以及媒体转载量影响正面评论的比例和微博热议度。

换言之，电视剧播出频道影响力越大，它在微话题中的讨论度也就越高。如前所述，使用微话题的用户大多带有某些粉丝属性，而影响力大的播出平台如湖南卫视、浙江卫视等电视频道本身自带粉丝，其播出的剧目也往往更具粉丝效应。此外，观众的情感倾向则主要受到媒体转载量的影响。媒体对于电视剧的宣传与评论量会对用户的情感倾向产生显著影响，媒体发布与转载的电视剧相关文章多为宣传和公关稿，虽然数据表明媒体宣传的多少并不影响观众的情感强度，但对于观众的正面态度提升却有明显的影响。

因此，基于上述分析，可以发现，选择好的播出频道和时段以及增强媒体宣传来扩大观众的认知度，可以有效增加观众的收看行为并提升电视剧在观众中的口碑，而看似热闹的微信公众号刊发量以及微博上的热议情况对于收看行为的提升并无明显影响。微信自媒体对于电视剧的讨论通常是滞后的，而且有较多的跟风讨论；而微博上的热议，除非是目标人群的讨论度增长，即带话题的讨论度增加，否则也难以对收看行为产生提振作用。

本章小结

本章主要描述了效果评估模型建构与优化的过程。本研究首先通过向量自回归模型对采集的 10 部电视剧历时 48 天的数据进行建模分析，确定了有效指标的选取和各项指标的权重。共有 8 个指标进入模型，其中行为维度的指标权重最高，传统收视率占比为 52.74%，认知维度占比 12% 左右，情感维度占比 6% 左右。基于这些样本可以得到一些初步的结论，如有些变量（网络搜索量、微话题讨论度等）对于观众收视行为的短期影响比较明显，有些变量（媒体转载量、微信公众号刊发量等）的影响则体现在长期作用，而观众对节目持正向还是负向态度对于整体观看情况的影响不大。

为了能对指标模型进一步优化，本研究将电视剧样本扩大至 30 部剧，搜集了 105 天的相关数据，再次建模，根据分析结果对指标的选取和权重进行了一定的调整。模型最终确定了 10 个指标，修正后的模型行为维度的权重有所下降，认知和情感维度的权重略有上升。本章对模型的信效度进行了测量，数据显示该指标体系具有较高的信效度。

本章最后根据格兰杰因果关系的数据，探讨了各维度之间的相互影响关系。结果显示，选择好的播出频道和时段以及增强媒体宣传来扩大观众的认知度，可以有效增加观众收看行为并提升电视剧在观众中的口碑。而看似热闹的微信公众号刊发量以及微博上的热议情况对于收看行为的提升并无明显影响。

第六章 视听产品的传播效果
与媒介依赖关系分析

基于已经建构的指标体系对电视剧传播效果及多屏、多渠道的传播情况进行分析，从不同空间和时间维度都可以对电视剧进行分类，本章主要探讨不同类型电视剧的传播效果、传播模式、与受众的媒介依赖关系，以及各影响变量之间的关系。

为了更好地探寻电视剧的传播效果及其多屏传播规律，除了前述用来确定权重的30部电视剧外，本研究还另外采集了2017年1—7月期间播出的部分电视剧相关数据，由于本次研究的数据采集时间晚于这些电视剧的播出时间，部分数据难以获得，故最终共采集到12部收视率较高且产生了较大社会反响的电视剧（具体剧目见表6-1）。

表6-1 本研究采集的2017年1—7月间播出的12部电视剧

序号	电视剧名称	首播时间	播出频道
1	《三生三世十里桃花》	2017-01-30	东方卫视、浙江卫视
2	《鸡毛飞上天》	2017-03-03	浙江卫视、江苏卫视
3	《人民的名义》	2017-03-28	湖南卫视
4	《漂洋过海来看你》	2017-04-02	浙江卫视
5	《外科风云》	2017-04-17	北京卫视、浙江卫视
6	《择天记》	2017-04-17	湖南卫视
7	《龙珠传奇之无间道》	2017-05-08	北京卫视
8	《欢乐颂2》	2017-05-11	东方卫视、浙江卫视
9	《楚乔传》	2017-06-05	湖南卫视
10	《夏至未至》	2017-06-11	湖南卫视
11	《大军师司马懿之军师联盟》	2017-06-22	江苏卫视、安徽卫视
12	《我的前半生》	2017-07-04	东方卫视、北京卫视

第一节 样本电视剧传播效果测量概况

加入这12部电视剧后，共42部电视剧的指标体系综合指数排名如表6-2

所示。由于本研究在对各项指标进行标准化时采用的是 min-max 方法，因而当指标中的最大值和最小值发生变化时，对每部剧每天的各项指标数据而言，虽然原始数据未变，但指标标准化后的数据会发生一定的变化。因此，除了新加入的 12 部电视剧，30 部用于确定权重的剧目的综合指数与前文得到的综合指数相比都发生了一定的变化。以《那年花开月正圆》为例，仅 30 部电视剧进行分析时，其综合指数得分为 94.7，由于《人民的名义》或其他剧目在某些指标上的最大值大于原有数据中的最大值，因此加入 12 部新剧目后，《那年花开月正圆》的得分调整为 91.3。如果在之后的研究中能持续搜集到更大量的样本，那么指标体系中各项指标的得分和综合指数将更加趋于稳定。

总体而言，42 部电视剧中综合指数大于 90 分的剧目有 3 部，80～90 分的剧目有 11 部，70～79 分的剧目有 19 部，低于 70 分的剧目 9 部。2017 年 3 月份引起全民关注的《人民的名义》以 91.9 分位列第一，第四季度播出的《那年花开月正圆》以 91.3 分位列第二。

表 6 - 2　2017 年 1—11 月 42 部电视剧的传播效果评估指标体系综合指数排名

排名	电视剧名称	综合指数	排名	电视剧名称	综合指数
1	《人民的名义》	91.9	22	《守卫者·浮出水面》	76.8
2	《那年花开月正圆》	91.3	23	《凡人的品格》	75.9
3	《欢乐颂 2》	90.2	24	《花儿与远方》	75.0
4	《三生三世十里桃花》	89.6	25	《盲约》	74.4
5	《我的前半生》	89.5	26	《秦时丽人明月心》	74.3
6	《楚乔传》	85.8	27	《特勤精英》	74.1
7	《急诊科医生》	84.1	28	《情满四合院》	74.0
8	《国民大生活》	83.9	29	《一树桃花开》	72.2
9	《外科风云》	83.7	30	《苦乐村官》	71.1
10	《人间至味是清欢》	82.7	31	《碧海雄心》	71.0
11	《大军师司马懿之军师联盟》	82.5	32	《那片星空那片海 2》	70.8
12	《鸡毛飞上天》	82.4	33	《进击吧闪电》	70.7
13	《择天记》	82.1	34	《轩辕剑之汉之云》	69.5
14	《夏至未至》	81.3	35	《春天里》	69.2
15	《浪花一朵朵》	78.3	36	《血染大青山》	67.2
16	《我们的爱》	78.3	37	《我的老爸是奇葩》	67.0
17	《漂洋过海来看你》	78.0	38	《田姐辣妹》	66.9
18	《李大宝的平凡岁月》	77.8	39	《通天狄仁杰》	66.7
19	《美味奇缘》	77.2	40	《龙珠传奇之无间道》	64.2
20	《何所冬暖，何所夏凉》	77.2	41	《传奇大亨》	63.6
21	《维和步兵营》	77.1	42	《战昆仑》	60.2

仔细考察这些电视剧在修正后的指标体系下的各项指标得分（见表 6 - 3）可以发现，综合指数高的电视剧比如《人民的名义》并非在每一项指标上的表现都是最好的，有一些电视剧虽然综合指数不高，但在某些指标上有较好的表现。电视播出时段主要是黄金档和晚间十点档的区别，因而黄金档播出的剧目电视播出时段指数均相对较高。电视播出频道指数根据各电视频道 2015 年的覆盖情况和收视情况综合计算得到，在中央一套播出的《春天里》电视播出频道指数最高；在浙江卫视和江苏卫视播出的《鸡毛飞上天》以及在北京卫视和浙江卫视播出的《外科风云》，由于同步播出的两个频道的覆盖和收视情况都较好，则位列第二和第三。《那年花开月正圆》和《欢乐颂 2》虽然综合指数表现较好，但网络搜索量却远不及排在后面的《三生三世十里桃花》和《我的前半生》。而网络日增播放量较高的也不是综合排名前三的剧目，而是《楚乔传》《三生三世十里桃花》和《人间至味是清欢》。正面评论的比例最高的剧目是综合排名第 12 位的《鸡毛飞上天》，其次是《漂洋过海来看你》，《人民的名义》在这一指标上仅位列第三。微博上热议度最高的则主要是年轻人比较喜欢的，且多是由偶像主演的剧目，如《三生三世十里桃花》《楚乔传》和《择天记》。微信公众号文章讨论较多的电视剧则都是较有争议性的剧目，如《欢乐颂 2》《我的前半生》。

第二节　基于媒介产品维度：消费特征分析

本研究中的指标体系按照媒介产品的消费特征将传播效果划分为认知、情感和行为三个维度，本节主要从这一角度探讨电视剧的传播效果。

一、认知维度

认知维度下有曝光度和扩散度两个二级指标，从更为细致的三级指标可以看到，曝光度考察的主要是电视剧在电视上的曝光度，而扩散度则主要考察电视剧在网络中的扩散程度。

播出频道和播出时段决定了电视剧的曝光程度，在具有更高的覆盖率和收视份额的频道播出以及在多个频道播出将带来更高的曝光率；黄金时段由于开机率比晚间十点档高，因而曝光度也更高。从图 6 - 1 中可以看到，电视曝光度

表 6-3　42 部电视剧在修正后的指标体系下的综合指数及各项指标得分

序号	电视剧名称	综合指数	播出时段指数	播出频道指数	网络搜索量	传统收视率	网络日增播放量	媒体转载量	正面评论的比例	微博热议度	微话题讨论度	微信公众号刊发量
1	《人民的名义》	91.9	93.8	79.0	83.7	86.5	84.0	65.8	94.6	75.2	84.4	80.0
2	《那年花开月正圆》	91.3	93.8	66.8	69.4	90.4	85.9	57.8	63.8	69.0	75.3	84.0
3	《欢乐颂2》	90.2	93.8	78.0	73.9	83.6	86.0	55.7	85.8	79.5	59.3	91.6
4	《三生三世十里桃花》	89.6	93.8	78.0	81.3	76.5	86.4	55.7	91.9	96.2	98.4	90.2
5	《我的前半生》	89.5	93.8	62.2	77.9	83.4	85.1	58.6	60.9	74.3	55.3	92.1
6	《楚乔传》	85.8	45.4	79.0	75.0	70.4	90.4	58.5	62.3	82.2	74.2	85.6
7	《急诊科医生》	84.1	93.6	62.2	55.4	72.5	83.5	51.7	72.2	50.7	65.5	70.4
8	《国民大生活》	83.9	93.7	78.0	43.5	73.2	77.4	72.8	80.4	62.6	55.9	59.5
9	《外科风云》	83.7	93.8	79.3	61.8	67.4	84.9	51.7	91.2	64.3	55.5	65.0
10	《人间至味是清欢》	82.7	93.8	79.0	56.2	63.5	86.3	97.5	43.4	59.3	62.7	63.8
11	《大军师司马懿之军师联盟》	82.5	93.8	65.6	56.2	66.7	84.7	51.5	65.3	71.8	52.7	65.8
12	《鸡毛飞上天》	82.4	93.8	83.9	58.3	67.6	75.3	41.6	96.8	64.5	41.7	60.0
13	《择天记》	82.1	45.5	79.0	70.1	60.5	86.2	55.1	88.6	84.1	74.6	69.9
14	《夏至未至》	81.3	93.8	79.0	64.5	58.4	83.7	53.5	66.1	76.9	64.9	75.6
15	《浪花一朵朵》	78.3	45.5	79.0	55.4	55.5	82.0	70.8	38.8	71.0	65.8	61.6
16	《我们的爱》	78.3	93.8	36.3	54.4	58.9	82.6	44.0	57.1	58.6	50.7	70.1
17	《漂洋过海来看你》	78.0	93.8	47.5	61.6	56.2	78.7	41.4	95.9	60.5	46.4	58.3
18	《李大宝的平凡岁月》	77.8	93.8	61.0	42.7	59.1	75.7	48.5	66.2	77.5	43.1	46.3
19	《美味奇缘》	77.2	93.8	79.0	46.7	53.9	83.0	37.0	65.1	56.4	60.1	51.9
20	《何所冬暖、何所夏凉》	77.2	93.8	47.5	47.4	54.7	81.7	79.3	54.6	54.3	59.3	51.5
21	《维和步兵营》	77.1	93.8	36.3	42.7	59.2	77.4	38.8	86.7	51.4	60.2	55.8

续前表

序号	电视剧名称	综合指数	播出时段指数	播出频道指数	网络搜索量	传统收视率	网络日增播放量	媒体转载量	正面评论的比例	微博热议度	微话题讨论度	微信公众号刊发量
22	《守卫者·浮出水面》	76.8	93.7	30.5	44.3	59.3	78.4	38.2	64.5	61.0	49.1	48.8
23	《凡人的品格》	75.9	93.8	65.6	36.4	55.6	74.4	41.8	71.4	51.9	58.5	51.3
24	《花儿与远方》	75.0	93.8	58.8	27.2	58.1	67.0	43.1	83.8	57.8	43.5	37.7
25	《盲约》	74.4	93.8	47.5	44.4	49.9	80.2	38.5	66.5	62.4	48.7	54.0
26	《秦时丽人明月心》	74.3	45.5	47.5	44.2	51.3	77.1	44.3	61.9	70.1	71.5	59.0
27	《特勤精英》	74.1	93.7	79.0	39.7	47.3	79.9	38.6	69.5	58.3	48.0	55.9
28	《情满四合院》	74.0	93.8	31.7	39.3	55.4	74.4	39.4	74.6	32.7	38.4	46.5
29	《一树桃花开》	72.2	93.8	22.5	33.8	55.6	71.3	34.5	70.9	21.7	31.6	35.9
30	《苦乐村官》	71.1	85.2	33.1	30.9	52.0	69.8	25.9	75.9	41.4	24.7	43.3
31	《碧海雄心》	71.0	93.8	29.6	22.2	51.9	64.8	29.9	67.4	53.7	56.1	45.9
32	《那片星空那片海 2》	70.8	45.3	79.0	29.6	44.8	75.2	68.3	77.0	42.8	47.8	23.5
33	《进击吧闪电》	70.7	45.5	79.0	27.5	45.1	74.7	47.7	50.3	64.9	51.3	38.8
34	《轩辕剑之汉之云》	69.5	45.4	30.5	40.7	43.0	70.9	38.0	68.6	66.9	69.7	50.1
35	《春天里》	69.2	90.4	96.3	30.5	46.5	66.3	32.6	65.8	24.4	0.0	0.0
36	《血染大青山》	67.2	93.9	29.6	21.4	44.2	69.2	25.4	83.1	27.2	41.2	28.8
37	《我的老爸是奇葩》	67.0	93.8	31.7	19.6	43.4	64.2	53.0	34.3	60.0	30.8	30.8
38	《田姐辣珠》	66.9	93.8	29.6	24.7	42.6	68.8	46.7	50.0	38.1	27.0	29.3
39	《通天水仁杰》	66.7	45.5	61.0	39.6	34.6	75.9	31.3	67.4	53.1	53.0	40.1
40	《龙珠传奇之无间道》	64.2	45.5	31.7	62.8	25.0	75.7	36.4	75.2	56.2	59.5	46.5
41	《传奇大亨》	63.6	45.2	47.5	37.2	26.5	76.5	39.5	63.6	63.6	59.4	52.0
42	《战昆仑》	60.2	93.8	4.7	22.0	27.5	74.4	48.5	85.6	43.2	0.0	29.6

最高的剧目是《春天里》，该剧在中央一套黄金档播出，该频道的覆盖率和频道收视份额一直是所有电视频道中最高的。其他剧目如《鸡毛飞上天》《人民的名义》《美味奇缘》《特勤精英》《外科风云》《夏至未至》等在湖南卫视、浙江卫视、江苏卫视独播或联播的电视剧具有较高的曝光度，而在山东卫视、深圳卫视、天津卫视、黑龙江卫视等频道播出的电视剧则电视曝光度较低，比如《战昆仑》《田姐辣妹》《一树桃花开》等。此外，晚间十点档播出的电视剧（见表6-4）曝光度也相对较低，如《传奇大亨》《秦时丽人明月心》《轩辕剑之汉之云》《龙珠传奇之无间道》等。也有部分十点档播出的电视剧曝光度处于平均值水平，如《进击吧闪电》《那片星空那片海2》《浪花一朵朵》《楚乔传》《择天记》，这主要是由于其播出平台为湖南卫视，其频道覆盖率和收视份额较高因而频道指数较高。

表6-4　　　　　42部电视剧中晚间十点档播出的剧目及其播出频道

序号	电视剧名称	播出频道
1	《传奇大亨》	浙江卫视
2	《进击吧闪电》	湖南卫视
3	《浪花一朵朵》	湖南卫视
4	《那片星空那片海2》	湖南卫视
5	《秦时丽人明月心》	浙江卫视
6	《通天狄仁杰》	北京卫视、安徽卫视
7	《轩辕剑之汉之云》	东方卫视
8	《龙珠传奇之无间道》	北京卫视
9	《择天记》	湖南卫视
10	《楚乔传》	湖南卫视

扩散度的三级指标主要包括媒体转载量和微信公众号刊发量，二者主要反映了电视剧在网络上的扩散度。电视曝光度最高的《春天里》在网络扩散度上却处于最低水平，虽然该剧有良好的"先天条件"，在中央一套的黄金档播出，但未能在网上引起关注，缺乏媒体和自媒体的报道，因而观众对其总体认知水平也不会太高。从图6-1中可以发现，扩散度较高的电视剧主要是青年偶像主演的都市情感剧（如《人间至味是清欢》《我的前半生》《国民大生活》《欢乐颂2》《何所冬暖，何所夏凉》等）和古装/仙侠剧（如《那年花开月正圆》《楚乔传》《择天记》等），而扩散度较低的则多是中生代演员主演的农村题材（如《苦乐村官》）、战争题材（如《血染大青山》《战昆仑》等）以及时代题材的剧

目（如以知青返城为背景的《田姐辣妹》、以 20 世纪 60 年代至 90 年代为背景的《情满四合院》）。

从四象限图的角度来看，约有四分之一的剧目属于曝光度和扩散度均较高的剧目，其中《人间至味是清欢》两个指标的得分均较高。其余大部分剧目都落于第三象限，曝光度和扩散度均不高，观众对这些剧目的认知水平也较低。剩余的剧目中有 7 部处于第二象限，5 部处于第四象限，考察这些剧目的综合指数，可以发现位于第四象限电视曝光度较低而网络扩散度较高的电视剧的综合指数排名普遍要高于位于第二象限电视曝光度较高而网络扩散度较低的电视剧。由此可见，《择天记》和《楚乔传》这类自带话题点的电视剧扩散度通常更高，因而也更容易吸引观众的收看和讨论行为。总体而言，电视的曝光度和扩散度呈统计意义上的线性相关趋势（$p=0.003$），电视曝光度较高的电视剧在网络上的扩散度也较高。

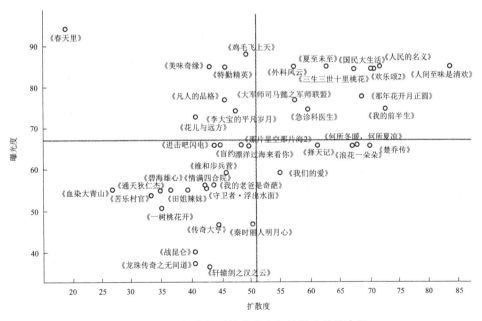

图 6-1　42 部电视剧的曝光度和扩散度的散点图

二、情感维度

情感维度由情感倾向和情感强度两方面构成，主要考察的是社交媒体上用户对电视剧的情感评价的倾向和声量。一方面，在情感倾向上，正面评论的比例较高的电视剧有《鸡毛飞上天》《漂洋过海来看你》《人民的名义》等。而观众对《我的老爸是奇葩》《浪花一朵朵》《人间至味是清欢》等电视剧的评价则不佳。观察图6-2可以发现，情感维度下电视剧的分布状况与认知维度下的分布情况有较大的差异。比如，《人间至味是清欢》在认知维度下排名较高，电视曝光度和在网络上的扩散度都有较好的表现，但在社交媒体上用户对其评价较低，虽然其情感强度略高于平均值，有一定的讨论度和话题度，但其正面评论的比例远低于平均值，在42部剧中位列倒数第三，侧面说明该剧可能质量不佳。与之相反，《鸡毛飞上天》虽然在网络上的扩散度不够高，《漂洋过海来看你》的曝光度和扩散度也只处于平均水平，但二者在网络上的口碑很好，社交媒体上的用户对其发表的看法正面评论的比例较高。

另一方面，在情感强度上，这42部电视剧的分布情况总体而言与认知维度下的扩散度较相似，扩散度较高的电视剧如《三生三世十里桃花》《人民的名义》《楚乔传》等，在社交媒体上的讨论度也较高，而《春天里》《战昆仑》《一树桃花开》等扩散度较低的电视剧讨论度也较低。但不同于扩散度的分布相对比较平均，情感强度的分布则比较聚集，除了少数几部讨论度较高的和较低的电视剧，大部分电视剧都散布在平均值左右。可见，能引起大量讨论的电视剧比较稀缺。

从四象限图来看，落在第一象限既有较正面的情感倾向又有较高讨论度的电视剧比较少，相比较而言，《三生三世十里桃花》属于在两方面均有不错表现的剧目，《人民的名义》虽然比其口碑更好，但讨论度不如《三生三世十里桃花》高。而正面评论的比例最高的《鸡毛飞上天》和《漂洋过海来看你》则情感强度低于平均值，只位于第四象限。第二象限的电视剧虽然讨论度较高，但正面评论的比例较低，其热度可能来自观众的吐槽，但这些剧目的综合指数得分并不低，可见总体而言，情感强度比起口碑对电视剧来说更为重要。第三象限的剧目较少，除了《春天里》《田姐辣妹》《我的老爸是奇葩》这几部属于二者表现都较低的外，其他落于第三象限的剧目都较接近于平均值，与第四象限的剧目情况更为接近。纵观第四象限的电视剧，可以发现，它们大多为较小众的题材，虽然综合指数得分在42部剧中也处于中下水平，但正面评论的比例较高，因而多属于小众口碑作品。

不同于认知维度下曝光度和扩散度呈线性相关趋势，情感倾向和情感强度两个指标不存在明显的线性关系。从图 6-2 中可以看到，情感倾向得分较高、位于平均值以上的电视剧在情感强度上的分布较为分散，而情感倾向位于平均值以下的剧目在情感强度上的分布则较为集中。针对情感强度（给定情感倾向）计算趋势模型（见表 6-5），如图中黑色趋势线所示（拟合公式为：情感强度＝ $-3.80304e-07$ ×情感倾向 ^{6} ＋0.000147024×情感倾向 ^{5} ＋－0.0231462×情感倾向 ^{4} ＋1.89747×情感倾向 ^{3} ＋－85.3578×情感倾向 ^{2} ＋1996.5×情感倾向＋ -18903.2），该多项式趋势模型的 p 值为 0.0205，小于 0.05，在 95% 的置信水平下具有显著性，R 平方值为 0.333，说明该模型具有一定的解释效力。从趋势线可以看出，随着情感倾向指数（即标准化后的正面评论的比例）上升，情感强度处于波动的状态，当情感倾向指数最高（95 分左右）时，情感强度也最高，而当情感倾向指数处于 75～80 分的水平时，情感强度则位于一个低点，处于这部分的电视剧即前面所讨论的小众口碑剧目。而当情感倾向指数低于 60 分时，大部分电视剧的情感强度指数则在平均值上下波动。当将样本量从 42

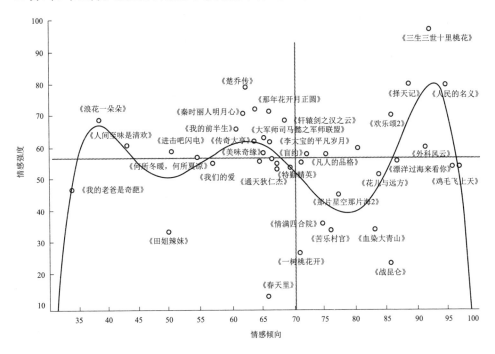

图 6-2　42 部电视剧的情感倾向和情感强度的散点图

注：散点图有一些点比较密集，如果都标注会导致点挤在一起看不清楚，所以此图中如《国民大生活》《碧海雄心》等未显示。以下图 6-4、图 6-5、图 6-7 道理同此。

部电视剧放大至 42 部电视剧分天的数据（见图 6-3）时，也呈现出相同的趋势（该模型 p 值小于 0.0001，R 平方值为 0.164），情感倾向指数高于平均值的部分，其情感强度呈现出先低后高的趋势。可见，较具口碑的电视剧除了讨论度较高的那一部分，还有一部分往往被大部分观众忽略了。

表 6-5　　　　　　　　　　电视剧情感倾向和情感强度拟合模型系数

	值	标准误差	t 值	p 值
情感倾向^6	$-3.80304\mathrm{e}-07$	$1.233\mathrm{e}-07$	-3.08553	0.0039557
情感倾向^5	0.000147024	$4.888\mathrm{e}-05$	3.00792	0.0048479
情感倾向^4	-0.0231462	0.0079223	-2.92163	0.0060613
情感倾向^3	1.89747	0.670795	2.82867	0.0076847
情感倾向^2	-85.3578	31.2457	-2.73181	0.0098026
情感倾向	1996.5	757.9	2.63424	0.0124744
截距	-18903.2	7466.66	-2.53167	0.0159964

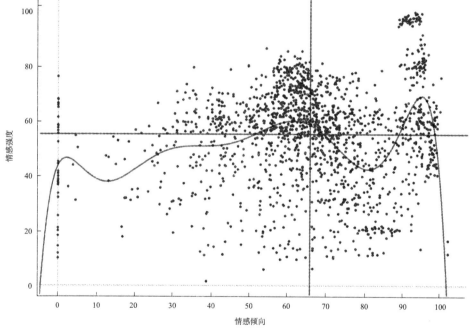

图 6-3　42 部电视剧分天情感倾向和情感强度散点图及趋势分析

三、行为维度

行为维度上只有关注度这一个二级指标，其下包含传统收视率、网络日增播放量和网络搜索量这三个三级指标。

考察三个指标之间的关系，如图 6-4 所示，可以发现网络搜索量和网络日增播放量呈现出比较明显的线性相关的关系。针对网络日增播放量（给定网络搜索量）计算线性趋势模型，其拟合公式为：

$$网络日增播放量＝0.323\ 271\times 网络搜索量＋0.624\ 993 \qquad 公式（1）$$

结果显示（见表 6-6），该模型 p 值小于 0.0001，在 99% 的置信水平下具有显著性，其 R 平方值为 0.730，说明该模型有较强的解释性。

大部分电视剧都处于第一、第三象限，网络搜索量越高的电视剧，网络日增播放量也较高；反之亦然。加入传统收视率作为第三个维度，图 6-4 中每个电视剧气泡的大小反映该剧收视率的高低，可以发现，第一象限的收视率气泡明显大于第三象限的气泡，收视率与网络搜索量和网络日增播放量也基本呈现出正相关的关系。

针对网络日增播放量和网络搜索量（给定收视率）计算趋势模型（见图 6-5），其拟合公式为：

$$网络搜索量＝-9.866\ 53\times 收视率^3＋18.314\ 6\times 收视率^2＋$$
$$-9.803\ 75\times 收视率＋1.914\ 6 \qquad 公式（2）$$
$$网络日增播放量＝-3.981\ 13\times 收视率^3＋7.096\ 7\times 收视率^2＋-$$
$$3.683\ 09\times 收视率＋1.305\ 67 \qquad 公式（3）$$

结果显示（见表 6-7、表 6-8），这两个趋势模型的 p 值均小于 0.0001，在 99% 的置信水平下具有显著性，公式（2）的 R 平方值为 0.650，公式（3）的 R 平方值为 0.479，说明这两个模型都具有较强的解释性。

从图 6-5 中可以发现，网络搜索量和网络日增播放量与收视率呈现出相同的变化趋势，中段部分随着收视率的上升电视剧的网络搜索量和网络日增播放量也逐渐升高，但部分低收视的电视剧也有不错的网络搜索量和网络日增播放量，如《龙珠传奇之无间道》《战昆仑》《传奇大亨》《通天狄仁杰》等，这可能是由于其中部分剧目是周播剧且在晚间十点档播出，因而收视率不高，但所涉及的题材或主演在网络人群中有一定的吸引力。

在明确网络搜索量和网络日增播放量与收视率的关系后，重新回顾图 6-4 可以看到，除了第一、第三象限外，处于第二象限的电视剧《特勤精英》《盲约》等也基本分布于平均值附近。值得注意的是有两部剧《龙珠传奇之无间道》和《鸡毛飞上天》落入第四象限，网络搜索量高于平均水平，网络日增播放量较低，而这两部剧在收视率上的表现却相差较大，说明二者有一定的关注度，但可能目标收视人群比较窄，在网上搜索了之后转化为网络收看行为的观众较少。比起以年轻人为目标群体的《龙珠传奇之无间道》，《鸡毛飞上天》由于题材限制，其目标收视群体多为中老年观众，其在收视率上还有一定优势，而《龙珠传奇之无间道》则既不能在电视上吸引中老年观众，在网络上也没有抓住青少年观众的眼球。

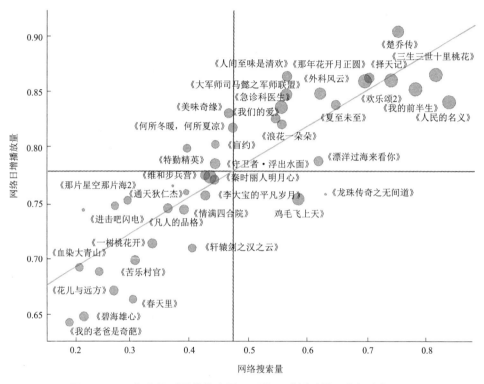

图 6-4　42 部电视剧网络搜索量、网络日增播放量及收视率气泡图

表 6-6　　　　　　　　电视剧网络搜索量和网络日增播放量拟合模型系数

	值	标准误差	t 值	p 值
网络搜索量	0.323 271	0.031 048 6	10.411 8	<0.000 1
截距	0.624 993	0.015 726 1	39.742 3	<0.000 1

表 6-7　　　　　　　　电视剧收视率和网络搜索量拟合模型系数

	值	标准误差	t 值	p 值
收视率^3	−9.866 53	3.189 07	−3.093 86	0.003 695 9
收视率^2	18.314 6	5.451 26	3.359 7	0.001 786 5
收视率	−9.803 75	2.927 56	−3.348 78	0.001 841 6
截距	1.914 6	0.493 156	3.882 33	0.000 399 7

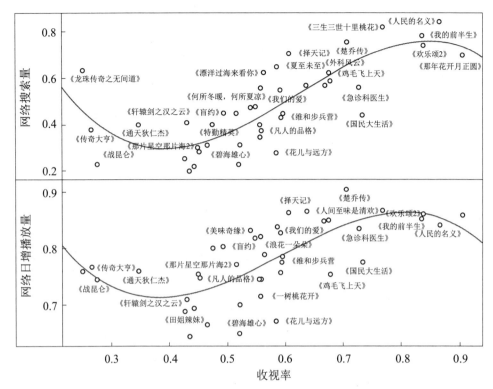

图 6-5　42 部电视剧网络搜索量与收视率、网络日增播放量与收视率散点图及趋势分析

表 6-8　　　　　　　　　　电视剧收视率和网络日增播放量拟合模型系数

	值	标准误差	t 值	p 值
收视率~3	-3.981 13	1.471 95	-2.704 67	0.010 174 8
收视率~2	7.096 7	2.516 08	2.820 54	0.007 578 9
收视率	-3.683 09	1.351 24	-2.725 71	0.009 649 4
截距	1.305 67	0.227 621	5.736 18	＜0.000 1

四、认知、情感及行为维度之间的关系

理论上，越高的认知度和越强的情感应该能带来越多的收视行为。42 部剧的数据显示，认知指数和情感指数与行为指数呈线性相关的关系，且具有统计学上的显著意义。

针对行为指数（给定认知指数）计算线性趋势模型（见图 6-6），其拟合公式为：

行为指数＝0.851 107×认知指数＋8.159 28　　　　　　　公式（4）

结果显示（见表 6-9），趋势模型的 p 值小于 0.000 1，在 99％的置信水平下具有显著性，其 R 平方值为 0.669，说明该模型具有较强的解释性。

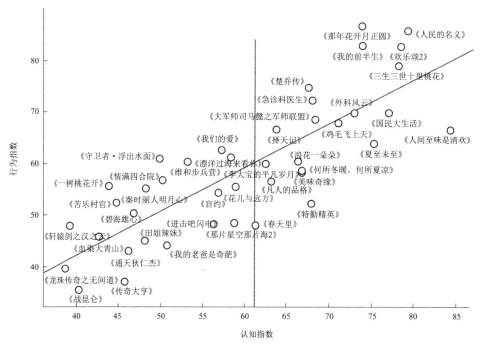

图 6-6　42 部电视剧的认知指数与行为指数散点图

表 6-9　　　　　　　　　电视剧认知指数和行为指数拟合模型系数

期限	值	标准误差	t 值	p 值
认知指数	0.851 107	0.094 602 5	8.996 66	＜0.000 1
截距	8.159 28	5.797 96	1.407 27	0.167 071

针对行为指数（给定情绪情感指数）计算线性趋势模型（见图 6-7），其拟合公式为：

$$行为指数＝0.654 302×情感指数＋20.845 8 \qquad 公式（5）$$

结果显示（见表 6-10），趋势模型的 p 值小于 0.000 1，在 99％的置信水平下具有显著性，其 R 平方值为 0.423，说明该模型具有较强的解释性。

表 6-10　　　　　　　　电视剧情感指数和行为指数拟合模型系数

期限	值	标准误差	t 值	p 值
情感指数	0.654 302	0.120 682	5.421 7	＜0.000 1
截距	20.845 8	7.317 19	2.848 88	0.006 898 8

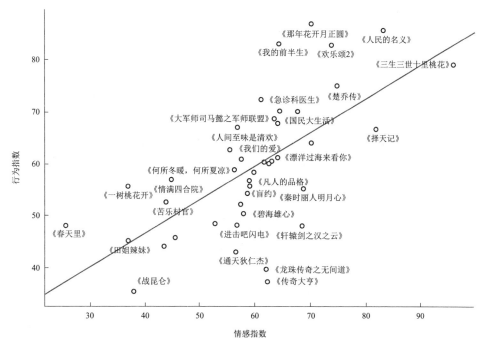

图 6 - 7　42 部电视剧的情感指数与行为指数散点图

　　从数据结果来看，认知指数对于收看行为的影响比情感指数对收看行为的正向影响更为显著。将 42 部电视剧的认知指数和情感指数做散点图（见图 6 - 8），可以看到大部分电视剧位于第一、第三象限，落入第四象限认知指数较高而情感较弱的电视剧共 5 部，落入第二象限认知指数较低而情感高于均值的电视剧共 6 部。将行为指数作为第三个维度（图 6 - 8 中气泡大小表示行为指数的高低）加入分析，可以发现第四象限中的电视剧行为指数整体要高于第二象限，《龙珠传奇之无间道》《传奇大亨》等行为指数较低的电视剧均位于第二象限，二者的认知指数也处于倒数水平。反观第四象限中的《春天里》，虽然情感指数在所有电视剧中最低，但行为指数并不是最低的。可见，比起提高社交媒体上的讨论热度，扩大观众对于电视剧的认知度能更好地提升观众的收看行为。

　　虽然从整体趋势而言，认知指数和情感指数与行为指数呈线性相关，但如果对单个剧目进行分析就会发现，高认知度并不一定会带来同样程度的讨论度和收视率。图 6 - 9 按认知指数对电视剧进行了排序，从中可以发现，认知指数和情感指数、行为指数不完全匹配的电视剧，可以分为三类：一类如《人间至味是清欢》《春天里》《特勤精英》《何所冬暖，何所夏凉》等，情感指数和行为

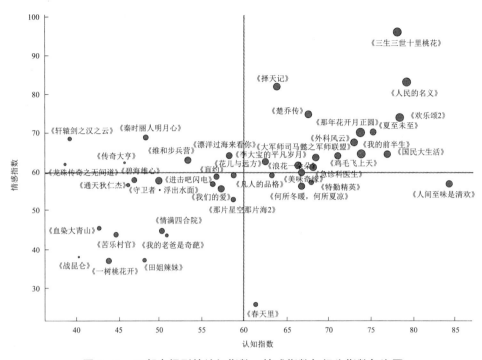

图 6 - 8　42 部电视剧的认知指数、情感指数与行为指数气泡图

指数低于其认知指数。另一类如《三生三世十里桃花》《择天记》《秦时丽人明月心》《轩辕剑之汉之云》等，情感指数和行为指数高于其认知指数。这两类有一个共同的特点，即在各自的偏离程度上，情感指数比行为指数的偏离程度更高，换言之，行为指数低的电视剧，情感指数更低；行为指数高的电视剧，情感指数则更高。这两种类型的区别可能在于，后者的主要演员在社交媒体上有更多的粉丝，且这类电视剧有更多的营销活动，因而有更高的话题讨论度。但总体而言，二者的收视行为都比情感指数更趋向于其自身的认知度，说明电视剧本身的质量和观众对其认知程度是更为根本的决定电视剧收看量的因素，虚高的营销数据或者小范围的粉丝群体里的热度对于电视剧的收视行为的影响或许没有预期中的那么大。而第三类则如《我的前半生》《急诊科医生》《情满四合院》《一树桃花开》等，情感指数和行为指数的偏向是背离的，且均是行为指数高于观众的认知水平，而情感指数低于观众的认知水平，这类电视剧的特点在于，行为指数较高说明电视剧本身具有吸引力，且吸引的观众可能是很少在社交媒体上讨论电视剧相关话题的人群，因而认知指数要高于情感指数。

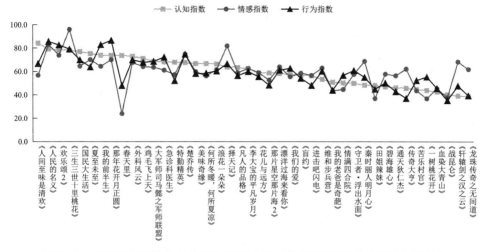

图6-9 42部电视剧在指标体系中认知维度、情感维度和行为维度的指数得分

五、基于一级指标的聚类分析

为了更好地考察电视剧在各指标上的表现情况及其差异，本研究采用聚类分析方法，将42部电视剧分为五类，聚类指标为"认知指数""情感指数"和"行为指数"三个一级指标，最终分类结果如表6-11所示。

表6-11　　　根据三项指标对42部电视剧进行聚类分析的结果

类别	所含电视剧
现象级剧目	《三生三世十里桃花》《人民的名义》《欢乐颂2》
优质型剧目	《国民大生活》《急诊科医生》《那年花开月正圆》《人间至味是清欢》《鸡毛飞上天》《大军师司马懿之军师联盟》《外科风云》《择天记》《楚乔传》《夏至未至》《我的前半生》
普通均衡型剧目	《凡人的品格》《何所冬暖，何所夏凉》《花儿与远方》《进击吧闪电》《浪花一朵朵》《李大宝的平凡岁月》《盲约》《美味奇缘》《那片星空那片海2》《秦时丽人明月心》《守卫者·浮出水面》《特勤精英》《维和步兵营》《我们的爱》《漂洋过海来看你》
低话题度型剧目	《春天里》《苦乐村官》《情满四合院》《田姐辣妹》《我的老爸是奇葩》《血染大青山》《一树桃花开》《战昆仑》
粉丝话题型剧目	《碧海雄心》《传奇大亨》《通天狄仁杰》《轩辕剑之汉之云》《龙珠传奇之无间道》

本研究采用K-Cluster快速聚类方法，通过四次迭代，得到了最终的聚类

中心（见表 6 - 12）。对三个指标单因素方差分析（见表 6 - 13）检验值小于 0.001，F 值均较大，表示这三个指标能够较好地区分出类别。考察最终聚类中心的结果，每一列中三个指标对应的值反映了该类电视剧的特征。表 6 - 12 中第 1 个类中心三个指标的值处于中等水平且基本相当，因而命名为"普通均衡型剧目"；第 2 个类中心下的电视剧认知指数和行为指数在五种类型中最低，而情感指数明显高于其他两个指标，综合考察该类型下所包含的电视剧，将该类命名为"粉丝话题型剧目"；第 3 个类中心下的电视剧认知指数和行为指数均高于第 2 个类中心，但情感指数较低，因而将其命名为"低话题度型剧目"；第 4 个类中心下的电视剧三个指标的值在五个类中心中都处于第二位，将其命名为"优质型剧目"；第 5 个类中心下的三个指标的值明显高于其他的类中心，且观察其中所包含的电视剧，都属于"爆款"剧目，因而将其命名为"现象级剧目"。

表 6 - 12　　　　　　　　　42 部电视剧的最终聚类中心

	聚类				
	1	2	3	4	5
认知指数	59.383	43.370	47.783	72.304	78.498
情感指数	59.428	61.313	39.319	67.101	84.277
行为指数	56.764	43.483	47.782	71.782	82.445

表 6 - 13　　　　　　　　　42 部电视剧聚类方差检验结果

	聚类		误差		F	显著性
	均方	自由度	均方	自由度		
认知指数	1 318.573	4	32.465	37	40.615	0.000
情感指数	1437.913	4	35.998	37	39.944	0.000
行为指数	1 432.342	4	34.581	37	41.420	0.000

　　为了考察各类型的电视剧在各个指标上的差异情况，对其进行均值比较分析，单因素方差检验（见表 6 - 14）的结果显示，除了正面评论指数这一指标的概率值为 0.151，大于 0.05，不具有显著性外，其他 9 个指标的概率值均小于 0.05，具有统计意义上的显著性。比较各类型电视剧在各指标上的平均值可以发现，现象级剧目的综合指数远高于其他几类，综合指数最低的是粉丝话题型剧目；各具体指标上，现象级剧目的均值也远高于其他类型电视剧，但在媒体转载指数这一指标中，现象级剧目和优质型剧目的均值一样，可见，媒体对现

象级剧目的报道量与优质型剧目持平，现象级剧目的出现与媒体报道量的关系不太大。优质型剧目和普通均衡型剧目的均值水平在各指标上基本都位列第二、第三名，但普通均衡型剧目在正面评论指数这一指标上表现较差。低话题度型剧目在时段指数上均值较高，其中所含剧目基本都是在黄金档时间播出，但频道指数最低，可见这一类型中的剧目主要为竞争力较弱的卫视频道黄金档播出的电视剧，其在网上的表现和讨论度均较低，网络搜索指数、网络播放指数、正面评论指数、微博热议度指数、微话题指数、微话题公众号文章指数都是五种类型电视剧中最低的。而粉丝话题型剧目则在时段指数、收视率指数、媒体转载指数上表现最差，可见这一类型所含剧目多为晚间十点档播出的剧目，因而时段指数和收视率也不佳，其热度多来自小众粉丝的讨论，未能引起大众的广泛关注，所以媒体转载量也较少。

表6-14　　　不同类型的电视剧在各指标上的均值比较及方差检验

	现象级剧目	优质型剧目	普通均衡型剧目	低话题度型剧目	粉丝话题型剧目	显著性
时段指数	3.02	2.74	2.60	2.97	1.77	0.013*
频道指数	3.86	3.64	2.87	1.72	1.97	0.000*
网络搜索指数	8.42	6.61	4.54	2.93	4.28	0.000*
收视率指数	43.04	36.85	28.22	24.04	18.97	0.000*
网络播放指数	12.04	11.82	10.96	9.83	10.25	0.000*
媒体转载指数	2.17	2.17	1.76	1.40	1.28	0.001*
正面评论指数	1.84	1.46	1.37	1.37	1.39	0.151
微博热议度指数	2.92	2.41	2.09	1.26	2.05	0.000*
微话题指数	2.46	1.88	1.64	0.74	1.82	0.000*
微信公众号文章指数	2.28	1.88	1.33	0.80	1.22	0.000*
综合指数	90.57	84.48	75.71	68.49	67.02	0.000*

第三节　基于空间维度：平台依赖分析

多屏时代，传播渠道的差异如何对视听信息的传播效果产生影响？产生了多大的影响？本节将主要从电视和网络平台两方面来详细考察观众对于不同的平台、渠道的依赖性之间的差异。

一、电视平台

电视平台自身对于视听信息的影响主要体现在时段和频道两个方面，本研究的指标体系中已将这两方面纳入考察，并且为了与其他指标融合还对其进行了量化，本节将其还原为定类数据，以考察不同频道和时段之间其他指标的差异水平。

(一) 频道

根据目前的电视剧"一剧两星"的播出规定，电视剧只能在一个或最多同时在两个卫视频道首播。本研究选取的 42 部电视剧中有 28 部在单个频道播出，14 部在两个频道联合首播。考察二者在指标体系的综合指数和各项指标上的平均值（见表 6-15）可以发现，两个频道联合播出的电视剧综合指数（81.2）明显高于单个频道播出的电视剧的综合指数（74.6），根据方差检验的结果，其显著性为 0.012，具有统计意义上的显著差异。综合指数上的这种差异主要来源于电视指数，两个频道联合播出因为将两个频道的收视率加总往往会较高。而单个频道播出的电视剧和两个频道联合播出的电视剧在网络指数上没有明显差异，媒体转载量和微信公众号刊发量这两个网络扩散度的指标也没有明显差异，可见电视上多频道的播出不能对网络上相关的讨论量和观看量产生影响。但值得注意的是，正面评论的比例这一指标具有显著差异，这可能是由于两个频道联合购买播出的电视剧往往质量更高。表 6-16 显示了单个频道播出和两个频道联合播出的电视剧类型分布的比例，两个频道联合播出的剧目中超过六成（64.3%）的电视剧是现象级剧目或者优质型剧目，而单个频道播出的电视剧中这两种类型的比例不到两成（17.9%）。三部现象级剧目中有两部（《三生三世十里桃花》和《欢乐颂 2》）是两个频道联合播出，一部（《人民的名义》）是单个频道独播，相比起来在单个频道播出的电视剧更难达到较高的传播效果，可见，《人民的名义》的确可以被称为 2017 年播出的现象级剧目中的"现象级"。单个频道播出的电视剧中普通均衡型剧目比例最高，达到四成，综合指数较低的低话题度型剧目和粉丝话题型剧目的比例加起来也占到四成左右（39.3%）。这种现象的产生可能与电视剧购买市场和策略以及政策的影响相关。

表 6 - 15　　　单个频道播出和两个频道联合播出的电视剧在各指标上的
均值比较及方差检验结果

	单个频道播出	两个频道联合播出	显著性
综合指数	74.6	81.2	0.012**
电视指数①	32.5	40.8	0.004*
网络指数②	23.7	25.6	0.218
电视播出时段指数	78.4	90.1	0.091*
电视播出频道指数	53.2	66.2	0.081*
网络搜索量	45.4	52.3	0.251
传统收视率	52.3	66.2	0.005**
网络日增播放量	77.3	79.1	0.429
媒体转载量	48.0	49.0	0.831
正面评论比例	67.2	77.5	0.038**
微博热议度	57.6	63.1	0.314
微话题讨论度	51.1	56.5	0.403
微信公众号刊发量	51.7	61.4	0.147

注：①将频道指数、时段指数和收视率指数相加得到电视指数。
②将媒体转载指数、微信公众号文章指数、微博热议度指数、微话题指数、正面评论指数、网络播放指数和网络搜索指数相加得到网络指数。

表 6 - 16　　　单个频道播出和两个频道联合播出的电视剧类型分布

	现象级剧目	优质型剧目	普通均衡型剧目	低话题度型剧目	粉丝话题型剧目
单个频道播出	3.4%	17.2%	41.4%	24.1%	13.8%
两个频道联合播出	15.4%	46.2%	23.1%	7.7%	7.7%

　　本次研究中收集的这 42 部剧共出自 12 个频道，其中浙江卫视和湖南卫视各 10 部，东方卫视 8 部，北京卫视 8 部，江苏卫视 6 部，安徽卫视 5 部，山东卫视 4 部，中央一套、中央八套、深圳卫视、黑龙江卫视和天津卫视各 1 部。①如表 6 - 17 所示，东方卫视播出的电视剧平均综合指数最高，为 84.4，其次是江苏卫视为 81.3，其他频道播出的电视剧平均综合指数均在 80 以下。考察各详细指标，由于江苏卫视、深圳卫视、天津卫视、山东卫视和黑龙江卫视不含晚间十点档播出的电视剧，中央一套则是由于电视剧播出时间比其他卫视播出电视剧的时间更为黄金档，故而电视播出时段指数比较高。中央一套的覆盖率和收视份额最高，因此电视播出频道指数最高；而深圳卫视、天津卫视、黑龙江卫视等频道则由于覆盖率、收视份额较低而电视播出频道指数较低。

———————————

①　由于存在两个频道联合播出的情况，故加总的数量大于 42 部。

综合指数排名第一的东方卫视，在传统收视率、网络搜索量、微博热议度、微话题讨论度、微信公众号刊发量等五项指标上都位列第一。湖南卫视播出的电视剧在网络日增播放量和媒体转载量上在12个频道中位列第一，此外微博热议度和微话题讨论度也较高。正面评论的比例这个指标得分最高的是黑龙江卫视，但黑龙江卫视仅有一部剧，因而不具有代表性。在其他的频道中，江苏卫视的电视剧主要是网络日增播放量水平较高，浙江卫视播出的电视剧则是在网络日增播放量、媒体转载量、正面评论的比例和微博热议度等指标上表现较好。

若考察不同频道播出电视剧的类型分布（见表6-18），可以看到东方卫视和浙江卫视播出的现象级剧目各两部，湖南卫视1部；优质型剧目东方卫视和湖南卫视各4部，浙江卫视、江苏卫视和北京卫视各3部，安徽卫视1部；普通均衡型剧目湖南卫视5部，浙江卫视4部，安徽卫视和江苏卫视各3部；而东方卫视、浙江卫视、湖南卫视、江苏卫视和安徽卫视均没有低话题度型剧目；粉丝话题型剧目则主要分布在北京卫视、东方卫视、浙江卫视、安徽卫视和山东卫视。可见，现象级剧目和优质型剧目多分布于市场份额较高的电视频道，由于马太效应，市场份额较低的频道也更难买到高品质的电视剧。

表6-17　　　　　　不同电视频道播出的电视剧在各指标上的均值

	综合指数	电视播出时段指数	电视播出频道指数	传统收视率	网络搜索量	网络日增播放量	媒体转载量	正面评论的比例	微博热议度	微话题讨论度	微信公众号刊发量
东方卫视	84.4	87.7	60.8	72.7	60.8	81.7	53.6	73.5	70.0	66.1	73.3
江苏卫视	81.3	93.8	59.1	66.4	52.9	80.1	45.9	73.5	61.2	56.5	64.5
浙江卫视	79.7	84.1	63.5	60.6	55.4	80.4	52.0	78.9	67.8	59.6	64.1
湖南卫视	79.5	69.6	79.0	58.6	54.8	82.6	59.3	65.6	67.1	63.4	60.7
安徽卫视	75.6	84.1	62.4	54.8	40.4	75.5	43.2	70.8	62.4	50.2	48.2
北京卫视	73.9	80.0	51.2	51.1	45.9	76.3	44.6	68.7	56.3	49.4	49.4
深圳卫视	72.2	93.8	22.5	55.6	33.8	71.3	34.5	70.9	21.7	31.6	35.9
天津卫视	72.2	93.8	22.5	55.6	33.8	71.3	34.5	70.9	21.7	31.6	35.9
中央八套	71.1	85.2	33.1	52.0	30.9	69.8	25.9	75.9	41.4	24.7	43.3
山东卫视	70.0	93.8	36.9	49.2	23.8	67.4	36.3	71.1	44.2	42.0	35.4
中央一套	69.2	90.4	96.3	46.5	30.5	66.3	32.6	65.8	24.4	0.0	0.0
黑龙江卫视	60.2	93.8	4.7	27.5	22.0	74.4	48.5	85.6	43.2	0.0	29.6

表 6 - 18　　　　　　　　　不同电视频道播出电视剧的类型分布

播出频道	现象级剧目	优质型剧目	普通均衡型剧目	低话题度型剧目	粉丝话题型剧目
东方卫视	2	4	1	0	1
浙江卫视	2	3	4	0	1
湖南卫视	1	4	5	0	0
江苏卫视	0	3	3	0	0
北京卫视	0	3	1	2	2
安徽卫视	0	1	3	0	1
山东卫视	0	0	1	2	1
中央一套	0	0	0	1	0
中央八套	0	0	0	1	0
深圳卫视	0	0	0	1	0
黑龙江卫视	0	0	0	1	0
天津卫视	0	0	0	1	0

（二）时段

晚间播出电视剧的时段主要分为黄金档和晚间十点档，考察目前各卫视频道的编排可以发现，晚间十点档剧场均是周播剧场，各剧场每周连续播出一天至五天不等，且晚间十点档剧场都集中在市场份额较高的几个频道中。换言之，黄金档和晚间十点档的区别也可以说是非周播剧和周播剧的区别。本研究选取的 42 部电视剧中有 10 部为晚间十点档播出的周播剧，其余 32 部均为黄金档播出。表 6 - 19 的数据显示，从综合指数来看，黄金档播出的电视剧比晚间十点档略高，单因素方差检验的结果表明，二者的差异在 90% 的置信区间下具有显著性。综合指数的差异主要是由于电视指数造成的，黄金档电视剧的电视指数、电视播出时段指数和传统收视率都显著高于晚间十点档的电视剧，在 99% 的置信区间下均有显著差异。而且由于晚间十点档剧场都集中在市场份额较高的几个频道，其频道指数反而高于黄金档电视剧的平均指数。而网络指数对于两个时段播出的电视剧来说没有明显差异，在与网络相关的各项指标中，除了微话题讨论度外，其他指标间的差异都不显著；并且除了微信公众号刊发量和正面评论的比例外，其余指标均以晚间十点档较高。考察不同时段播出的电视剧类型分布（见表 6 - 20）可以发现，这种现象主要是由于晚间十点档播出的剧目中有较多粉丝话题型剧目，10 部剧中有 4 部均属于这一类型，因而微话题讨论度较高，而黄金档中这一类型的比例仅为 3.1%。这可能是由于一方面晚间十点档均是周播剧，虽然周播剧在国内已经推出几年了，但还不像英美日韩等国家那样周播剧是属于全民的收视习惯，在我国周播剧还是以年轻人为目标收视群体，因为他们已经从追英美剧的过程中集中培养了每周等待的习惯和耐心，因而在社交媒体上的讨论度和播放量会较高；另一方面，黄金档播出的电视剧中也可能存在一些原本是潜在的粉丝话题型剧目，但由于播出时段和平台较好、扩散度较高且本身质量较高使得收视群体扩大化，因而可能最终转变为优质型剧目乃至现象级剧目。

表 6 - 19　不同时段播出的电视剧在各指标上的均值比较及方差检验结果

	黄金档	晚间十点档	显著性
综合指数	77.9	72.6	0.067*
电视指数	37.2	28.4	0.005**
网络指数	24.1	24.8	0.660
电视播出时段指数	93.4	45.4	0.000***
电视播出频道指数	55.9	61.3	0.511
网络搜索量	47.3	48.2	0.891
传统收视率	60.0	45.7	0.008***
网络日增播放量	77.7	78.5	0.748
媒体转载量	48.1	49.0	0.870
正面评论的比例	71.9	65.4	0.234
微博热议度	57.4	65.5	0.169
微话题讨论度	49.7	62.7	0.057*
微信公众号刊发量	55.3	52.7	0.724

表 6 - 20　　不同时段播出的电视剧类型分布

	现象级剧目	优质型剧目	普通均衡型剧目	低话题度型剧目	粉丝话题型剧目
黄金档	9.4%	28.1%	34.4%	25.0%	3.1%
晚间十点档	0.0%	20.0%	40.0%	0.0%	40.0%

二、网络平台

网络播出渠道对于视听信息的影响直接体现在视频网络播放量中。在本研究选取的 42 部电视剧中，有 8 部电视剧是在单个视频网站独播，5 部在两个视频网站同时播出，在三个或四个平台同时播出的剧目最多，分别为 10 个和 11 个，在五个或七个平台播出的电视剧各有 2 部，另有 4 部是在六个平台同时播出。

一般而言，一部电视剧播放的视频网站越多，相应的影响力就越大。从表 6 - 21 可以看到，同时在六七个视频网站播放的电视剧不仅综合指数更高，其他各指标也几乎都高于网络播出平台较少的电视剧。但值得注意的是，只在一个视频网站独播的电视剧在各项指标上的得分都不是最低，相反在两个视频网站同时播出的电视剧无论在综合指数、电视指数还是网络指数上得分都是最低的；同时在四个平台播出的电视剧则主要是在社交媒体上的讨论度较低。

表 6 - 21　　　　　不同网络播出平台数量的电视剧在各指标上的均值比较

	1	2	3	4	5	6	7
综合指数	76.4	69.5	77.6	74.8	77.5	83.5	86.2
电视指数	35.1	26.6	36.3	34.2	35.6	40.6	43.6
网络指数	23.9	21.9	24.4	22.5	24.5	29.5	30.8
电视播出时段指数	75.7	55.1	88.1	93.5	93.8	69.6	93.8
电视播出频道指数	48.1	61.9	57.6	56.7	33.4	71.2	78.5
网络搜索量	44.0	37.3	47.6	42.9	49.3	68.3	68.8
传统收视率	57.8	41.5	58.6	54.2	59.1	66.6	70.0
网络日增播放量	76.5	73.7	78.1	75.9	80.5	85.2	86.4
媒体转载量	44.6	45.3	50.6	44.2	41.1	54.5	76.6
正面评论的比例	66.9	70.8	70.1	72.3	60.8	78.0	67.6
微博热议度	60.1	55.0	58.9	51.7	59.8	76.0	77.7
微话题讨论度	61.6	51.0	50.8	37.9	49.9	70.5	80.5
微信公众号刊发量	56.4	37.3	57.2	47.7	59.5	72.4	77.0

考察不同网络播放平台数量的电视剧类型分布（见表 6 - 22）可以发现，单平台独播剧目在各类型上分布较均匀，但没有现象级剧目，因而在各指标上的得分处于中等水平。对于播放平台而言，这样的传播效果可能已达到预期，因为独播剧目需要花更多的费用来购买版权，没有其他平台竞争观众不会被分流，从而可以获得更多的流量，但对于电视剧本身而言，其整体传播效果是被弱化了的，不及多平台播出的影响力，因而单平台独播的情况也很难出现现象级剧目，从表 6 - 22 中也可以看到三部现象级剧目分别是同时在四、六、七个平台播出。而同时在两个平台播出的 5 部电视剧中有 4 部为晚间十点档播出的周播剧，其中还有两部是粉丝话题型剧目，故而电视指数和综合指数都不高。同时在四个平台播出的电视剧中虽然有一部现象级剧目，但由于低话题度型剧目有 5 部，因此在情感强度的两个指标上表现较差。同时在五个及以上的平台播出的电视剧则均是普通均衡型、优质型及现象级的剧目，没有低话题度型和粉丝话题型剧目。

表 6 - 22 不同网络播放平台数量的电视剧类型分布

网络播放平台数量	现象级	优质型	普通均衡型	低话题度型	粉丝话题型	总计
1	0	2	3	1	2	8
2	0	0	3	0	2	5
3	0	4	3	2	1	10
4	1	2	3	5	0	11
5	0	0	2	0	0	2
6	1	2	1	0	0	4
7	1	1	0	0	0	2

不同的视频网站的影响力也有所不同,在目前的市场格局中,爱奇艺、优酷和腾讯视频三家背靠百度、阿里巴巴和腾讯,呈现出三足鼎立之势,其他视频网站基本都位居第二梯队。本研究中搜集的播放量数据除了以上三家的之外,还包括搜狐、乐视、芒果 TV 和 PPTV 的数据。本研究选取的 42 部电视剧中腾讯视频和爱奇艺均有 34 部播出,优酷播出的剧目为 24 部,搜狐 21 部,而乐视、芒果 TV 和 PPTV 播出的剧目则相对较少,分别为 12 部、9 部和 5 部。

虽然爱奇艺、优酷和腾讯视频三家影响力最大,但从综合指数和各指标上的得分(见表 6 - 23)来看,都不及乐视、PPTV 以及芒果 TV 的部分指标。其原因可能在于这三家视频网站规模较大,购买版权的剧目较多,片库容量大,因而各类型的剧目均有播出;且这三家视频网站的资金雄厚,独播剧目都是分布在这三家视频网站中,其他网站没有独播剧目,因此在各指标上的表现均不太高。从表 6 - 24 中各家视频网站播放的电视剧类型分布可以看到,乐视、PPTV 和芒果 TV 虽然购买播出的电视剧较少,但大部分都是优质型和现象级剧目,低话题度型和粉丝话题型剧目较少甚至没有,因而综合指数较高。

表 6 - 23 不同视频网站播放电视剧在各指标上的均值比较

	腾讯视频	爱奇艺	优酷	搜狐	乐视	芒果 TV	PPTV
综合指数	77.5	76.6	76.3	77.7	82.2	79.7	83.3
电视指数	36.1	35.1	34.5	36.3	40.3	37.4	41.2
网络指数	24.7	24.3	24.4	24.7	27.5	26.6	28.7
电视播出时段指数	86.3	83.5	83.2	86.7	85.7	72.3	93.8
电视播出频道指数	56.7	58.4	55.9	60.4	69.9	67.4	64.0
网络搜索量	49.4	47.5	48.3	50.2	59.8	56.5	64.0
传统收视率	58.2	56.4	55.5	58.2	65.1	60.7	66.9
网络日增播放量	78.4	78.1	78.3	78.7	82.8	81.5	83.9

续前表

	腾讯视频	爱奇艺	优酷	搜狐	乐视	芒果 TV	PPTV
媒体转载量	49.4	48.7	49.3	50.6	53.6	53.3	60.3
正面评论的比例	70.1	71.0	68.2	72.4	77.7	69.5	70.7
微博热议度	59.7	58.6	60.5	58.2	69.4	67.0	70.3
微话题讨论度	52.6	50.9	51.3	50.2	60.6	60.2	69.0
微信公众号刊发量	56.8	54.1	54.2	55.8	66.6	61.9	71.6

表 6 - 24　　　　　　　不同视频网站播放的电视剧类型分布

网络播放平台	现象级	优质型	普通均衡型	低话题度型	粉丝话题型	总计
腾讯视频	3	9	12	7	3	34
爱奇艺	3	9	11	8	3	34
搜狐	3	6	6	6	0	21
优酷	2	6	8	6	2	24
乐视	2	6	4	0	0	12
PPTV	2	1	2	0	0	5
芒果 TV	1	4	3	0	1	9

三、电视 vs. 网络

为了更细致地考察电视平台传播效果和网络平台传播效果之间的关系和异同，本节将原有三个维度下的 10 个指标按电视和网络两个维度重新划分后再分析，其具体计算方法是将频道指数、时段指数和收视率指数相加得到电视指数；将媒体转载指数、微信公众号文章指数、微博热议度指数、微话题指数、正面评论指数、网络播放指数和网络搜索指数相加得到网络指数。

从图 6 - 10 电视指数和网络指数的散点图中可以看到，大部分电视剧分布在第一、第三象限，少数几部剧分布在第二、第四象限，且集中分布在均值附近。针对网络指数（给定电视指数）计算趋势模型（见图 6 - 10），其拟合公式为：

$$网络指数 = -0.001\ 257\ 39 \times 电视指数^3 + 0.141\ 419 \times 电视指数^2 +$$
$$-4.653\ 02 \times 电视指数 + 67.090\ 7 \qquad 公式（6）$$

结果显示（见表 6 - 25），该趋势模型的 p 值均小于 0.000 1，在 99% 的置信水平下具有显著性，公式（6）的 R 平方值为 0.638，说明该模型具有较强的解释性。从图 6 - 10 中可以发现，在电视指数的中间段，随着电视指数的升高，网络指数也逐渐上升，但电视指数两端的趋势则有所不同，部分低电视指数的电视剧也有不错的网络搜索量和网络播放量，如《龙珠传奇之无间道》等，而在电视指数较高的区域，网络指数则出现了小幅度的下降。

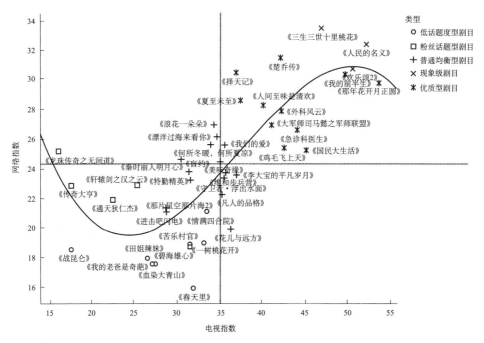

图 6 - 10   42 部电视剧的电视指数和网络指数的散点图

此外，图 6 - 10 中还对电视剧的类型进行了标注，可以发现现象级剧目分布在第一象限的最右上方，电视指数和网络指数均为最高；优质型剧目则处于第一象限略靠近于平均值的位置，电视指数和网络指数均处于中上水平。普通均衡性剧目基本分布在两条均值线相交位置附近，四个象限均有该类型电视剧散布，且第二、第四象限几乎全都是此类型剧目；低话题度型剧目则主要分布在第三象限的右下角，电视指数接近于平均值，而网络指数则处于所有类型电视剧的最底端；粉丝话题型剧目则主要分布在网络指数均值线的附近，且在电视指数维度上分布于所有电视剧的最左端。整体而言，各种类型剧目之间有较为明显的分野，后三种类型在两个维度上都还有较大的提升空间。

表 6 - 25   42 部电视剧的电视指数和网络指数拟合模型系数

	值	标准误差	t 值	p 值
电视指数^3	−0.001 257 39	0.000 428 7	−2.932 86	0.005 663 7
电视指数^2	0.141 419	0.044 696 8	3.163 98	0.003 058 9
电视指数	−4.653 02	1.473	−3.158 88	0.003 101 4
截距	67.090 7	15.299 5	4.385 14	<0.000 1

第四节 基于时间维度：媒介依赖趋势分析

前文根据电视剧的整体平均传播效果对 42 部电视剧进行了聚类分析，本节通过考察 42 部电视剧在电视播出期间指标体系分天综合指数，来考察电视剧传播效果在时间维度上的变化趋势及其扩散效果。本研究根据电视剧的分天综合指数走势将 42 部剧分为四个大类：低开高走型、有序波动型、无序波动型和后劲不足型。

一、低开高走型

低开高走型电视剧是指在电视剧播出前几天传播效果一般，随着电视剧的播出传播效果逐渐上升并在所有剧集播放结束前稳定在一定水平的电视剧。观察 42 部电视剧的分天走势，从图 6-11 可以看到，属于此种类型的电视剧主要有《三生三世十里桃花》《人民的名义》《那年花开月正圆》《大军师司马懿之军师联盟》《花儿与远方》《我的前半生》《急诊科医生》[①]《我们的爱》《李大宝的平凡岁月》《国民大生活》《苦乐村官》《情满四合院》《战昆仑》《我的老爸是奇葩》《一树桃花开》《外科风云》，共 16 部。总体而言，品质较高的电视剧多属于这一类型，其中属于此类型的现象级剧目有两部，优质型剧目有 6 部，普通均衡型剧目有 3 部，低话题度型剧目有 5 部（见图 6-12）。

此类型电视剧的主要特点在于品质比较稳定，随着电视剧的播出，观众被吸引后会持续收看，观众流失较少，综合指数上升到一定水平后会保持稳定，偶有较小幅度的波动。仔细观察图 6-11 中各剧目的分天走势可以发现，虽然走势比较类似，但剧目的起始值与随着播出进程达到的综合指数峰值之间的涨幅有较大的差异。涨幅较大的剧目如《人民的名义》《我的前半生》《大军师司马懿之军师联盟》《苦乐村官》《情满四合院》《战昆仑》《一树桃花开》，综合指数的涨幅均在 15 分左右，其中既有综合指数排名较高的现象级剧目，也有排名

---

① 《急诊科医生》在数据搜集期内未播完，且数据搜集截止日期当天北京卫视未播放该剧，仅有东方卫视的收视率数据，故综合指数走势在末端呈现下降趋势。

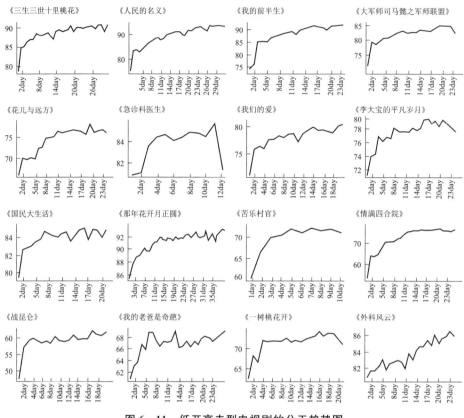

图 6 - 11 　低开高走型电视剧的分天趋势图

较低的低话题度型剧目。但整体而言这些剧目是 42 部电视剧中本身质量最有保
证的电视剧，大幅度且稳定的增长说明其是在播出过程中通过节目品质和观众
口碑来不断吸引观众的，而且这些电视剧在播出前的宣传较少，多是从电视剧
播出后开始逐渐有热度和话题性，目标观众群体也多是在播出过程中获知节目
信息的，因而会有较高的涨幅，而本身综合指数平均排名的高下则可能主要反
映了受制于题材等因素的目标观众群体大小。《三生三世十里桃花》《花儿与远
方》《我们的爱》《李大宝的平凡岁月》等剧的涨幅则在 10 分左右，其电视剧质
量可能略逊于前者。而《急诊科医生》《国民大生活》《那年花开月正圆》《我的
老爸是奇葩》《外科风云》等剧目的涨幅则在 10 分以内，其涨幅不大的原因可
能在于此类电视剧在开播之前就已开始宣传预热，观众认知较高且期待较高，
尤其是前三部剧，其起始分值均在 80 分左右。而后两部剧并不完全与其他低开
高走型剧目的趋势一致，其中《我的老爸是奇葩》虽然整体传播效果呈现上扬

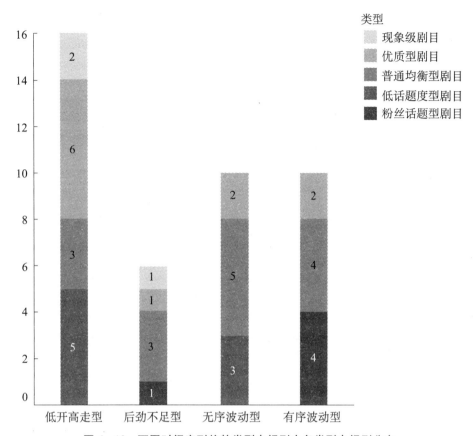

图 6 - 12 不同时间序列趋势类型电视剧中各类型电视剧分布

的趋势，但波动幅度略大不够稳定，且电视剧的整体传播效果均值在 60 分档这一水平，可见剧集质量可能不太稳定。《外科风云》的主要特点在于，该剧不像其他电视剧上升趋势比较陡峭，后进入平稳期，而是处于持续攀升的状态，其原因可能在于该剧品质较高，观众群也比较广泛，在播出期间观众群体一直未达到饱和，故而整体传播效果呈现出线性上升的态势。

二、有序波动型

有序波动型电视剧是指在电视剧播出的过程中，传播效果呈现出有规律的上下波动趋势的电视剧。42 部电视剧中此种类型的电视剧共 10 部，这 10 部电视剧均为周播剧，由于其周播的特性，没有播出收视率降为零的时期综合指数会出现明显的低谷，因而整体走势呈现周期性的波峰和波谷（见图 6 - 13）。在有序波动型剧目中，普通均衡型和粉丝话题型剧目各 4 部，优质型剧目 2 部（见图 6-12）。

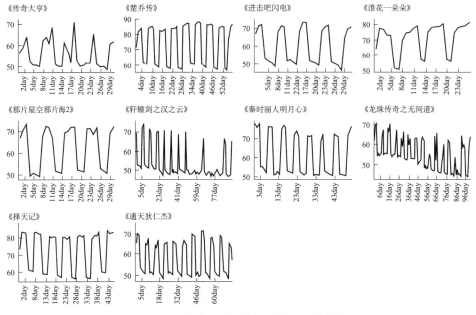

图 6-13 有序波动型电视剧的分天趋势图

从图 6-13 可以看到，此种类型电视剧根据波峰的峰值变化还可以细分为波峰稳定型、波峰走低型、波峰走高型以及波峰凹凸起伏型四种情况。

（一）波峰稳定型

播出期间波峰保持稳定的电视剧是《那片星空那片海 2》。该剧波峰的峰值仅在 70 分左右，整体水平不高，但作为周播剧可以将峰值维持在一定水平，说明该剧剧集质量比较稳定。

（二）波峰走低型

在播出期间波峰逐渐走低的剧目包括《轩辕剑之汉之云》《秦时丽人明月心》和《龙珠传奇之无间道》等 3 部。这三部剧整体传播效果都出现了下滑的趋势，尤以《轩辕剑之汉之云》和《龙珠传奇之无间道》最为显著，其原因一方面可能在于剧集本身吸引力的下降；另一方面，播出时间被周播拉长后观众可能因追剧疲劳而弃剧，这两部剧的播出时长均将近三个月。此外，《轩辕剑之汉之云》后期播出可能也受到了电视台编排的影响，播出周期被打乱从而影响了传播效果。而《龙珠传奇之无间道》比《轩辕剑之汉之云》的播出周期还要多出 20 天，该剧不仅波峰出现了下滑，波谷也出现了明显的下滑趋势，整体呈现向下平移之势，说明不受电视台播出影响的网络播出和网络热度都在逐渐下降，可见，战线较长的周播剧传播效果比较有限。而《秦时丽人明月心》传播效果下降的趋势较前两者幅度要小，且后期接近尾声部分有一定的上扬。该剧传播效果的起始值在周播剧中属于较高的水平，这可能是由于该剧事前有大量的宣传预热，且该剧由偶像派演员迪丽热巴和张彬彬主演，存在一定的粉丝效应，因而刚开播时有较高的关注度和观众预期，但随着剧集的播出，电视剧的品质不足以支撑如此高的关注度因而传播效果呈现下滑趋势。

（三）波峰走高型

在播出期间波峰逐渐走高的剧目是《浪花一朵朵》。该剧每周周日至下周四连续播出五天，因而与其他周播剧相比其波峰的波形较宽，该剧演员不太知名，因而开始传播效果一般，第二个波峰较第一个波峰略有下降，随后随着剧集的播出，呈现明显的上升趋势，最后结局部分传播效果达到整部剧的峰值。

（四）波峰凹凸起伏型

波峰起伏的剧目情况比较多样化，有呈现"凹"型趋势的《择天记》，该剧与《秦时丽人明月心》类似，属于播出前就有大量宣传且是由偶像派演员鹿晗和古力娜扎主演的电视剧，因而传播效果起始值较高，但该剧的水平较《秦时丽人明月心》稳定，中段略有下滑，结局部分又回到起始水平。呈现"凸"型趋势的剧目主要有《传奇大亨》《楚乔传》《通天狄仁杰》和《进击吧闪电》。《传奇大亨》由于电视台编排的关系，每周播出时间不完全固定，故呈现的走势周期性不甚明显。《楚乔传》由具有话题性的偶像派演员赵丽颖、林更新等主演，前期波峰传播效果一直保持在 80～85 分的水平，中后期传播效果出现明显上升，但接近尾声部分传播效果有所回落，这些剧集的波动水平可能受剧情影响较明显。

三、无序波动型

无序波动型电视剧在播出的过程中，传播效果呈现无规律的上下波动趋势，造成此种现象的原因可能需要结合具体剧目具体分析。42 部电视剧中此种类型的电视剧共 10 部，其中普通均衡型剧目有 5 部，优质型剧目有 2 部，低话题度型剧目有 3 部（见图 6-12）。属于此种类型的电视剧主要有：《春天里》《凡人的品格》《夏至未至》《特勤精英》《维和步兵营》《美味奇缘》《人间至味是清欢》《守卫者·浮出水面》《田姐辣妹》和《血染大青山》。

如图 6-14 所示，此类剧集比较多的一种趋势是开播前期传播效果陡然上升，之后会在某一水平上出现较大幅度的波动，如《特勤精英》《人间至味是清欢》等，也有如《守卫者·浮出水面》在波动中上升的类型。总体而言，无序波动型电视剧整体而言剧集质量不太稳定，观众忠实度较低、黏性较差，属于比较鸡肋的电视剧，若同期竞争者中有更好看的节目，观众可能会在中途流失，若缺乏有竞争力的节目则观众会有部分回流。

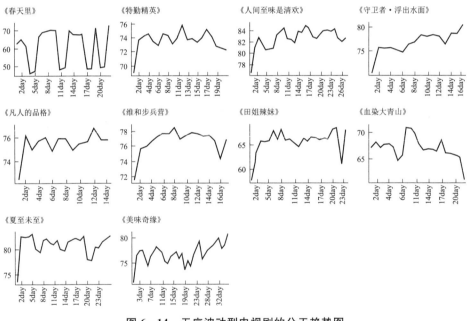

图 6-14　无序波动型电视剧的分天趋势图

四、后劲不足型

后劲不足型电视剧主要是在播出后半程传播效果出现明显下滑的电视剧。属于该类型的剧目主要有《欢乐颂 2》《何所冬暖，何所夏凉》《漂洋过海来看你》《碧海雄心》《鸡毛飞上天》和《盲约》等 6 部。其中前三部的降幅较低，后三部则有较大幅度的下降（见图 6-15）。这类电视剧的主要问题可能在于开播前或播出早期宣传较多，观众抱有较高的期待，而电视剧虽然可能比大多数电视剧的品质高，但还未能达到观众期待的水平，其间的落差导致了电视剧传播效果前后的落差。比如《欢乐颂2》，作为续作，由于前作优秀，基本原班人马出演的续作则被寄予了较高的期待，但播出后观众对其就有较多的诟病；《鸡毛飞上天》则可能属于被捧杀的类型，电视剧开局质量不错，于是有较多自媒体推荐，网络口碑较好，但可能其质量还不足以支撑观众的期待，于是后期传播效果出现了较大幅度的下滑。

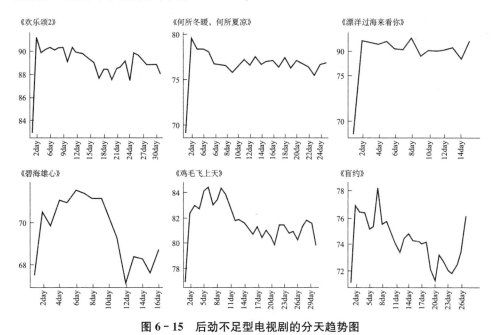

图 6 - 15　后劲不足型电视剧的分天趋势图

本章小结

　　本章基于上一章搜集的数据、构建的指标体系，进一步对样本电视剧的传播效果、传播模式以及各指标之间的关系进行了分析。

　　从整体传播效果来看，2017 年传播效果最佳的电视剧无疑是将收视与口碑一起纳入囊中的《人民的名义》。但该剧并不是在所有指标上都表现最突出的，如果更细致地考察各分项指标的排名可以发现一些规律，比如微博上热议度最高的主要是年轻人比较喜欢的且多是由偶像派演员主演的剧目，而微信公众号文章讨论较多的电视剧则都是较有争议性的剧目。

从观众对于媒介产品的消费来看，首先，决定观众认知的是媒介产品的曝光度和扩散度，数据表明，电视曝光度较高的电视剧在网络上的扩散度也较高。其次，在情感维度上，电视剧的情感强度的分布与认知维度下的扩散度分布比较相似，扩散度高的电视剧，在社交媒体上的讨论度也较高；而情感倾向的分布则不尽然，有一些扩散度高、在社交媒体上讨论声量很高的剧目，观众正面评论的比例却较低。情感倾向和情感强度这两个指标不存在明显的线性关系，较具口碑的电视剧除了讨论热度较高的那一部分，还有一部分往往被大部分观众忽略了。再次，在行为维度上，网络搜索量和网络日增播放量与收视率呈现出相同的变化趋势，中段部分随着收视率的上升电视剧的网络搜索量和日增播放量也逐渐升高，但部分低收视的电视剧也有不错的网络搜索量和网络日增播放量，这部分剧目多以晚间十点档的周播剧为主。最后，通过考察认知、情感和行为之间的关系可以发现，认知指数和情感指数与行为指数在统计意义上呈显著线性相关；比较而言，认知指数对于收看行为的影响比情感指数对收看行为的正向影响更为显著。

从观众对于不同媒介平台的依赖性来看，在电视播出频道方面，由于电视剧"一剧两星"的播出规定，综合传播效果肯定是两个频道联合播出的电视剧更好，而且联合播出的电视剧往往正面评论的比例较高，这可能是由于两个频道联合购买播出的电视剧往往质量更高所致，但电视上多频道的播出不能对网络上相关的讨论量和观看量产生影响。在电视播出时段方面，根据目前各大电视台的编排，黄金档播出的多为非周播剧，而晚间十点档均为周播剧场。有数据表明，一方面，在我国周播剧还是以年轻人为目标收视群体，因而在社交媒体上的讨论度和播放量会较高；另一方面，黄金档播出的电视剧中也可能存在一些原本是潜在的粉丝话题型剧目，但由于播出时段和平台较好、扩散度较高且本身质量较高，使得收视群体扩大，因而可能最终转变为优质型剧目乃至现象级剧目。在网络平台方面，一般而言，一部电视剧播放的视频网站越多，相应的影响力就越大。但值得注意的是，只在一个视频网站独播的电视剧在各项指标上的得分都不是最低，这可能是由于独播剧目视频网站会花大力气进行宣传推广所致。比较电视传播与网络传播效果之间的关系可以发现，在电视指数的中间段，随着电视指数的升高，网络指数也逐渐上升，但电视指数两端的趋势则有所不同，部分低电视指数的电视剧也有不错的网络搜索量和网络播放量，而在电视指数较高的区域，网络指数则出现了小幅度的下降。

从时间维度来看，根据电视剧的分天综合指数走势可以将电视剧在时间维度上的趋势变化和扩散效果分为四大类：低开高走型、有序波动型、无序波动型和后劲不足型。低开高走型电视剧在电视剧播出前几天往往传播效果一般，但随着电视剧的播出，传播效果逐渐上升并在所有剧集播放结束前稳定在一定水平，此类型电视剧的主要特点在于品质比较稳定，观众被吸引后会持续收看，观众流失较少。有序波动型电视剧在电视剧播出的过程中传播效果呈现有规律的上下波动，此类电视剧均为周播剧。无序波动型电视剧在播出的过程中传播效果呈现无规律的上下波动，此类剧目往往剧集质量不太稳定，观众忠实度较低、黏性较差，属于比较鸡肋的电视剧，若同期竞争者中有更好看的节目，观众可能会在中途流失，若缺乏有竞争力的节目观众则会有部分回流。后劲不足型电视剧主要是在电视剧播出后半程传播效果出现明显的下滑，此类剧目的主要问题可能在于开播前或播出早期宣传较多，使观众形成了较高的期待，但实际开播后却没有达到观众的预期，即使它确实比大多数电视剧的品质要好，但还是给观众造成了心理落差，这种落差最终导致了传播效果前后的落差。

第七章 视听信息传播效果评估的应用及启示

前文对视听信息传播效果的数据进行了分析，本章将基于前文数据分析的结论，主要从信息传播的三个环节——信息生产、信息发布和信息扩散增值来探讨如何扩大视听信息的传播效果，并在产业链的各环节进行改进和完善。

第一节 信息生产

对于内容生产商而言，信息生产环节最为重要的有二：一是发现用户的需求，二是如何生产内容去满足用户需求。

一、大数据时代的用户需求挖掘

大数据时代，技术对于用户的行为数据的自动记录和积累成为用户研究的利器。对用户需求的挖掘、对用户群体的分类等都可以利用大数据通过数据挖掘技术来实现。通过用户数据挖掘，可以了解用户需求，进而来指导内容的生产实践。

（一）用户画像技术

通过前文对电视指数和网络指数之间关系（见图7-1）的分析可以发现，有一些电视剧在电视指数上得分较低，但网络指数并不是最低的，比如《龙珠传奇之无间道》《传奇大亨》《通天狄仁杰》《轩辕剑之汉之云》等。这类剧目从题材上看以古装、传奇类为主，基本均为粉丝话题型剧目。还有一些电视剧的电视指数在平均值之上，但网络指数却低于平均值，如《花儿与远方》《凡人的品格》《守卫者·浮出水面》《李大宝的平凡岁月》等。这两类剧目在电视与网络上的传播效果表现说明电视观众与网络观众的群体存在差异，其对电视剧的

喜好、需求和审美也不完全相同。传统的电视观众在收视率调查中可以获取其
性别、年龄、教育水平、月收入等基本信息，其用户群体比较明确；而互联网
中虽然有的视频网站定期会对用户进行问卷调查，但间隔周期往往较长，也不
是每部剧都能获得相关的用户基本信息。因此，用户画像技术成为互联网中新
兴的通过已有的行为数据等来对用户进行识别和描述的技术。

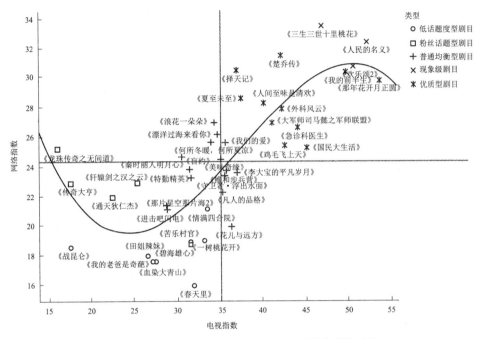

图 7-1　42 部电视剧的电视指数和网络指数的散点图

　　用户画像技术是对互联网中不同人均进行白描、分类的一种技术手段。传
统的电视观众是通过收视率基础调查获知其基本信息，然后利用统计方法来推
断总体，网络视频的用户可以通过该用户的 ID 或者联网设备中的唯一识别号来
记录该用户的其他浏览和消费行为，而用户画像的核心工作则是为用户"打标
签"，也就是描述不同的个体。打标签的方法是把个人信息以标准化的方式组织
存储起来，使得计算机能够程序化处理，通过算法、模型"理解"人。虽然没
有用户调查不知道用户的性别年龄等基本信息，但从其浏览和消费行为数据中，
通过文本挖掘、自然语言处理、机器学习、预测算法，以及聚类算法等技术对
数据进行建模，可以形成用户画像，从而获得比抽样调查的电视观众更为立体
的数据。可见，技术的发展为视听信息的观众研究提供了新路径：建立用户数

据库，挖掘用户需求。

（二）粉丝经济 vs. 现象级

通过用户画像技术可以更好地识别用户群体，也可以更深入地挖掘不同用户群体的需求。在以个性化消费为主流的当下和未来社会，观众的分化势必带来内容生产的分化，特别小众的剧目在网络时代也能找到对其感兴趣的观众，观众的选择更多样，因而现象级的剧目也就更难出现了。

图 7-2 中分布于第二、第三象限的剧目都属于比较典型的小众剧目，认知指数较低说明只有部分观众了解该剧，而情感指数则说明这部分观众对电视剧的卷入程度。其中第二象限和情感指数均值附近的剧目表明观众的情感卷入程度较高，这类剧以粉丝话题型剧目和普通均衡型剧目为主，而第三象限的剧目则多是低话题度型剧目。事实上，粉丝话题型剧目和低话题度型剧目都属于小众类型，前者的受众群偏年轻化，热衷在网络上发表自己的看法，因而表现出来的情感卷入程度较高；而低话题度型剧目，如《情满四合院》《苦乐村官》《田姐辣妹》则更受中老年观众的关注，因而在网络上的讨论度较低。而且这两类剧的观众很可能重叠度较小，这不仅是年龄的差异造成的，还由于他们的用户可能分属不同的亚文化群体，尤其前者作为粉丝话题型剧目，用户对于偶像的狂热与忠诚很可能直接迁移到偶像的作品中。

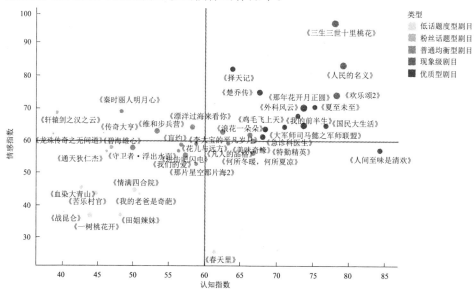

图 7-2 42 部电视剧认知指数、情感指数和行为指数气泡图（气泡大小代表行为指数大小）

　　尽管本研究不具备获取用户画像数据的条件，但将不同剧目在各网站中可获得的表面数据进行比较，就可以说明为何将这些电视剧划归为粉丝话题型剧目。以《龙珠传奇之无间道》和《人民的名义》为例，《人民的名义》作为本研究中综合指数最高的电视剧在豆瓣上的评分人数为 178 439 人（数据截至 2017 年 12 月 28 日，下同），而《龙珠传奇之无间道》在本研究中的排名倒数第三位，在豆瓣上的评分人数仅为《人民的名义》的十分之一（1.8 万多人）。对比二者中人气最高的主演的网络搜索量（见图 7 - 3），可以发现，《龙珠传奇之无间道》剧中杨紫的 2017 年平均搜索指数为 54 605（数据截至 2018 年 1 月 1 日，下同），而《人民的名义》剧中陆毅的平均搜索指数为 44 154，在电视剧播出时搜索指数的峰值（值为 340 532）也不及杨紫（值为 384 412）。可见，《龙珠传奇之无间道》在网络中讨论的热度主要是由于演员的粉丝所产生的，其他几部粉丝话题型剧目同样如此，如《传奇大亨》中的张翰、《轩辕剑之汉之云》中的关晓彤等。当然，现象级和优质型剧目也有一些电视剧是粉丝基数较大的偶像派演员主演的，比如《三生三世十里桃花》《那年花开月正圆》《择天记》等。

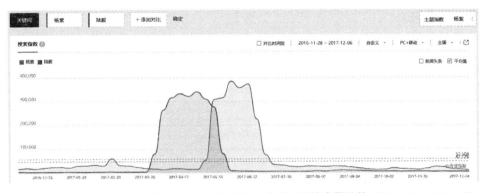

图 7 - 3　《龙珠传奇之无间道》和《人民的名义》主演网络搜索量趋势（2017.01 - 2017.12）

　　可见，如果剧集质量过关，有偶像派演员加盟的剧目可能获得比较高的关注度。但如果本身剧集质量不佳，以偶像派演员为主演的剧目就将沦为粉丝话题型剧目，虽然在同等级的电视剧中仍是影响力大的偶像的剧集表现更好，但其整体传播效果只能处于中低端水平，反而不如演员影响力不大但整体水平比较均衡的剧目。

　　当然，虽然观众的兴趣、个性越来越多元化，但审美也仍然是存在共性的，因此现象级的剧目还是偶有闪现。

　　本研究中的三部现象级电视剧，如果说《欢乐颂2》和《三生三世十里桃花》至少有前作和"流量"明星的粉丝基础打底的话，《人民的名义》则绝对是2017年以黑马之姿出现在观众眼前的剧目，其收视率一度高达6%，作为湖南卫视的独播剧目，其收视率甚至高于绝大部分在两个频道联播的电视剧收视率之和。其剧集的质量自然不容置疑，演员演技和幕后班底的细节打造是这部剧的品质保障，虽然这些元素是目前大多数国产电视剧比较缺乏的，但仅有这些还是不足以成为现象级剧目的。《人民的名义》之所以成为现象级剧目，被大多数观众所熟知，并卷入其中热烈讨论，更主要的原因可能在于其文本的多义性。多义性或者说意义的多样性是电视文本的一个基本特征，正如菲斯克所说"（电视节目）如果要受到处于社会结构中不同地位的观众的欢迎，就必须具有多义性"①。而电视节目能否受到社会上各类群体的欢迎，关键看它是否存在矛盾②。不仅是节目中的矛盾冲突，节目所呈现的意义或价值观与某些群体的价值观相左时，也会引起较高的关注。本质上，这种矛盾来自观众之间对于电视节目理解的差异。电视节目是由电视台或者节目制作公司生产的，但文本则由观众生产。每个观众具有不同的社会地位、人生经历，其对节目的解读方式不同，就会产生不同的文本和意义。在网络上搜索一下观众对于《人民的名义》的评论就会看到，并非一边倒的好评而是有褒有贬，有人在其中看到的是演员的演技，有人看到的是道具的用心，有人看到的是官场细节与政治生态，有人看到的是失败者的群像，有人看到的是现实，也有人看到的是理想的缺失。正是由于不同的解读和价值面向让这部剧的收视率在观众的讨论中能够不断激荡达到更高点。《欢乐颂2》同样如此，该剧虽然后期口碑下降，而且引起了观众对于该剧中女性角色塑造的讨论乃至批判，但同样是由于剧情的现实性或者说部分内容脱离了现实从而导致了两种价值观的碰撞。可见，现象级的电视剧是需要触碰到观众的痛点，让其从中寻找到共鸣的，或者是能引发不同人群之间的讨论的。

　　因此，挖掘用户需求的目的就在于针对小众群体开发符合其需要的小而美的内容，让大众的产品更好地满足更多人的需求和审美。这种需求的挖掘可以从多方面切入，比如节目题材的选择、演员/节目嘉宾的选择、观众喜欢的故事

---

① 菲斯克.电视文化［M］.祁阿红，张鲲，译.北京：商务印书馆，2005：24.
② 同①125.

线、内容的剪辑、播出的方式等。除了从观众的观看行为等直接的数据进行分析之外，还可以对社交媒体进行文本挖掘。本研究主要侧重于传播效果指标体系的建构，因而未对社交媒体文本进行更深入的挖掘，只是将其数据化为正面评论的比例。当然，未来的研究中还可以通过对文本中的词频的分析来挖掘用户对于某一节目夸赞或是吐槽的具体原因，从而对之后的内容生产提供建设性的帮助。

二、媒介融合下的内容创新与产品思维

有学者指出，媒介融合呈现出"肇始于技术创新，加速于制度创新，深化于市场创新，最终表现为产品创新"[①] 的逻辑特征。而产品创新的成功与否则仰赖于是否把握住了媒介的本质性特征和渠道的传播特点。

罗杰·菲德勒在《媒介形态变化：认识新媒介》一书中分析了视特灵失败的原因，我们可以从历史的失败产品中获得一些经验教训。视特灵是美国视频数据公司（VCA）开办的美国第一家有线图文服务公司，其服务内容最初被视为传统印刷报纸的扩展，即分秒更新的电子"微型新闻"报纸，其优势被认为是能提供更及时、更全面、更个人化的新闻和信息。但事实上，电视屏幕并不适合阅读大量文本，也不适合家庭观看，相反用户几乎总是独自使用它，而且每次使用时长只有几分钟。菲德勒指出视特灵失败的一个重要因素在于将不同媒介的适用范围混为一谈。

视特灵的失败为我们道明了信息传播路径和信息呈现形态二者的区别，它们的本质特征需要被分开把握，但在进行信息传播时必须要合二为一，使两者之间无缝衔接才能成为成功的创新产品。信息传播路径是报纸、电视、电脑等传播渠道、平台或者终端，而信息呈现形态则是文字、声音、影像等媒介形态。每一种传播路径都有不同的特征，我们不能直接把报纸上的文字呈现方式照搬到电视上。同样，将电视上的影像直接照搬到电脑上来呈现，也会出现不适配、无法满足用户的使用需求和体验的问题。而这种直接照搬正是现在大部分电视媒体内容在进入新渠道时产生的问题。

---

① 朱天，彭泌溢. 试论媒介融合中的"加减之道"：时代华纳与美国在线"世纪婚姻"终结对我国"三网融合"的启示 [J]. 新闻记者，2011（7）：61-65.

　　如何才能让内容真正变为产品去适配其所在的传播渠道是媒体融合时代内容生产最为重要的问题，需要真正运用互联网思维来指导内容生产。电视思维和互联网思维的差异大致可以对应为媒体思维和产品思维的差异。就内容生产而言，传统电视媒体的生产逻辑和思维逻辑相对感性和经验化，更像是艺术创作领域的模式；而互联网更加技术化和逻辑化，尤其是现在发展迅猛的移动互联网，具有快速迭代、创意实现成本变低等特质，使得技术和艺术的结合门槛变低。二者之间难以调和的思维差异主要来源于播出渠道特征的差异。电视媒体是线性编排、一次传播，作为喉舌的功能更是使其在节目生产上慎之又慎，信息一经播出就难以更改。而互联网则是偏向空间的媒体，可以多次传播，所以互联网产品的开发不同于电视节目一次成形，允许有不足，不断试错，在持续迭代中完善产品：一方面从细微的用户需求入手进行微创新；另一方面"天下武功，唯快不破"，快速地对消费者需求做出反应，以使产品更贴近消费者。

　　注重用户体验是产品思维的重点，在互联网潜移默化的影响下，观众已经开始自发地向用户转变了。因而电视媒体如果还继续把观众当作被动接受的"受众"，则难以满足观众多方面的需求。尤其是面对智能终端的快速发展，从用户的角度而言，面对无所不在的媒体信息，或许不存在"传统媒体"与"新媒体"之分，他们所希望的不过是通过最便捷和舒适的方式获取适合自身的信息服务而已。如果电视媒体仍恪守原有的生产方式和媒体思维，将同样的节目不做调整而直接放到不同媒体渠道进行分发，那么，电视媒体的内容产品将很难适应新媒体平台，更难以符合用户的使用习惯和需求。

　　对于电视剧而言，英美日韩等国家的电视剧多为边拍边播的模式，非常适用"迭代思维"，可以根据观众的意见在拍摄和剪辑过程中不断对后期内容进行调整。而我国的电视剧目前都是先拍后播的模式，而且播出前有审查环节，尤其是电视端播出的电视剧审查会比较严格，播出时已经拍摄剪辑完毕，很难再进行修改，对于用户意见的挖掘只能为之后其他同类型的剧目生产提供借鉴。但在网络中播放的节目审查则相对宽松，有供迭代完善的余地。目前的大多数电视剧都存在剧情拖沓的问题，动辄六七十集，而在网络上观看的观众可以随意地拖拽进度条，不受线性观看的约束，因此可以尝试在网络播出的过程中进行二次剪辑，更加简洁精练地完成故事，有时这一过程甚至是由用户自发完成的。比如，网剧《沙海》翻拍自南派三叔的小说《沙海》，该剧在拍摄中出于某些考量新增了人物并加入了大量与原著主线情节无关的故事内容，导致主线情节不突出，剧集质量下降，剧集播出过程中观众流失，完结后有用户自己利用该剧素材剪辑了一版故事，去掉了大量扰乱主线逻辑的情节，最终将原本52集（外加1集番外篇）的剧剪成了28集。该剪辑版不仅被官方播放平台承认，直接在平台播放可以计入网剧点击量，而且很多原本由于剧集拖沓而弃剧的观众也重新回来观看剪辑版的主线剧情。而对于边录边播的综艺节目而言，"迭代"方法尤为有意义，如果能够及时获知用户的反馈，则可以及时对后面录制和播出的节目做出调整，甚至对已播出的节目进行调整。

电视媒体在大数据时代应该充分应用技术的优势，将"互联网思维"引入内容生产中，以用户体验为中心，对内容产品进行不断迭代，以求达到更好的效果。

第二节 信息发布

媒体平台作为一个综合服务提供商，从本质上而言是为传媒经济提供意义服务，它通过整合资源来响应需求并创造价值。[①] 视听信息产品如何选择平台发布策略，将在很大程度上影响其传播效果。

一、独播与多平台播出的策略选择

对于节目内容制作和发行方来说，其视听信息产品播出平台越多，传播效果越好。这一点在前文的数据中也得到了验证，在两个电视频道联合播出和在多个视频网站播出的电视剧综合指数更高，现象级和优质型电视剧也往往在多个平台播出（见图7-4）。

但对媒介平台而言，独播剧能够让平台的利益最大化，其作为独家入口，能吸引到更多的用户。观察数据（见表7-1）可以发现，虽然在5个及以上视频网站中播出的电视剧综合指数及各项指标的得分都最高，但独播剧的综

---

① 谭天，邱慧敏. 如何把节目打造成平台：兼论电视媒体融合发展中的价值创新［J］. 中国电视，2015（2）：62-66.

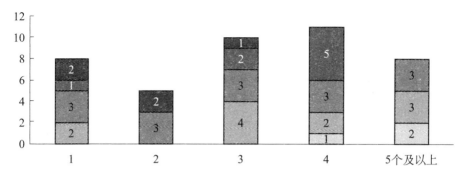

□ 现象级剧目 ▨ 优质型剧目 ▨ 普通均衡型剧目 ▨ 低话题度型剧目 ▨ 粉丝话题型剧目

图7-4　在不同数量的视频网站中播出的各类型电视剧分布

合指数及大多数指标均值并不是最低；相反，在两个视频网站播出的电视剧的大部分指标得分都是最低的。

本研究的数据显示（见表7-2），在电视台两星联播同时在5个及以上视频网站播出的电视剧平均综合指数最高，为89.6；其次是在电视台两星联播同时在网络平台独播的电视剧，平均综合指数为86.9；再次是在电视台两星联播同时在4个视频网站播出的电视剧，平均综合指数为85.5；此外，在电视上独播同时在5个及以上网络平台播出的电视剧平均综合指数也在80分以上。

表7-1　　　　　在不同数量的视频网站中播出的电视剧的平均指数

	1个	2个	3个	4个	5个及以上
综合指数	76.4	69.5	77.6	74.8	82.4
电视播出时段指数	75.7	55.1	88.1	93.5	85.7
电视播出频道指数	48.1	61.9	57.6	56.7	61.0
网络搜索量	44.0	37.3	47.6	42.9	62.1
传统收视率	57.8	41.5	58.6	54.2	65.2
网络播放量	76.5	73.7	78.1	75.9	84.0
媒体转载量	44.6	45.3	50.6	44.2	57.4
正面评论的比例	66.9	70.8	70.1	72.3	68.8
微博热议度	60.1	55.0	58.9	51.7	71.2
微话题讨论度	61.6	51.0	50.8	37.9	67.0
微信公众号刊发量	56.4	37.3	57.2	47.7	69.6

因此，制作方和媒介平台虽然基于各自立场考量导致不是所有的剧都能在尽量多的平台播出，但二者之间可以达成某种博弈的最优策略。对于在电视上

独播的电视剧至少在 5 个及以上的视频网站播出才能达到最大的传播效果；而在两个电视台播出的电视剧则在视频网站独播也能达到较好的传播效果。

表 7-2　　　　　　　　电视台独播和两星联播的电视剧在不同
数量网络播出平台的综合指数均值比较

网络播出平台数量	独播	两星联播	独播剧目数量	两星联播剧目数量
1 个	72.9	86.9	6	2
2 个	68.6	70.9	3	2
3 个	76.5	78.7	4	6
4 个	70.8	85.5	8	3
5 个及以上	81.7	89.6	7	1
总计	74.6	81.2	28	14

对于播出平台而言，经过前几年激烈的版权大战和内容同质化的影响后，无论是电视台还是视频网站在内容的采购上都更加理性。对于热门 IP 的争夺当然仍然是行业的重头戏，但对于非头部内容，各平台之间的版权分销与互换也已成为常态。独播意味着差异化，早年芒果 TV 凭借背靠湖南卫视的资源优势，初入市场便利用独播策略在已经三足鼎立的视频网站行业攻下了一席之地，虽然用户规模尚不能与另外三家相比，但其差异化的内容是独占用户比例提升的重要砝码。可见，独播策略有利于用户规模的扩大、视频网站明确品牌定位和提升品牌价值。在这些优势之下，独播战略已成为行业的共同选择。其他视频网站在版权的烧钱大战后，为了降低成本，并且避免同质化内容，独播策略从过去的花钱购买独家版权转而向自制内容过渡，其中爱奇艺 2018 年的影视剧播出安排中自制剧目已超过一半（见表 7-3）。无论是影视剧还是综艺，各大网站的自制内容比例都在逐年提升，比如优酷土豆的《白夜追凶》《镇魂》《火星情报局》《这！就是街舞》，腾讯视频的《无心法师 3》《沙海》《创造 101》《明日之子》，爱奇艺的《琅琊榜之风起长林》《你好，旧时光》《中国有嘻哈》《奇葩说》等。对于电视平台而言，视频网站加入产业链上游自制内容，无疑使得电视台的处境在观众流失严重的当下更加雪上加霜。纵观近两年的视听内容市场，较有影响力的电视剧和综艺节目几乎都是由视频网站方出品或播出的。而且由于电视台的内容监管和审查力度更大，视频网站则相对宽松，一些原本想在电视台上星播放的节目，如一再延期上映的《如懿传》，最终不得不选择只在网络平台上播放。

表 7 - 3　　　　　　优酷、腾讯视频、爱奇艺 2018 年影视剧播出计划

平台	片单数（部）	自制剧（部）	版权剧（部）	自制剧（%）
优酷	58	19	39	32.76
腾讯视频	67	26	41	38.81
爱奇艺	79	40	39	50.63

资料来源：2018 优酷/爱奇艺/腾讯自制加镑！200 部新剧计划超强盘点［EB/OL］.（2017 - 11 - 14）
［2020 - 03 - 07］. https://www.sohu.com/a/204375145_693625.

因此，视听内容的发布平台与渠道选择就目前而言是一个比较复杂的多方博弈问题，一是内容制作方与发布平台的博弈，二是发布平台之间的博弈。目前电视台和视频网站尤其视频网站之间的竞争态势还处于不稳定期，各方都在发力，试图超越或者扩大领先地位。当然，对于视听信息而言，无论传播渠道如何更迭、市场份额如何变化，"内容为王"是不变的真理，手握优质内容就有更大的议价权，所以播出策略的选择终归还是取决于内容本身。

二、播出模式与用户观看习惯更替

除了播出平台需要讲求策略之外，视听信息播出的时间和方式也有更好的方式可循。

前文数据分析的结果表明，周播剧的传播效果明显低于非周播剧。周播剧的出现显然是借鉴了国外的播出方式。国外的周播剧在每一集的结尾都会留有一个悬念"勾"着观众，让观众能够期待着下周的播出。而我国的电视剧多半只是借鉴了播出形式，内容的编排和讲故事的方式并未有相应的改变。产生这种差距的根本原因在于制播模式的不同。国外的周播剧是建立在边拍边播的模式下，可以随时根据观众的反馈调整剧集，对于反响不好的剧目甚至直接砍掉，或者不再续订第二季等。我国虽然是周播但仍是先拍后播的模式，而且电视台播出的剧目大部分都是制播分离的，电视台从发行方购买后，不会对节目进行大的调整。现在的网络自制剧则是制播合一的模式，又有"互联网基因"，可以根据观众的反馈迅速对节目进行调整，如优酷的热门自制剧《白夜追凶》已被 Netflix 购买了播放权，将在 190 多个国家和地区播出。可见，网剧虽然整体水平还有待提高，但已渐成气候，而且由于审查相对宽松，题材比电视台播放的电视剧更多元和开放，已形成一定的竞争力。因此，台网联播的电视剧在新的竞争环境下，选择播出的方式时更需要谨慎考虑，毕竟周播剧在我国目前还缺

乏生根的土壤，而且节目是否适合周播、如何调整内容使其适宜周播都是需要考虑的问题。

此外，新的市场格局带来了新的播出模式，一些新的观看行为也顺势而生。由于许多网络公司开始加入电视剧制作的阵营，以 Netflix 为首的一次性放出一季的所有剧集的方式开始替代周播剧成为一种新的潮流，而这种新潮流开始带动了一种新的观看形式——binge-watch。binge-watch，有人将其称为"暴食性观看"，也有人将其译为"刷剧"。2015 年该词被英国《柯林斯词典》选为年度第一热词，意为"一鼓作气地连续观看大量电视节目，如多集的电视连续剧"。其实"刷剧"这一行为对于电视剧迷来说并不是一件新鲜事儿，但由于之前多为不同时间段的个体行为，而从《纸牌屋》等剧开始，一次性放出所有剧集成为一种常见的播出方式后，"刷剧"则更多地以一种特定时段的群体行为出现，国内已经开始出现一些集体 binge-watch 的线下活动。这种观看行为的变化与剧集播出模式紧密相连，而原本在国内就水土不服的周播模式可能在新的潮流下更加缺乏吸引力。

第三节　信息扩散与增值

在互联网多级传播环境下，视听信息的传播已不再是传统电视广播式的、一次性的效果生成模式，而是积累式的长尾效应，信息的扩散与增值因而成为效果生成的重要一环。

一、信息扩散

传统电视中，尤其是电视剧、综艺等非新闻类节目，往往采用的是粗放型生产方式，即"一个版本无数拷贝，一个节目全国轮播"，受众定位与市场模糊不清；而在多屏时代，由于受众的分化，网络化的生产方式与传统电视最大的不同和变化就在于其目标式的分众化、个体化和精细化的生产方式。[①] 不同的信息发布渠道用户的体验和期待不同，因而将内容进行多层次的加工和剪辑，

---

① 王长潇. 电视与新媒体融合发展模式探析［J］. 当代传播（汉文版），2012（2）：67－69.

就可以使同一内容能够以不同的形式和效果来满足不同平台的需求。比如，在社交媒体中短视频比长视频更具传播力度，因而有趣的花絮、预告片可能是比节目正片更有力的传播内容，能吸引用户去其他的平台观看节目，就达到了传播效果和营销的目的。效果最大化的营销是能将用户卷入信息的二次生产中，比如"甄嬛体"的流行、《人民的名义》里的视频片段被用来重新配音表达新的主题等，用户在消费内容的同时也在创造内容，这些再创造的文本会与原始的视听文本呼应、交叠在传播空间中产生新的回响。以《人民的名义》为例（见图7-5），3月28日开播后不久，电视剧在微博上推出了短视频宣传，♯花式点钞♯、♯面币思过♯、♯达康书记表情包♯等话题连续刷榜热搜。4月13日，微博电视剧推动九大主创做客微访谈，回答网友提问，再次引发热议。这些再创造的内容——对原始文本的剪辑、拼贴、恶搞或者重新书写，包括用户在社交媒体中表达的对于节目的评论，其是褒是贬似乎并没有那么重要，是否有讨论度以及有多高的讨论度才是关键。如图7-6所示（图中气泡的大小代表指标体系综合指数的大小），第一、第四象限的电视剧情感强度较强，电视剧的综合指数均较高，而情感强度较弱的第二、第三象限的剧目则大多综合指数较低，而情感倾向对于综合指数的影响则不那么大，第四象限中也有很多如《那年花开月正圆》《我的前半生》这样综合指数较高的电视剧。因而，增强情感强度而非扭转情感倾向是更为有效的扩大传播效果的手段。

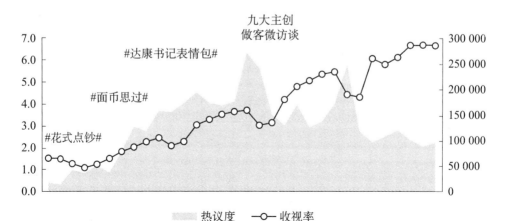

图7-5　《人民的名义》微博热议度和收视率走势

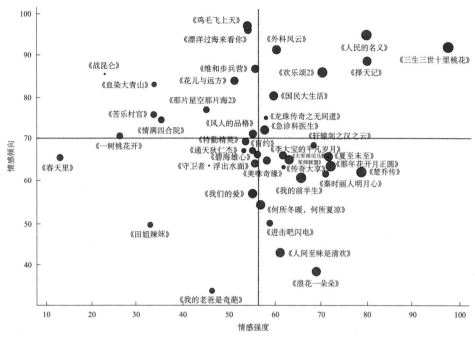

图 7 - 6　42 部电视剧的情感强度、情感倾向和综合指数气泡图

二、信息增值

无论是传统电视媒体还是网络新媒体，对于视听信息而言，内容是其核心资源，媒体和用户之间的关系需要通过内容产品来确立。在传统电视媒体中，由于互动功能的缺乏，这种关系属性比较浅层，观众易流失，关系易断裂；而在新媒体平台中，用户参与程度较高，因而容易建立深层关系。这种参与程度不仅体现在用户主动去搜索信息并在网上参与讨论互动，还体现在信息产品的增值互动上。如一位视频网站从业者所说："今天的互联网技术下，我们在做内容的时候，屏幕是跨屏、多屏的，比如看一部电视剧时，当你看到一个感兴趣的商品，你可以直接点击查看商品的相关背景，甚至购买；听到背景音乐可以去下载；还可以看到与你所观看内容相关的拍摄花絮、演员的微博更新，这是原来看电视的场景所达不到的。"[1]

---

[1] 刘春宁. 多屏时代下的中国电视剧发展趋势论坛实录 [EB/OL]. (2013 - 06 - 18) [2018 - 07 - 19]. https：//ent. qq. com/zt2013/duoping/index. htm.

　　将互联网思维引入视听信息传播并不只局限于信息生产，视听信息尤其是传统的电视内容的扩散与增值环节同样亟须思维的转变。这需要渠道方从内容播出平台向互动平台转变，需要将内容与屏幕前的用户联系起来，保证随时随地都能便捷互动。比如技术催生的 S2O（Screen to Online，从屏幕到线上）这种互动模式正将"电视"与"电商"这两个看似毫无关联的平台进行有效连接，让"双屏"用户在追剧的同时能随手购买感兴趣的产品。早在《舌尖上的中国2》播出时，天猫旗下的天猫食品便与栏目组达成合作，同步首发每期节目中的食材和美食菜谱，观众可以边看电视边在网上下单，节目摄制组还为同步上线的食材把关。据统计，节目开播的一小时内，200 万人在手机天猫上边看边买，整个周末累计 540 余万人访问天猫食品《舌尖上的中国2》的合作页面。节目中提及的雷山鱼酱，上线仅仅半天，1 000 份全部卖完，四川腊肉也累计卖出 1 万份。① 同时期东方卫视热播的《女神的新衣》则与电商合作得更为深入，节目录制现场，四位电商品牌买家进行竞价，拿下台上各套服装的版权，并利用录制与实际播出的时间差制作同款成衣，节目播出时，"新衣"会在天猫同步上线发售，观众可以实时体验从电视到电商的"即看即买"。也有一些产品，由于需求可能比较小众，会以预售的方式进行，消费者可以先预定，累积到一定数量后再投入生产，也顺应了大众一定规模个性化定制的需求。数据显示，《女神的新衣》播出时，四位买家的天猫店流量为平日的 8～10 倍，其中一个品牌自节目开播后手机端收藏增长了 10 倍，而 PC 端也实现了 5～6 倍的增长。②

　　技术的发展不仅带来了新的观看方式，也让生活方式推陈出新、更为高效便捷。过去电视只能用来观看，受众只能接收信息而缺乏反馈渠道，现在不仅各种互动方式层出不穷，而且与电商的这种从屏幕到线上的转化，更是直接将观看行为与消费行为关联。对于电视节目而言，这一形式不仅实现了商业价值的增长，也为传统的广电盈利模式的拓宽提供了思路；对于电商而言，与电视节目的合作相当于一次"焦点营销"，获得的关注度可以即时转化为线上的流量；对于用户而言，观看体验更为丰富，购买变得更为便捷，还可以满足部分

　　① 飞象网. 舌尖 2 引爆天猫食品独家食材　200 多万人手机天猫上边看边买［EB/OL］.（2014 - 04 - 25）［2020 - 03 - 07］. http：//www.cctime.com/html/2014 - 4 - 25/20144251557234714.htm.
　　② 跨越 O2O 的 S2O 新玩法：电视炒货网店卖货［EB/OL］.（2014 - 09 - 30）［2020 - 03 - 07］. https：//www.jb51.net/yunying/226047.html.

小众用户的个性化定制的需求。

因此，在当前的媒介与消费环境下，信息产品的增值需要以大数据为基础，配合定制化服务，逐步培养用户的依赖性，最终将内容、关系和服务凝聚为"价值"。

本章小结

本章基于前文数据分析的结论，主要从信息生产、信息发布和信息增值三个环节探讨了如何扩大视听信息的传播效果。

在信息生产环节中，为谁生产信息是至关重要的。传统电视媒体由于收视率调查的存在，其所面临的对象是非常清晰的，而网络视频的用户由于没有定期常规的问卷调查，其用户群体起初是庞杂而模糊的，当然与此同时新的技术也应运而生，比如用户画像技术就可以帮助内容生产者去了解其信息在网络平台传播时所面对的用户。因此，技术的发展为视听信息的观众研究提供了新路径：建立用户数据库，挖掘用户需求。在以个性化消费为主流的当下和未来社会，观众的分化势必带来内容生产的分化，小众的节目在网络时代也能找到对其感兴趣的观众。粉丝经济在个性化消费时代极具挖掘价值，但社会仍然需要可以让不同人群都能从中寻找到共鸣并引起广泛讨论的现象级内容。因此，挖掘用户需求的目的就在于针对小众群体开发符合其需要的小而美的内容，让大众的产品更好地满足更多人的需求和审美。这种需求的挖掘可以从多方面切入，比如节目题材的选择、演员/节目嘉宾的选择、观众喜欢的故事线、内容的剪辑、播出的方式等等。除了挖掘用户需求之外，如何让内容适配其所在的传播渠道也是媒体融合时代内容生产的重要问题。在互联网已经全面浸入观众生活的当下，观众已经自发地转变为用户，注重用户体验、引入互联网思维来指导内容生产可能是比较合理的路径。

在信息发布环节中，视听信息的发布渠道往往是播出平台与节目内容制作发行方的双向选择与博弈的过程。毫无疑问，视听内容在越多的平台播出，传播效果越好，但由于制作方和媒介平台基于各自立场的考虑，不是所有的剧都能够在尽量多的平台播出，最终的播出方式往往是二者之间达成某种博弈的最优策略。从目前的市场状况来看，只有极少数优质大剧以独播的方式播出，对大部分剧而言，媒介平台方也需要通过版权分销来收回成本。除此之外，视听节目播出的时间和方式也有更好的方式可循。不只是电视端，偏向空间媒介的网络平台也开始注重播出时间的编排，通过每周定时播出而非一次性放出来的方式培养用户的"约会意识"，一方面可以通过编排来与同期节目竞争，另一方面也可以通过周播拉长播出时间线吸引更多的用户持续购买会员。不过整体而言，周播剧在我国目前还缺乏生根的土壤，而且节目是否适合周播、如何调整内容使其适宜周播都是需要考虑的问题。

在信息扩散与增值环节中，多屏时代下，信息发布渠道不同，用户的体验和期待也不同，因而需要将内容进行多层次的加工和剪辑，使得同一内容能够以不同的形式和效果来满足不同平台的需求。在宣传营销上，效果最大化的营销是能将用户卷入信息的二次生产中，增强情感强度而非扭转情感倾向是更为有效的扩大传播效果的手段。信息产品的增值需要以大数据为基础，利用有针对性、定制化的内容与服务来提高用户黏性，将信息产品的价值最大化。

第八章　视听信息传播效果评估系统的程序设计及实现

本章将在总结前述研究的基础上探讨视听信息传播效果评估系统的程序设计思路及其实现路径，以方便其他研究参考使用。

第一节　原理与方法

视听信息渠道的多元化使得传播数据呈几何倍数增长。在此背景下，将不同渠道的传播效果数据结合起来进行综合考量，对于视听信息产业的发展具有重大意义。但由于各类数据作为行业数据分散在不同的视频网站、收视率公司、社交网站中，缺乏联系，因而形成了数据孤岛。因此，利用网络爬虫技术打破数据壁垒，对不同来源的数据进行集成、融合，对视听信息的传播效果评估是比较合适且可行的方法。

运用网络爬虫技术可以快速地获取大量网页信息，并实现数据的实时更新。但通过网络爬虫技术获取到的数据信息往往存在数据结构混乱等问题。本研究结合构建传播效果评估模型的需要，对数据进行处理，并将数据获取、解析、整理的过程构建成数据库系统，对传播效果评估研究所需数据进行规范化管理，极大地提高了工作效率，降低了数据采集成本。

一、网络爬虫工作流程与原理

（一）网络爬虫的概念、分类与应用

网络爬虫（Web Crawler），又称为网络蜘蛛（Web Spider）或 Web 信息采集器，是一个自动下载网页的计算机程序或自动化脚本，是搜索引擎的重要组成部分。网络爬虫通常从一个被称为种子集的 URL（Uniform Resource Location，统一资源定位符）集合开始运行，它首先将这些 URL 全部放入一个有序的待爬行队列里，然后按照一定的顺序从中取出 URL 并下载所指向的页面，分析页面内容，提取新的 URL 并存入待爬行 URL 队列中，如此重复上面的过程，直到 URL 队列为空或满足某个爬行终止条件，从而遍历 Web。① 该过程被称为网络爬行（Web Crawling）。

网络爬虫一般有四种类型：通用网络爬虫、增量式网络爬虫、聚焦网络爬虫和深层网页爬虫。通用网络爬虫（Scalable Web Crawler）指将整个网络（Web）的信息作为抓取对象的爬虫，主要是为门户站点搜索引擎和大型 Web 服务提供商搜集数据，典型的通用网络爬虫如 Goolge Crawler。② 增量式网络爬虫（Incremental Web Crawler）是指对已采集过的页面进行增量式更新，理想状况下是对发生了变化的页面进行同步采集，未变化的页面则不再重复采集，但在减小采集量的同时也增加了算法的难度，由于网络可能在相当短的时间内就已更新，这种复杂性和动态性导致理想状况难以达到，只能尽量逼近一致性，Google 的爬虫也是增量式信息采集系统。聚焦网络爬虫（Focused Web Crawler）是指有选择地采集与事先定义好的关键词或样本文件相关网页信息的爬虫，它可以很好地满足特定人群对特定领域信息的需求。深层网页（Deep Web）爬虫是指主要抓取那些大部分内容不能通过静态链接获取的、隐藏在搜索表单后的、只有用户提交一些关键词才能获得 Web 页面的爬虫。深层网页中可访问的信息容量是表层网页（Surface Web）的几百倍，是互联网上最大、发展最快的新型信息资源。③ 在实际应用中往往通过这几种爬虫相结合的方式来实现所要达到的目标。

随着网络技术的发展，互联网信息资源爆发空前，据非官方统计④，截至 2014 年，谷歌已索引 30 万亿个网页。人们对于获取信息的需求也日益增长，据谷歌搜索引擎首席设计师约翰·韦利（John Wiley）称，2013 年谷歌每个月

---

① CHO J. Crawling the web：discovery and maintenance of large-scale web data ［J］. International Journal of Advances in Engineering Sciences，2013，3（3）：62 - 66.

② 李盛韬，余智华，程学旗，等 . Web 信息采集研究进展 ［J］. 计算机科学，2003（2）：151 - 157.

③ BERGMAN M K. The Deep Web：Surfaceing Hidden Value ［EB/OL］.（2001 - 09 - 24）［2018 - 09 - 19］. http：//www. completeplanet. com/Tutorials/DeepWeb.

④ Statistic Brain. Total Number of Pages Indexed by Google ［EB/OL］.（2017 - 03 - 31）［2018 - 09 -19］. http：//www. statisticbrain. com/total-number-of-pages-indexed-by-google/.

都要处理高达 1 000 亿次的搜索请求，而每天所提交的搜索请求中有 15％ 即 5 亿次是谷歌搜索引擎从未见过的。海量信息时代，搜索引擎应用广泛，而搜索引擎正是建立于爬虫基础之上的。除了这种通用网络爬虫，其他的网络爬虫也可以广泛地应用于多种场景和需求，比如利用爬虫建立及翻译的语料库、抓取社交网络中的用户言论来分析网络舆情从而预测美国大选、股市走向、电影票房等等。网络中存在大量非结构化信息，其中蕴含着巨大的价值，网络爬虫可以帮助我们批量且自动化地获取和处理信息，然后来描述现象、分析问题、进行预测、提供决策支持等等。

网络爬虫程序可以通过多种语言来实现，如 C＋＋、Python 等，其中 Python 语言适合非计算机专业尤其是社会科学研究者使用，该语言相对更人性化，与其他语言相比更好入门，而且有许多开源的工具包可以直接下载，GitHub 上也有许多开源爬虫可以下载来为社会科学的研究提供支持。

（二）网络爬虫的工作原理

根据研究目的，本研究主要采用聚焦网络爬虫技术。与通用网络爬虫不同，聚焦网络爬虫主要是抓取某一特定主题的网页，在给定初始 URL 种子集后，过滤与主题不符的网页，只抓取和主题相关的网页，获取所需要的信息，其工作流程见图 8-1。因此，聚焦网络爬虫技术有三个问题需要解决：主题的确定、网页的分析和过滤以及对 URL 的搜索策略。采用何种方法来解决后两个问题是不同的聚焦网络爬虫之间的主要区别。

聚焦网络爬虫对抓取目标的描述一般有三种：一是基于目标网页特征，二是基于目标数据模式，三是基于领域概念。对于本研究来说，如前文指标体系中所列出的，以热门电视剧为主题，需要抓取的目标和范围比较明确，因而所需要抓取的数据主要是基于目标数据模式和基于领域的概念两种方式。

如何对网页进行分析过滤以及采取何种搜索策略主要通过算法来决定。对页面内容和链接的重要性进行评价，通过不同算法计算出的重要性不同，因而访问链接的顺序也不一致。目前主要的抓取策略有四种：一是基于内容评价的算法，主要是通过文本相似度和空间向量模型的方法来判断页面与主体的相关性；二是基于链接结构评价的算法，主要包括 PageRank 算法和 HITS 方法，PageRank 可用于评价链接的重要性，使用此算法的聚焦网络爬虫每次会选择

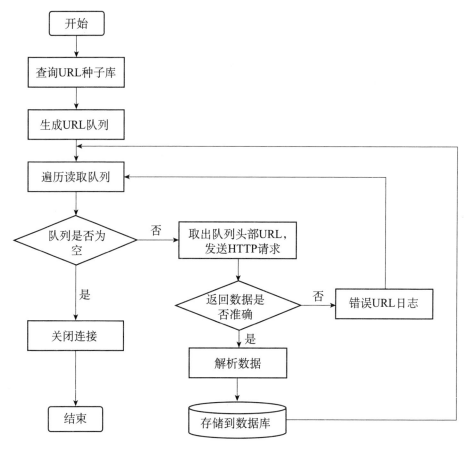

图 8 - 1 聚焦网络爬虫的工作原理

PageRank 值较大的页面进行访问，HITS 方法是通过计算已访问页面的 Authority 和 Hub 权重来决定访问链接的顺序；三是基于增强学习的算法，该方法是利用贝叶斯分类器，根据整个网页文本和链接文本对超链接进行分类，为每个链接计算出重要性，从而决定链接的访问顺序；四是基于语境图的算法，通过建立语境图（Context Graphs）学习网页之间的相关度，训练一个机器学习系统，通过该系统可计算当前页面到相关 Web 页面的距离，距离越近的页面中的链接越被优先访问[1]。

---

① 孙立伟，何国辉，吴礼发. 网络爬虫技术的研究 [J]. 电脑知识与技术，2010 (15)：4112 - 4115.

（三）URL 种子库的构建

本研究的目的在于将不同渠道的视听信息传播效果进行整合，有一些网站有整理好的相关数据（如百度指数、微博热议度等），只需检索查询即可直接拿来使用。因此，本研究针对不同的目标网站，利用工具分析其 HTTP 请求方式、请求规则、请求参数、返回值格式等信息，获取 URL 的组成规则及参数，构建出一个完整的 URL 链接种子库，遍历种子库中所有的 URL 即可完成全部的工作，这样就简化了网络爬虫的流程，能把更多的工作放在抓取数据和解析数据上。

（四）数据获取与数据解析

本研究使用 Python 编程语言实现爬虫程序，在构建了 URL 种子库后，网络爬虫的工作主要分为两步：先通过网络链接获取网页内容，然后对网页内容进行处理。

在 Python 中主要通过 requests 库来获取网页内容，requests 库是一个处理 HTTP 请求的第三方库，它支持非常丰富的链接访问功能，包括国际域名和 URL 获取、HTTP 长连接和连接缓存、HTTP 会话和 Cookie 保持、浏览器使用风格的 SSL 验证、基本的摘要认证、有效的键值对 Cookie 记录、自动解压缩、自动内容解码、文件分块上传、HTTP（S）代理功能、连接超时处理、流数据下载等。

使用 requests 库获取 HTML 页面并将其转换成字符串后，需要进一步解析 HTML 页面格式，提取有用信息，本研究中主要通过 Beautiful Soup 4 库来解析和处理 HTML 与 XML。Beautiful Soup 4 库最大的优点是能根据 HTML 和 XML 语法建立解析树，进而高效解析其中的内容。除了 HTML 格式外，由于本研究中还有一部分所需数据在网页中是以 JSON 格式返回的，这类数据使用 Python 中的 JSON 库进行解码，将 js 格式的数据转换为 csv 格式进行存储。

（五）抓取数据的质量控制

不同于传统的网络爬虫关注于更多更快地抓取数据，对本研究而言，数据完整性和准确性是更为重要的事项。为了保证抓取数据的质量，本研究通过以下两个环节让数据抓取过程更严谨。

1. 自动记录和修正 URL 异常

通过 URL 抓取数据时，对每一个 URL 进行日志记录，一旦出现 URL 异常问题，程序会自动记录。并且对抓取到错误数据的 URL 分析异常原因，重新进入 URL 种子库抓取，以保证数据的完整性，对于不可控的异常原因，做好日志记录。

2. 原始数据存档

为避免解析数据的过程中存在错误，当抓取目标 URL 的服务器返回数据后将原始数据存档。通过对比解析数据与原始数据来验证数据解析过程的准确性，若发现解析错误的情况，则会修改解析过程的程序，重新进行数据解析。

二、自然语言处理

除了部分可以直接获得的数据之外，本研究中还有一部分抓取的文本内容需要进一步的处理和分析，来得到结构化的数据，其中最为主要的是从新闻及社交媒体中获得的文本的情感分析。其处理步骤为，先将文本从原始的非结构化的数据格式转化为结构化或半结构化的数据格式，比如从网页中抽取出新闻标题、正文、来源、发布时间等，其基本原理主要是基于监督学习的方法，如 CRF 等；基本内容抽取后，需要通过自然语言处理技术对抽取出的文本进行深度分析，包括分词、关键词抽取、文本分类、文本相似度计算以及情感倾向分析等。

（一）分词

不同于英文中每个单词之间已由空格区分开，中文文本想要进行深入分析必须先进行分词，其目的是将抓取的新闻、社交媒体中的句子切分成有意义的单词，为之后计算文本相似度做准备。目前，中文分词的方法主要有两类：一是基于匹配的方法，如正向最大匹配法、逆向最大匹配法；二是基于统计和机器学习的方法，如 HMM、CRF 等。中文分词技术已经比较成熟，常用的开源分词工具有结巴分词、HANLP、NLPIR、ICTCLS、哈工大自然语言处理云平台（LTP-cloud）等。本研究中使用了结巴分词来处理新闻和社交媒体中抓取的文本。

（二）关键词抽取

将抓取的文本分词之后，还需要进行关键词抽取工作来为情感分析做准备。关键词抽取是识别文本中最重要的词，其方法主要有 TF-IDF、TextRank 等。TF-IDF 方法的主要思想是：词频越高，词越重要；词很常见，则没那么重要。即字词的重要性随着它在文件中出现的次数成正比增加，但同时会随着它在语料库中出现的频率成反比下降。其计算方法是先对已经分好词的文本进行词频计算，TF（Term Frequecy）＝在某一文件中某词条出现的次数/该文件中所有的词条数目，然后计算 IDF（Inverse Document Frequency）：某一特定词语的IDF，可以由总文件数目除以包含该词语之文件的数目，再将得到的商取对数得到。如果包含词条 t 的文档越少，IDF 越大，则说明词条具有很好的类别区分能力。TF-IDF 的值为 TF 和 IDF 二者之积。TextRank 方法则与判断网页重要性的 PageRank 方法类似，即将原文本拆分为句子，在每个句子中过滤掉停用词，并只保留指定词性的单词，由此可以得到句子的集合和单词的集合，然后建立图模型，利用投票机制对文本中的重要成分进行排序，仅利用单篇文档本身的信息即可实现关键词提取、文摘。

（三）文本分类

文本分类是按预先给定的分类体系，将待分析的文本分到某个或某几个类别中。文本分类的方法步骤：首先需要研究人员对训练数据进行标注，明确一些样本和类别的对应关系，然后训练模型来反映这种对应关系，最后使用训练好的模型来预测待分析的文本所属的类别。常见的文本分类模型有朴素贝叶斯、支持向量机（Support Vector Machine，SVM）、人工神经网络、深度学习［卷积神经网络（Convolutional Neural Network，CNN）、循环神经网络（Recurrent Neural Network，RNN）、长短时记忆网络（Long Short-Term Memory，LSTM）、双向长短时记忆网络（Bi-directional Long Shot-Term Memory，BiLSTM）］等。

（四）文本相似度计算

文本相似度计算是文本分类的一个基础步骤，其基本原理是：如果词 A 和词 B 附近的词很相似，则 A 和 B 相似性较高。文本相似度有两种常用算法：一是基于语义场，利用同义词词林等计算词语相似度，再通过词语相似度得出文本相似度。二是向量空间模型（Vector Space Model，VSM）算法，该算法基于大规模语料库等统计信息，通过选取特征词，建立文本特征向量，利用向量夹角的余弦值来计算文本相似度，其余弦值越大说明文档越相似。其中，后者算法计算速度较快，因此在涉及大量文本时，通常采用后者算法进行文本相似度计算。[①]

---

① 高兆远，程珂，张燕平，等. 基于文本聚类的新闻采集分析系统设计与应用［J］. 电脑知识与技术，2015（4X）：5-9.

(五) 情感倾向分析

情感倾向分析，也被称为意见挖掘（Opinion Mining），属于文本分类的一种，是指对包含用户表示的观点、喜好、情感等主观性文本进行监测、分析以及挖掘[①]，通常将文本分为正面、负面和中性几类。文本情感分析的基础首先是判断词语的情感倾向，其方法主要有基于词典匹配和基于 SVM、CNN、LSTM 等监督学习的情感分类两种。基于词典匹配的方法主要是通过文本相似度或者层次结构来判别词语的情感极性。基于 SVM 等监督学习的方法则主要是通过语料库来判断词语的情感倾向，不同模型算法所得到的结果也会有一定的差异。

本研究中的情感分析部分主要通过 Python 中的自然语言处理包（Natural Language Toolkit，NLTK）来实现。NLTK 中包含分词、实体识别、情感分类等非常完整丰富的自然语言处理工具，可以很好地满足本研究的文本处理需求。

三、数据整理系统

通过网络爬虫获取的数据通常是非结构化或者半结构化的，而要建立视听信息传播效果评估指标体系需要结构化的、二维表形式的数据来进行统计分析，因此本研究建立了数据采集整理系统，并设计了相应的功能来整理和存储数据。数据库是比较常用的存储和管理数据的工具，本研究将所涉及的数据存储于 SQL Server 数据库，并根据需要的功能来构建数据采集整理系统。

(一) 原始数据存储

本研究的指标体系需要通过网络爬虫抓取数据的八个变量中有一半可以直接获得结构性的数据，另一半的原始数据是文本数据。将原始文件存档，若后期数据处理阶段或者源数据解析阶段出现错误，需要往回查找，只需读取存储在页面存档数据库中的原始数据即可，而不必重新抓取数据。

(二) 原始数据解析与处理

将原始数据进行结构化处理后，以二维表的形式存储的数据是解析数据。

---

① 魏韡，向阳，陈千. 中文文本情感分析综述 [J]. 计算机应用，2011 (12)：3321－3323.

数据经过解析后，大部分已可以直接用于数据分析研究，但也有部分网站出于直观或美观等目的，有些数据可能存在冗余或不规则等问题，需要在此阶段进行数据整理，根据呈现的数据机构不同，整理工作可能涉及截取片段、正则匹配、智能分段、文字替换等整理规则和工具。数据解析和整理是后期数据变量化的基础。

（三）数据变量化

将解析和整理后的数据在系统中以变量化的方式存储，以便于之后进行数据分析和研究。变量化的存储包含变量数据和变量索引两部分，变量数据是变量和样本构成的二维表，变量索引则是用于索引和描述数据，比如在"电视剧百度指数"数据表中，某字段为"电视剧名称"，在变量索引中则可以找到变量ID为"name"的变量相关信息，如变量类型、值字段含义等。

（四）数据标准化

一般而言，变量化的数据已经可以用于数据分析和研究，但对于指标体系研究来说，变量之间来源不同，因而量纲也不一致，无法直接进行比较、运算和分析，故需要对数据进行标准化处理。数据的标准化有多种方法，如"min-max标准化"、"Z-score标准化"以及"按小数定标标准化"等。本研究中采取的标准化方法是比较常用的"min-max标准化"的方法，该方法是对原数据的线性变化，可以将原始值 x 通过这一标准化过程映射成在区间 $[0,1]$ 中的新值 x'，其公式为：$x' = (x - \min) / (\max - \min)$。

（五）使用数据进行传播效果评估

按照前文第五章第二节确定的权重，将标准化后的数据与各自的权重相乘然后求和，得到传播效果评估模型的综合指数得分以及各一级指标和二级指标得分。

第二节　系统的设计与实现

本节着重介绍评估系统的数据来源、各指标参数的设定及各模块的基本功能。

一、数据来源

原始数据主要来源于相关统计资料、视频网站、百度搜索引擎、新浪微博、搜狗微信搜索、百度新闻等相关网站。

(一) 电视播出频道指数

电视播出频道指数＝节目播出频道1覆盖指数×节目播出频道1收视指数＋
节目播出频道2覆盖指数×节目播出频道2收视指数

其中，频道覆盖指数＝频道覆盖率/所有频道覆盖率（见表8-1）；频道收视指数为2015年全国电视收视市场频道全年的市场份额标准化后的数据（见表8-2）。若电视剧只在单个频道独播，则第二个频道的数据为零。2015年全国卫视排名前20的各频道覆盖率和市场份额详见附表1和附表2。

表8-1　　2015年全国卫视频道覆盖率排名前20位频道的覆盖指数

排名	频道	覆盖指数	排名	频道	覆盖指数
1	央视七套	0.943	11	北京卫视	0.848
2	湖南卫视	0.927	12	央视十套	0.846
3	央视一套	0.926	13	山东卫视	0.845
4	安徽卫视	0.907	14	央视十二套	0.841
5	央视十三套	0.892	15	江苏卫视	0.825
6	央视二套	0.875	15	天津卫视	0.825
7	四川卫视	0.872	17	湖北卫视	0.823
8	央视十四套	0.865	17	央视四套	0.823
9	重庆卫视	0.854	19	央视十一套	0.818
9	浙江卫视	0.854	20	东方卫视	0.815

表8-2　　2015年全国电视收视市场市场份额排名前20位频道的收视指数

排名	频道	收视指数（市场份额数据的标准化）
1	央视一套	1.00
2	湖南卫视	0.86
3	央视六套	0.60
4	央视十三套	0.58
5	央视三套	0.56
6	浙江卫视	0.54
7	央视四套	0.52
8	央视八套	0.48
9	江苏卫视	0.42

续前表

排名	频道	收视指数（市场份额数据的标准化）
10	央视五套	0.40
11	东方卫视	0.36
11	北京卫视	0.36
13	央视十四套	0.34
13	山东卫视	0.34
15	安徽卫视	0.32
16	湖南卫视金鹰卡通频道	0.24
17	央视二套	0.22
18	天津卫视	0.20
18	央视十套	0.20
18	江西卫视	0.20
19	其他频道	0.10

（二）电视播出时段指数

电视播出时段指数原始数据来源于《中国电视收视年鉴（2016）》（见附表3），具体方法是将2015年全国样本城市观众周一至周日各时段收视率数据使用 min-max 方法标准化后，取电视剧播出时段的数据均值作为电视播出时段指数（见表 8-3），即同一部剧不同周天的时段指数也是有差异的。

表 8-3　　　　　　　　　　周一至周日不同时段指数

时间段	周一指数	周二指数	周三指数	周四指数	周五指数	周六指数	周日指数
19：30—21：30	0.933	0.933	0.932	0.930	0.943	0.945	0.950
22：00—23：30	0.422	0.422	0.436	0.432	0.519	0.504	0.450
20：00—22：00	0.892	0.890	0.893	0.892	0.924	0.923	0.913
19：30—22：30	0.839	0.837	0.841	0.840	0.876	0.873	0.861

（三）媒体转载量

媒体转载量主要来源于搜索引擎的数据，在百度新闻（网址为 http：//news.baidu.com/）中键入搜索词汇，所显示的新闻条数即为该指标数据。

（四）微信公众号刊发量

此项指标通过搜狗微信搜索（网址为 http：//weixin.sogou.com/）获得，键入关键词即可得到微信公众号上相关文章的数量。

(五) 微博热议度

新浪微博推出的微指数搜索功能（网址为 http：//data. weibo. com/in-dex），键入关键词即可获得关键词在几年内的微博热议指数。

(六) 微话题讨论度

一般热议程度较高的事件和话题会开设专门的微话题，就影视节目而言，有制作方为营销推广官方开设的微话题，也有粉丝自发开设的。微话题榜单每分钟更新一次，每分钟对榜单进行一次抓取，将话题每天出现在微话题榜单的次数作为微话题讨论度的数据。

(七) 正面评论的比例

该数据的获取方法主要是通过在微博和论坛等用户讨论较多的网络平台抓取相关关键词，获得用户的评论，然后进行语义分析，提取出正面评论，将之与总评论量相除获得本指标的数值。

(八) 传统收视率

传统收视率数据来自 CSM 公司的调查数据，大部分剧目的收视率数据可以从新闻、百度百科词条、微博等公开数据来源获取，本研究中样本收视率数据详见附表 4。

(九) 网络日增播放量

在腾讯视频、爱奇艺、搜狐、优酷、乐视、PPTV、芒果 TV 七个网站搜索相关电视剧名称，将电视剧在各视频网站的点击量进行加总，并减去前一日的总播放量，作为该剧当日的网络播放量。

(十) 网络搜索量

本研究选取节目关键词的百度指数（网址为 http：//index. baidu. com/）作为搜索量的取值。

二、系统的模块划分与结果展示

本研究根据采集数据、解析与整理数据、数据分析和数据展示的功能构建了指标体系。

以一部电视剧为例，当某部电视剧在电视频道首播时，将其在各网站有相关信息的 URL 加入种子库，用于爬虫抓取。其中结构性数据直接解析整理后存储，非结构性数据抓取相关文本，采用自然语言处理工具对其进行挖掘，然后将分析后的结构性数据整理存储。最终，将多方数据汇总分析，并进行展示。

结果展示系统左侧导航菜单共分为三部分——排行榜、电视剧分析和我的关注，其中电视剧分析的二级菜单包含单剧分析和对比分析（见图 8-2）。展示的主界面为电视剧排行榜（前 30 名），用户可以自行查看选择日榜、周榜、月榜、年榜，或者按日期进行选择，排行榜默认按照综合指数进行排序，也可以点击选择按照认知指数、情感指数或者行为指数排序。本页面也设置了搜索选项，可以搜索用户感兴趣的剧目。

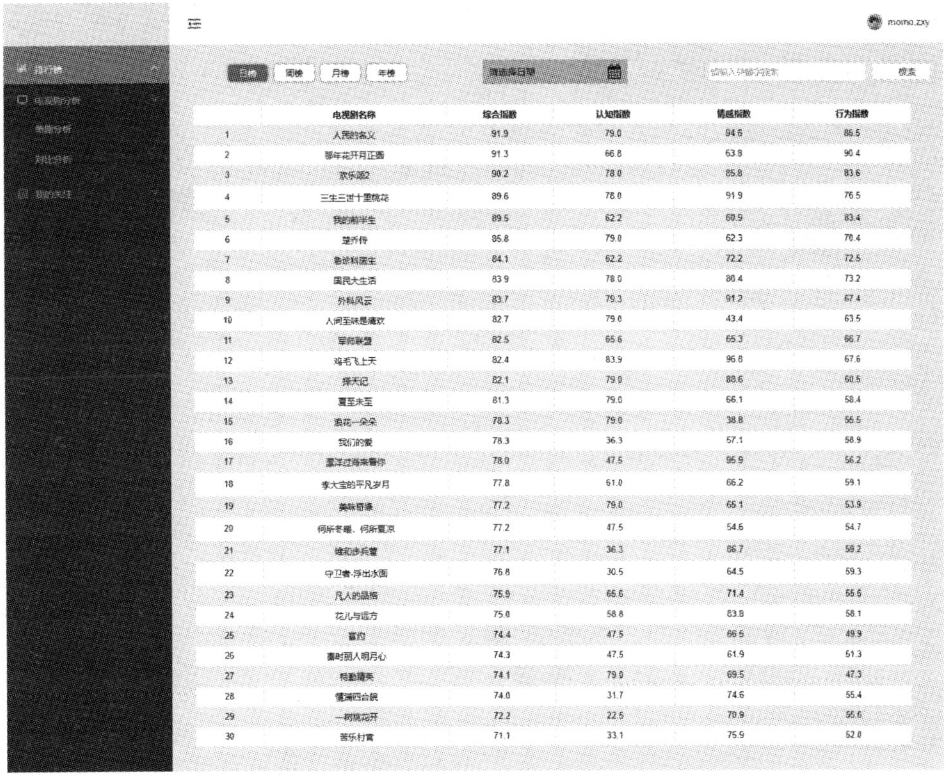

序号	电视剧名称	综合指数	认知指数	情感指数	行为指数
1	人民的名义	91.9	79.0	94.6	86.5
2	那年花开月正圆	91.3	66.8	63.8	90.4
3	欢乐颂2	90.2	78.0	85.8	83.6
4	三生三世十里桃花	89.6	78.0	91.9	76.5
5	我的前半生	89.5	62.2	68.9	83.4
6	楚乔传	85.8	79.0	62.3	78.4
7	急诊科医生	84.1	62.2	72.2	72.5
8	国民大生活	83.9	78.0	86.4	73.2
9	外科风云	83.7	79.3	91.2	67.4
10	人间至味是清欢	82.7	79.0	43.4	63.5
11	军师联盟	82.5	65.6	65.3	66.7
12	鸡毛飞上天	82.4	83.9	96.8	67.6
13	择天记	82.1	79.0	88.6	60.5
14	夏至未至	81.3	79.0	66.1	58.4
15	凉凉一朵朵	78.3	79.0	38.8	56.5
16	我们的爱	78.3	36.3	57.1	58.9
17	漂洋过海来看你	78.0	47.5	95.9	56.2
18	李大宝的平凡岁月	77.8	61.0	66.2	59.1
19	美味奇缘	77.2	79.0	65.1	53.9
20	何所冬暖，何所夏凉	77.2	47.5	54.6	54.7
21	嫩和涉兵营	77.1	36.3	86.7	59.2
22	守卫者-浮出水面	76.8	30.5	64.5	59.3
23	凡人的品格	75.9	65.6	71.4	55.6
24	花儿与远方	75.0	58.8	83.8	58.1
25	猎豹	74.4	47.5	66.5	49.9
26	秦时丽人明月心	74.3	47.5	61.9	61.3
27	柯影隆美	74.1	79.0	66.5	47.3
28	镇浦四合院	74.0	31.7	74.6	55.4
29	一树桃花开	72.2	22.5	70.9	56.6
30	苦乐村官	71.1	33.1	75.9	52.0

图 8-2　数据结果展示系统主页面（指标体系综合指数排名查询）

用户可以从主界面点击排行榜中其感兴趣的电视剧进入电视剧详情页，进入"电视剧分析"菜单下的"单剧分析"。"单剧分析"页面（见图 8-3）的第一部分是电视剧的相关背景信息，如导演、编剧、主演、类型、集数、故事梗概等；第二部分是电视剧的综合指数分天走势，用户可以自行选择时间段；第三部分是电视剧的实时收视情况折线图，将播放量和收视率分列主坐标轴和次坐标轴，右侧是电视剧在各视频网站中的播放量占比数据；第四部分是社交媒体中的相关讨论强度和倾向，以及部分代表性评论展示；第五部分是媒体和微信公众号发布的文章数量及趋势，以及影响力较大的文章摘要。

图 8 - 3　数据结果展示系统"单剧分析"页面

"电视剧分析"菜单下的"对比分析"是对两部及以上的电视剧相关数据进行对比呈现，包括趋势研究、舆情研究和资讯关注三部分。趋势研究（见图 8 - 4）主要呈现了对比剧目的认知指数、情感指数和行为指数趋势对比，综合指数的走势对比，对比的时间范围可以由用户自行选择。舆情研究（见图 8 - 5）主要展示了与电视剧相关的评论关键词云图和相关词的词频条形图。

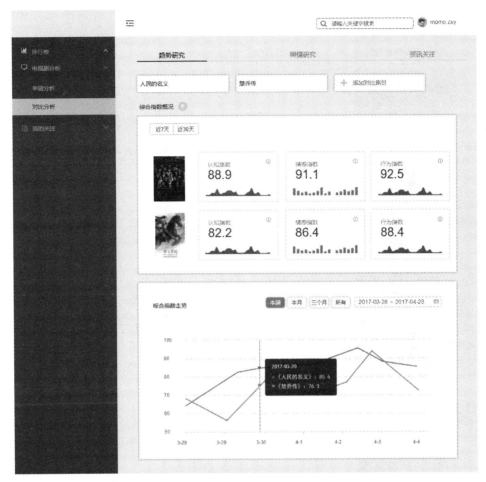

图 8 - 4　数据结果展示系统"对比分析"页面：趋势研究

　　数据展示系统中的第三部分"我的关注"（见图 8 - 6），主要是为用户提供个性化使用服务，用户可以注册登录系统，页面右上角为用户登录名，可以点击进行个人账户设置和退出登录。在"我的关注"模块，用户可以点击右上角添加按钮，将其感兴趣的电视剧放入"我关注的电视剧"，本页面仅展示了电视剧的"昨日综合指数""昨日指数排名""历史最好成绩"，用户可以点击"查看"进入电视剧详情页面，系统将跳转回"电视剧分析"下的"单剧分析"。

　　本研究构建了一套评估视听信息传播效果的指标体系，本章通过程序设计实现了评估系统的构建。本系统对相关数据抓取、整理、分析，并最终将数据结

图 8 - 5　数据结果展示系统"对比分析"页面：舆情研究

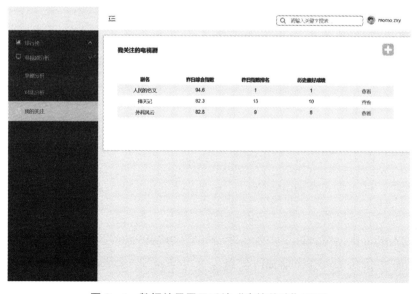

图 8 - 6　数据结果展示系统"我的关注"页面

果以可视化的方式展示给用户。本章程序设计及实现主要是基于前文的研究进行系统化,未来可以进一步完善,将新闻、综艺节目等其他节目类型也纳入考察范围。此外,通过该系统搜集了更多的数据后,可以对前文的研究模型进行进一步的检验和修正。

本章小结

本章主要介绍了本研究中视听信息传播效果评估系统程序设计的原理和方法以及最终的实现。本研究主要利用 Python 编程语言来编写网络爬虫程序,以此采集相关数据并进行解析;然后采取自然语言处理技术,将文本类的非结构化数据转化为结构化或半结构化数据,并对其进行深度分析;建立数据采集整理系统来对数据进行存储、解析与处理。最后,本章介绍了本研究中的数据来源以及系统设计的模块划分与数据结果的可视化展示方式。

参考文献

［1］巴拉巴西．爆发：大数据时代预见未来的新思维［M］．马慧，译．北京：中国人民大学出版社，2012.

［2］白益民．日本"财团模式"值得借鉴［J］．大经贸，2009（11）：15.

［3］北京商报．湖南卫视成去年首个创收破百亿省级卫视［EB/OL］．（2016－01－19）［2020－03－07］．http：//field.10jqka.com.cn/20160119/c587387509.shtml.

［4］布尔迪厄．关于电视［M］．沈阳：辽宁教育出版社，2000.

［5］布莱恩特，兹尔曼．媒介效果：理论与研究前沿［M］．2版．石义彬，彭彪，译．北京：华夏出版社，2009.

［6］波斯曼．技术垄断：文化向技术投降［M］．何道宽，译．北京：北京大学出版社，2007.

［7］操瑞青．传播效果研究的新思考：基于大数据时代的探索［J］．浙江传媒学院学报，2014（5）：38－44.

［8］曹琬凌，彭玉贤，林珍玮．公共广电问责体系初探［J］．新闻学研究（台北），2008（7）：129－186.

［9］常启云．颠覆与重构：大数据时代下的广义收视率［J］．新闻知识，2014（12）：17－18.

［10］陈若愚．中国电视收视年鉴（2015）［M］．北京：中国传媒大学出版社，2015.

［11］陈若愚．收视率100问［M］．北京：中国传媒大学出版社，2014.

［12］陈卫星，等．全球化背景下的广播电视：广播电视发展国际学术研讨会文集［M］．北京：北京广播学院出版社，2001.

［13］陈彧．共享仪式与互赠游戏：以百度贴吧为例的虚拟粉丝社群研究［J］．当代传播（汉文版），2013（6）：27－29.

［14］CSM推出国内首个电视时移收视报告　时移收视率让电视更增值［EB/OL］．（2015－12－08）［2017－11－01］．http：//www.199it.com/archives/414899.html.

［15］ComScore．灵活性是在线收看电视的主要原因，比例达56%［EB/OL］．（2014－11－04）［2017－12－05］．http：//www.199it.com/archives/288337.html.

［16］戴媛，郝晓伟，郭岩，等．我国网络舆情安全评估指标体系的构建研究［J］．信息网络安全，2010（4）：12－15.

［17］德弗勒，洛基奇．大众传播学诸论［M］．杜力平，译．北京：新华出版社，1990.

［18］多米尼克，刘宇清．美国电视的收视率与观众反馈研究［J］．世界电影，2005（5）：153－163.

［19］菲德勒．媒介形态变化：认识新媒介［M］．明安香，译．北京：华夏出版社，2000.

［20］菲斯克．电视文化［M］．祁阿红，张鲲，译．北京：商务印书馆，2005.

［21］高铁梅．计量经济分析方法与建模：EViews 应用及实例［M］．2 版．北京：清华大学出版社，2009.

［22］高晓虹，李智．试析传播新格局下电视与新媒体的相互借力与共赢［J］．国际新闻界，2013（2）：22－28.

［23］高兆远，程珂，张燕平，等．基于文本聚类的新闻采集分析系统设计与应用［J］．电脑知识与技术，2015（4）：5－9.

［24］谷征，徐展．国外收视率调查业的发展历程及其特征解读［J］．中国广播电视学刊，2011（11）：23－25.

［25］郭镇之．中国电视史［M］．北京：文化艺术出版社，1997.

［26］韩瑞娜，周小普．多屏发展背景下电视节目评估指标体系创新初探［J］．中国广播电视学刊，2015（3）：42－46.

［27］黄升民，刘珊．大数据时代，电视如何作为？［J］．南方电视学刊，2013（3）：21－23.

［28］黄永勤．国外大数据研究热点及发展趋势探析［J］．情报杂志，2014（6）：99－104.

［29］季为民，聂双．收视率的市场含义与电视的文化追求："收视率"对电视业的影响分析［J］．新闻与传播研究，2004（4）：41－46.

［30］孔彬，匡文波．基于大数据的互联网电视运营分析体系研究［J］．传媒，2015（21）：11－14.

［31］李彪，郑满宁．从话语平权到话语再集权：社会热点事件的微博传播机制研究［J］．国际新闻界，2013（7）：6－15.

［32］李国杰，程学旗．大数据研究：未来科技及经济社会发展的重大战略领域——大数据的研究现状与科学思考［J］．中国科学院院刊，2012（6）：647－657.

［33］李盛韬，余智华，程学旗，等．Web 信息采集研究进展［J］．计算机科学，2003（2）：151－157.

[34] 李雯. 电视新闻的娱乐化、收视率陷阱及其矫正 [J]. 重庆社会科学, 2010 (9): 94 - 98.

[35] 梁昊光, 倪桓. 重估收视率调查 [J]. 视听界, 2002 (3): 9 - 12.

[36] 刘春宁. 多屏时代下的中国电视剧发展趋势论坛实录 [EB/OL]. (2013 - 06 - 18) [2018 - 07 - 19]. https: //ent. qq. com/zt2013/duoping/index. htm.

[37] 刘德寰, 左灿. 收视率调查状况与中国收视率发展模式的探讨: 兼谈数据垄断 [J]. 广告大观 (理论版), 2009 (4): 66 - 71.

[38] 刘绩宏, 张海. 舆论危机事件舆情、舆论的鉴别性特征及其预警应用: 基于 2013 年舆论危机事件与普通舆情事件的实证比较 [J]. 现代传播 (中国传媒大学学报), 2014 (7): 38 - 43.

[39] 刘燕南, 张雪静. 跨屏受众收视行为测量: 现状、问题及探讨 [J]. 现代传播 (中国传媒大学学报), 2016 (8): 1 - 7.

[40] 刘燕南. 电视收视率解析: 调查、分析与应用 [M]. 北京: 北京广播学院出版社, 2001.

[41] 刘燕南. 从引入收视率到推出满意度 [J]. 新闻与传播, 2007 (12): 15 - 22.

[42] 刘燕南. 电视评估: 公共电视 vs 商业电视: 英美及台湾的经验与思考 [J]. 中国地质大学学报 (社会科学版), 2011 (2): 75 - 80.

[43] 刘燕南. 再谈收视率造假: 缘起、技术与监管 [J]. 现代传播 (中国传媒大学学报), 2012 (10): 1 - 6.

[44] 刘燕南. 跨屏时代的受众测量与大数据应用 [M]. 北京: 中国传媒大学出版社, 2016.

[45] 陆地, 陈思. 新媒体时代电视节目评估体系的构建和应用 [J]. 新闻爱好者, 2013 (11): 54 - 59.

[46] 陆地, 靳戈. 大数据: 电视产业转型升级的支点和交点 [J]. 电视研究, 2014 (4): 13 - 15.

[47] 吕岩梅, 周菁, 雷蔚真. 发达国家收视率调查的基本格局、主要方法及监管机制研究 [J]. 东岳论丛, 2011 (8): 102 - 108.

[48] 洛基奇, 郑朱泳, 王斌. 从 "媒介系统依赖" 到 "传播机体": "媒介系统依赖论" 发展回顾及新概念 [J]. 国际新闻界, 2004 (2): 9 - 12.

[49] 马建光, 姜巍. 大数据的概念、特征及其应用 [J]. 国防科技, 2013 (2): 10 - 17.

［50］麦格雷.传播理论史：一种社会学的视角［M］.刘芳，译.北京：中国传媒大学出版社，2009：52.

［51］麦奎尔.麦奎尔大众传播理论［M］.崔保国，李琨，译.北京：清华大学出版社，2010：315.

［52］麦奎尔.受众分析［M］.刘燕南，李颖，杨振荣，译.北京：中国人民大学出版社，2006.

［53］迈耶.美国商业电视的竞争［M］.刘燕南，肖弦弈，和轶红，译.北京：中国传媒大学出版社，2007.

［54］梅罗维茨.消失的地域：电子媒介对于社会行为的影响［M］.肖志军，译.北京：清华大学出版社，2002.

［55］美兰德媒介咨询.2017年1-5月网络视频剧集播出特征与趋势分析［EB/OL］.（2017-06-19）［2017-11-01］.https：//baijiahao.baidu.com/s?id=1570596140281859 &wfr=spider&for=pc.

［56］孟小峰，慈祥.大数据管理：概念、技术与挑战［J］.计算机研究与发展，2013（1）：146-169.

［57］米歇尔.图像理论［M］.陈永国，胡文征，译.北京：北京大学出版社，2006：3.

［58］尼尔森网联.三年"时移"：2013—2015年，中国人的收视变化［EB/OL］.（2016-01-12）［2017-10-03］.https：//www.useit.com.cn/thread-11189-1-1.html.

［59］倪宁.大数据时代的传播观念变革［J］.西北大学学报（哲学社会科学版），2014（1）：139-145.

［60］倪燕，赵曙光.西方公共电视的节目评估：收视率悖论［J］.国际新闻界，2004（2）：65-68.

［61］彭兰.网上社区个案研究：豆瓣［EB/OL］.（2008-12-16）［2017-12-15］.https：//www.douban.com/group/topic/4886179/.

［62］彭兰.Web2.0及未来技术对数字化个体的再定义［J］.当代传播（汉文版），2013（2）：13-16.

［63］人民网.世界杯首赛多屏收视率发布　电视播出吸引近四千六百万球迷［EB/OL］.（2014-06-17）［2017-05-03］.http：//news.xinhuanet.com/photo/2014-06/14/c_126619342.html.

［64］瑟洛，等.电脑中介传播：人际互动与国际网路［M］.谢光萍，吴怡萱，译.台北：韦伯文化国际出版有限公司，2006.

[65] 舍恩伯格. 大数据时代：生活、工作与思维的大变革 [M]. 盛扬燕，等，译. 杭州：浙江人民出版社，2013.

[66] 沈浩，黄晓兰. 大数据助力社会科学研究：挑战与创新 [J]. 现代传播（中国传媒大学学报），2013（8）：13 - 18.

[67] 时统宇，吕强. 收视率导向批判：社会的醒思 [J]. 现代传播（中国传媒大学学报），2008（3）：6 - 9.

[68] 斯特拉特. 麦克卢汉与媒介生态学 [M]. 胡菊兰，译. 开封：河南大学出版社，2016.

[69] 宋友权. 广播电视节目评估工作的运作及发展趋势 [J]. 中国广播电视学刊，2003（5）：29 - 31.

[70] 搜狐网. 吕焕斌深度解读芒果模式：2019 芒果超媒承诺利润过 10 亿、收入超百亿 [EB/OL]. (2019 - 05 - 28) [2020 - 03 - 07]. https：//www. sohu. com/a/317107867 _ 663268.

[71] 孙立伟，何国辉，吴礼发. 网络爬虫技术的研究 [J]. 电脑知识与技术，2010（15）：4112 - 4115.

[72] 谭天，邱慧敏. 如何把节目打造成平台：兼论电视媒体融合发展中的价值创新 [J]. 中国电视，2015（2）：62 - 66.

[73] 谭天. 从"新闻学与传播学"到"传播学与传媒学" [J]. 新闻记者，2015（12）：38 - 42.

[74] 仝新顺，曹勇. 产业链渗透：关注日本财团体制 [J]. 企业研究，2009（12）：30 - 33.

[75] TextRank 自动文摘 [EB/OL]. (2015 - 06 - 25) [2019 - 07 - 13]. http：//www. cnblogs. com/chenbjin/p/4600538. html.

[76] 王青，成颖，巢乃鹏. 网络舆情监测及预警指标体系构建研究 [J]. 图书情报工作，2011（8）：54 - 57.

[77] 王长潇. 电视与新媒体融合发展模式探析 [J]. 当代传播（汉文版），2012（2）：67 - 69.

[78] 网易科技. 谷歌每天遇到 5 亿次从未见过的搜索请求 [EB/OL]. (2013 - 05 - 14) [2017 - 11 - 01]. http：//tech. 163. com/13/0514/17/8URS01E9000915BF. html.

[79] 韦伯斯特，法伦，里奇. 视听率分析：受众研究的理论与实践 [M]. 王兰柱，苑京燕，译. 北京：华夏出版社，2004.

[80] 魏韡，向阳，陈千. 中文文本情感分析综述 [J]. 计算机应用，2011（12）：3321 - 3323.

［81］郗颖.“免费＋付费”模式下视频网站的发展空间：以腾讯视频为例［J］. 西部广播电视，2017（7）：6.

［82］新华网. 央视-索福瑞与微博发布首个社交媒体电视指数［EB/OL］.（2014－07－03）［2017－12－01］. http：//news. xinhuanet. com/tech/2014－07/03/c_126704174. html.

［83］熊茵，赵振宇. 微信舆情的传播特征及风险探析［J］. 现代传播（中国传媒大学学报），2016（2）：79－82.

［84］徐立军. 中国电视收视年鉴（2016）［M］. 北京：中国传媒大学出版社，2016.

［85］喻国明，李彪. 收视率全效指标评估体系研究：以电视剧为例［J］. 现代传播（中国传媒大学学报），2009（4）：36－38.

［86］喻国明，刘旸. 媒介融合时代基于大数据的传媒生产创新［J］. 新闻战线，2015（9）：24－28.

［87］喻国明，王斌，李彪，等. 传播学研究：大数据时代的新范式［J］. 新闻记者，2013（6）：22－27.

［88］喻国明. 大数据方法与新闻传播创新：从理论定义到操作路线［J］. 江淮论坛，2014（4）：5－7.

［89］张斌. 显影与祛魅：论布尔迪厄的媒介批评［J］. 现代传播（中国传媒大学学报），2015（9）：21－26.

［90］张红涛，王二平. 态度与行为关系研究现状及发展趋势［J］. 心理科学进展，2007（1）：163－168.

［91］张树庭，张文良，余延殊. 电视节目网络人气指数体系（IPI）的初步建构［J］. 现代传播（中国传媒大学学报），2010（12）：103－106.

［92］张涛甫，项一嶔. 大数据时代的传统媒体突围［J］. 新闻记者，2013（6）：32－36.

［93］张韵，吴畅畅，赵月枝. 人民的选择？：收视率背后的阶级与代表性政治［J］. 开放时代，2015（3）：158－173.

［94］赵曙光. 媒介经济学案例分析［M］. 北京：华夏出版社，2004.

［95］郑维东. 用户核心与数据驱动的价值体系建构［EB/OL］.（2017－08－22）［2017－08－27］. http：//mini. eastday. com/a/170823024751615－3. html.

［96］中国产业信息网. 2017年我国电视广告收入及收视份额占比、2018年广告市场行业规模预测分析［EB/OL］.（2018－01－09）［2020－03－07］. http：//www. chyxx. com/industry/201801/601702. html.

［97］中国互联网络信息中心（CNNIC）. 第41次中国互联网络发展状况统计报告

[EB/OL]. (2018 - 03 - 05) [2020 - 03 - 07]. http：//www. cnnic. net. cn/hlwfzyj/hlwxzbg/hlwtjbg/201803/P020180305409870339136. pdf.

[98] 中国互联网络信息中心（CNNIC）. 第 44 次中国互联网络发展状况统计报告 [EB/OL]. (2019 - 08 - 30) [2020 - 03 - 06]. http：//www. cnnic. net. cn/hlwfzyj/hlwxzbg/hlwtjbg/201908/P020190830356787490958. pdf.

[99] 钟起惠. 节目品质与优质电视：兼论当前台湾电视节目产制的困境及出路 [M]. 台北：财团法人广播电视事业发展基金，2003.

[100] 周葆华. 效果研究：人类传受观念与行为的变迁 [M]. 上海：复旦大学出版社，2008.

[101] 周宪. 文化工业/公共领域/收视率：从阿多诺到布尔迪厄的媒体批判理论 [J]. 新闻与传播研究，1998 (4)：67 - 72.

[102] 周小普，黄彪文. 契机、转机或是危机?：试析数字新媒体对广播电视的影响 [J]. 国际新闻界，2011 (4)：62 - 67.

[103] 周勇，陈慧茹. 多级传播路径下的网络视听信息影响力评估体系建构 [J]. 现代传播（中国传媒大学学报），2013 (3)：123 - 128.

[104] 周勇，何天平. "互联网＋"背景下视听传播的竞合：2015 年我国视频内容发展综述与前瞻 [J]. 新闻战线，2016 (3)：43 - 47.

[105] 周勇，何天平. 视频网站"下半场"发展观察：线索、路径与前瞻 [J]. 新闻与写作，2018 (5)：16 - 20.

[106] 周勇. 电视会终结吗?：新媒体时代电视传播模式的颠覆与重构 [J]. 国际新闻界，2011 (2)：55 - 59.

[107] 朱天，彭泌溢. 试论媒介融合中的"加减之道"：时代华纳与美国在线"世纪婚姻"终结对我国"三网融合"的启示 [J]. 新闻记者，2011 (7)：61 - 65.

[108] AJZEN I. Attitudes personality, and behavior [M]. Maidenhead：Open University Press, 1988：127 - 143.

[109] AJZEN I. Nature and operation of attitudes [J]. Annual Review of Psychology, 2001，52：27 - 58.

[110] ANDERSON C. The end of theory：the data deluge makes scientific method obsolete [EB/OL]. (2006 - 08 - 23) [2018 - 07 - 23]. https：//www. wired. com/2008/06/pb-theory/.

[111] ANDREJEVIC M，BURDON M. Defining the sensor society [J]. Social Science Electronic Publishing, 2014，16 (1)：19 - 36.

[112] BALL-ROKEACH S J. The origins of individual media system dependency: A sociological framework [J]. Mass Communication & Society, 1985, 1 (1 - 2): 5 - 40.

[113] BALLROKEACH, S J, ROKEACH M, GRUBE J W. The Great American Values Test: Influencing Behavior and Belief Through Television [J]. The Public Opinion Quarterly, 1986, 50 (2): 280 - 282

[114] BALLROKEACH S J, POWER G J, GUTHRIE K K, et al. Value-framing abortion in the united states: an application of media system dependency theory [J]. International Journal of Public Opinion Research, 1990, 2 (3): 249 - 273.

[115] BALLROKEACH S J, DEFLEUR M L. A dependency model of mass-media effects [J]. Communication Research, 1995, 3 (1): 3 - 21.

[116] BALL-ROKEACH S J. A theory of media power and a theory of media use: different stories, questions, and ways of thinking [J]. Mass Communication & Society, 1998, 1 (1 - 2): 5 - 40.

[117] BARB. Monthly top 30 catch-up programs by audience [EB/OL]. (2017 - 09 - 01) [2017 - 09 - 01]. http: //www. barb. co. uk/viewing-data/monthly-top-30-catch-up-by-audience/.

[118] BARWICK H. IIIS: The four V's of Big Data [EB/OL]. (2011 - 08 - 05) [2018 - 03 - 14]. http: //www. computerworld. com. au/article/396198/iiis _ four _ vs _ big _ data/.

[119] BBC. Public service broadcasting: the BBC's performance measurement framework [EB/OL]. (2005 - 05 - 30) [2018 - 09 - 19]. https: //www. nao. org. uk/wp-content/uploads/2016/03/Public-service-broadcasting-the-BBC％E2％80％99s-performance-measurement-framework. pdf.

[120] BECKER, WHITNEY L B, CHARLES D. The effects of media dependencies on audience assessment of government [J]. Communication Research, 2016, 7 (1): 95 - 120.

[121] BERGMAN M K. The Deep Web: Surfacing Hidden Value [EB/OL]. (2001 - 09 - 24) [2018 - 09 - 19]. http: //www. completeplanet. com/Tutorials/DeepWeb.

[122] BEVILLE H M. Audience Ratings: Radio, Television, and Cable [M]. Mahwah: Lawrence Erlbaum Associates, 1998: 240.

[123] BRECKLER S J. Empirical validation of affect, behavior and cognition as distinct components of attitude [J]. Journal of Personality and Social Psychology, 1984 (47): 1191 - 1205.

[124] CHAFFEE S H, MCLEOD J M. Individual vs. social predictors of information seeking [J]. Journalism & Mass Communication Quarterly, 1973, 50 (2): 237 - 245.

[125] CHAFFEE S H. Mass and interpersonal channels: competitive, convergent, or complimentary? [M]//Intermedia: Interpersonal communication in a media world. New York: Oxford University Press, 1982: 62 - 96.

[126] CHAPMAN A, ALLEN M D, BLAUSTEIN B. It's about the data: provenance as a tool for assessing data fitness [C]. USENIS Conference on Theory and Practice of Provenance, 2012: 8.

[127] CHO J. Crawling the web: discovery and maintenance of large-scale web data [J]. International Journal of Advances in Engineering Sciences, 2013, 3 (3): 62 - 66.

[128] COLMAN W R. Health moves to prime-time: Evaluating the impact of a prime-time television movie of the week on viewer's content relevant health beliefs [J]. Dissertation Abstracts International, 1990, 51 (05): 2305. (University Microfilms No. AAG90 - 28380)

[129] CONNER M, NORMAN P, BELL R. The theory of planned behavior and healthy eating [J]. Health Psychology Official Journal of the Division of Health Psychology American Psychological Association, 2002, 21 (2): 194 - 201.

[130] DEFLEUR M L, BALL-ROKEACH S. Theories of mass communication [M]. Boston: Allyn & Bacon, 1989.

[131] DONOHEW L, PALMGREEN P, RAYBURN J D. Social and psychological origins of media use: a lifestyle analysis [J]. Journal of Broadcasting & Electronic Media, 1987, 31 (3): 255 - 278.

[132] EAGLY A H, CHIAIKEN S. The psychology of attitudes [M]. San Diego: Harcourt Brace Jaonvich, 1993: 479 - 490.

[133] ELLIOTT M A, ARMITAGE C J, BAUGHAN C J. Drivers' Compliance With Speed Limits: An Application of the Theory of Planned Behavior [J]. Journal of Applied Psychology, 2003, 88 (5): 964 - 972.

[134] ERBRING L, GOLDENBERG E N, MILLER A H. Front-page news and real-world cues: a new look at agenda-setting by the media [J]. American Journal of Political Science, 1980, 24 (1): 16.

[135] FISHBEIN M, AJZEN I. Belief attitude intention and behavior: an introduction theory and research [J]. Contemporary Sociology, 1977, 6, (2): 244 - 245.

[136] GANTZ J, REINSEL D. The Digital Universe in 2020: Big Data, Bigger Digital Shadows, Biggest Growth in the Far East [EB/OL]. (2012 - 12) [2019 - 09 - 13]. http: // www. emc. com/collateral/analystreports/idc-the-digital-universe-in - 2020. pdf.

［137］GAZIANO G. Cultural indicators: The case of violence in television drama ［C］. The Annals of the American Academy of Political and Social Science, 1970: 388/6981.

［138］Global guidelines on out-of-home audience measurement ［EB/OL］. (2016 - 01 - 19) ［2018 - 02 - 28］. https: //fepe. com/slider/Global-Guidelines-on-Out-of-Home-Audience-Measurement. pdf.

［139］GRANT A E, GUTHRIE K K, BALLROKEACH S J. Television shopping: a media system dependency perspective ［J］. Communication Research, 1991, 18 (6): 773 -798.

［140］GRASSEGGER H, KROGERUS M. The data that turned the world upside down. (2017 - 01 - 28) ［2019 - 07 - 28］. https: //motherboard. vice. com/en _ us/article/how-our-likes-helped-trump-win 2017.

［141］GUNTER B. Media research methods: measuring audiences, reactions and impact ［M］. London: SAGE Publications, 1999.

［142］GUNTER B, BLEMENS J, WOBER M. Defining television quality through audience reaction measurement ［M］. London: Independent Television Commission, 1992.

［143］GUNTER B, WOBER M. The reactive viewer: a review of research on audience reaction measurement ［M］. London: John Libbey, 1992.

［144］HAAS L. Integrating extremely large data is extremely challenging ［EB/OL］. (2012 - 06 -22) ［2018 - 09 - 23］. http: //idke. ruc. edu. cn/xldb/www. xldb-asia. org/program. html.

［145］HEY T, TANSLEY S, TOLLE K. The fourth paradigm: data-intensive scientific discovery ［M］. Washington: Microsoft Research, 2009.

［146］IBM. What is big data? ［EB/OL］. (2012 - 08 - 23) ［2019 - 09 - 22］. https: // www. ibm. com/analytics/hadoop/big-data-analytics.

［147］JUNEAU P. The CMRTV's activities ［EB/OL］. (2000 - 12 - 13) ［2018 - 1 - 13］. http//www. orbicom. uqam. ca/en/.

［148］KATZ E, BLUMLER J G. The uses of mass communications ［M］. London: Sage Publications, 1974: 20.

［149］KITCHIN R. Big data, new epistemologies and paradigm shifts ［J］. Big Data & Society, 2014, 1 (1): 1 - 12.

［150］KRENCH, CRUTCHFIELD, BALLACHEY. Individual in society: a textbook of social psychology ［M］. Tokyo: McGra-Hill Kogakusha, Ltd, 1962.

[151] LEVY M R, WINDAHL S. Audience activity and gratification: a conceptual clarification and exploration [J]. Communication Research, 1984, 11 (1): 51 - 78.

[152] LOGES W E. Canaries in the coal mine: perceptions of threat and media system dependency relations [J]. Communication Research, 1994, 21 (1): 5 - 23.

[153] NESDALE D, DURKIN K. Stereotypes and attitudes: implicit and explicit processes[M]//Impicit and Explicit Mental Processes. Mahwah, NJ: Lawrence Erlbaum, 1998: 219 - 232.

[154] PALMGREEN P. Uses and gratifications: a theoretical perspective [J]. Annals of the International Communication Association, 1984, 8 (1): 20 - 55.

[155] PALMGREEN P, RAYBURN J D. Gratifications sought and media exposure: an expectancy value model [J]. Communication Research, 1982, 9 (4): 561 - 580.

[156] PAN Z, MCLEOD J M. Multilevel analysis in mass communication research [J]. Communication Research, 1991, 18 (2): 140 - 173.

[157] PETTEY G R. The interaction of the individual's social environment, attention and interest, and public affairs media use on political knowledge holding [J]. Communication Research, 1988, 15 (3): 265 - 281.

[158] PRENSKY M H. Sapiens digital: from digital immigrants and digital natives to digital wisdom [J]. Innovate Journal of Online Education, 2009, 5 (3): 9.

[159] RANDAL E B, RANDY H K, EDWARD D L. Big-data computing: Creating revolutionary breakthroughs in commerce, science and society. (2008 - 12 - 22) [2019 - 09 - 22]. https://cra. org/ccc/wp-content/uploads/sites/2/2015/05/Big _ Data. pdf.

[160] ROSNEGREN K E. Substantive theories and formal models [J]. European Journal of Communication, 1995, 10 (1): 7 - 39.

[161] SALMON C T. Perspectives on involvement in consumer and communication research [M]//Progress in Communication Sciences. Norwood, NJ: Ablex Publishing Corporation, 1986 (7): 243 - 268.

[162] Statistic Brain. Total number of pages indexed by Google [EB/OL]. (2017 - 03 - 31) [2018 - 09 - 19]. http://www. statisticbrain. com/total-number-of-pages-indexed-by-google/.

[163] TERRANOVA T. Attention, economy and the brain [J]. Economic & Political Weekly, 2012 (6): 76 - 77.

[164] TINATI R, HALFORD S, CARR L, et al. Big data: methodological challenges

and approaches for sociological analysis [J]. Sociology, 2014, 48 (4): 663-681.

[165] VAN LEUVEN J. Expectancy theory in media and message selection [J]. Communication Research, 1981, 8 (4): 425-434.

[166] WANTA W, WU Y C. Interpersonal communication and the agenda-setting process [J]. Journalism Quarterly, 1992, 69 (4): 847-855.

[167] WOO B. Worldwide Big Data Technology and Services 2012—2015 Forecast [EB/OL]. (2012-05-24) [2018-09-19]. http: //www. gartner. com /it-glossary/big-data.

附　录

附表 1 　　　　　　　　 2015 年全国卫视频道覆盖率排名前 20 位

排名	频道	覆盖率（%）	排名	频道	覆盖率（%）
1	央视七套	93.0	11	北京卫视	83.6
2	湖南卫视	91.4	12	央视十套	83.4
3	央视一套	91.3	13	山东卫视	83.3
4	安徽卫视	89.4	14	央视十二套	82.9
5	央视十三套	88.0	15	江苏卫视	81.3
6	央视二套	86.3	15	天津卫视	81.3
7	四川卫视	86.0	17	湖北卫视	81.1
8	央视十四套	85.3	17	央视四套	81.1
9	重庆卫视	84.2	19	央视十一套	80.7
9	浙江卫视	84.2	20	东方卫视	80.4

资料来源：中国广视索福瑞媒介研究 2015 年全国收视调查网基础研究。

附表 2 　　　　　　 2015 年全国电视收视市场市场份额排名前 20 位的频道

排名	频道	2015 年市场份额（%）
1	央视一套	5.0
2	湖南卫视	4.3
3	央视六套	3.0
4	央视十三套	2.9
5	央视三套	2.8
6	浙江卫视	2.7
7	央视四套	2.6
8	央视八套	2.4
9	江苏卫视	2.1
10	央视五套	2.0
11	东方卫视	1.8
11	北京卫视	1.8
13	央视十四套	1.7
13	山东卫视	1.7
15	安徽卫视	1.6
16	湖南卫视金鹰卡通频道	1.2
17	央视二套	1.1
18	天津卫视	1.0
18	央视十套	1.0
18	江西卫视	1.0
21	其他频道	—

资料来源：中国广视索福瑞媒介研究《中国电视收视年鉴（2016）》。

附表 3　　　　2015 年全国样本城市观众周一至周日各时段收视率（%）

时间段	周一	周二	周三	周四	周五	周六	周日
2：00—2：15	1.1	1.0	1.0	1.1	1.1	1.3	1.4
2：15—2：30	1.0	0.9	0.9	1.0	0.9	1.1	1.2
2：30—2：45	0.8	0.8	0.8	0.9	0.8	1.0	1.0
2：45—3：00	0.8	0.7	0.7	0.8	0.8	0.9	0.9
3：00—3：15	0.7	0.7	0.7	0.7	0.7	0.8	0.8
3：15—3：30	0.6	0.6	0.6	0.7	0.6	0.7	0.8
3：30—3：45	0.6	0.6	0.6	0.6	0.6	0.7	0.7
3：45—4：00	0.6	0.6	0.6	0.6	0.6	0.6	0.7
4：00—4：15	0.6	0.5	0.5	0.6	0.6	0.6	0.6
4：15—4：30	0.6	0.5	0.5	0.6	0.6	0.6	0.6
4：30—4：45	0.6	0.6	0.6	0.6	0.6	0.6	0.6
4：45—5：00	0.6	0.6	0.6	0.6	0.6	0.6	0.7
5：00—5：15	0.7	0.7	0.7	0.7	0.7	0.7	0.7
5：15—5：30	0.8	0.8	0.8	0.8	0.8	0.8	0.8
5：30—5：45	0.9	0.9	0.9	0.9	0.9	0.9	1.0
5：45—6：00	1.1	1.1	1.1	1.1	1.1	1.1	1.1
6：00—6：15	1.5	1.5	1.5	1.5	1.5	1.5	1.5
6：15—6：30	1.9	1.9	1.9	1.9	1.9	1.8	1.8
6：30—6：45	2.5	2.5	2.5	2.5	2.5	2.3	2.3
6：45—7：00	3.1	3.1	3.1	3.1	3.1	2.9	2.8
7：00—7：15	3.7	3.8	3.8	3.8	3.7	3.6	3.6
7：15—7：30	4.1	4.1	4.2	4.2	4.1	4.1	4.1
7：30—7：45	4.4	4.4	4.4	4.5	4.4	4.6	4.6
7：45—8：00	4.6	4.6	4.6	4.8	4.7	5.1	5.2
8：00—8：15	4.8	4.8	4.8	5.1	4.8	5.6	5.8
8：15—8：30	5.0	4.9	5.0	5.3	5.0	6.1	6.3
8：30—8：45	5.2	5.1	5.1	5.6	5.2	6.5	6.8
8：45—9：00	5.4	5.3	5.3	5.8	5.4	6.5	7.3
9：00—9：15	5.6	5.5	5.5	6.1	5.7	7.4	7.9
9：15—9：30	5.9	5.7	5.8	6.4	5.9	7.7	8.3
9：30—9：45	6.1	5.9	6.0	6.7	6.1	8.1	8.7
9：45—10：00	6.3	6.1	6.2	6.9	6.3	8.5	9.1
10：00—10：15	6.5	6.3	6.4	7.2	6.6	8.8	9.6
10：15—10：30	6.8	6.6	6.7	7.5	6.8	9.1	10.0
10：30—10：45	7.1	6.9	7.0	7.8	7.1	9.5	10.4
10：45—11：00	7.4	7.2	7.3	8.1	7.5	9.8	10.8
11：00—11：15	7.9	7.6	7.7	8.5	7.9	10.3	11.2
11：15—11：30	8.4	8.2	8.3	9.0	8.4	10.8	11.8

续前表

时间段	周一	周二	周三	周四	周五	周六	周日
11：30—11：45	9.2	9.0	9.1	9.8	9.2	11.6	12.6
11：45—12：00	10.3	10.1	10.2	10.7	10.2	12.5	13.5
12：00—12：15	11.9	11.6	11.7	12.1	11.7	13.8	14.9
12：15—12：30	12.6	12.4	12.5	12.8	12.5	14.5	15.5
12：30—12：45	12.8	12.5	12.6	12.9	12.6	14.6	15.5
12：45—13：00	12.3	12.1	12.2	12.4	12.2	14.2	15.1
13：00—13：15	11.2	10.9	11.1	11.3	11.1	13.2	14.1
13：15—13：30	10.2	9.9	10.1	10.2	10.1	12.4	13.2
13：30—13：45	9.2	8.9	9.0	9.3	9.1	11.3	12.0
13：45—14：00	8.4	8.2	8.3	8.5	8.4	10.5	11.2
14：00—14：15	7.9	7.7	7.7	8.0	7.9	10.0	10.6
14：15—14：30	7.6	7.4	7.5	7.8	7.7	9.7	10.4
14：30—14：45	7.5	7.3	7.4	7.6	7.6	9.6	10.2
14：45—15：00	7.4	7.2	7.3	7.5	7.5	9.5	10.2
15：00—15：15	7.4	7.2	7.4	7.5	7.4	9.5	10.2
15：15—15：30	7.4	7.2	7.3	7.5	7.4	9.5	10.2
15：30—15：45	7.4	7.3	7.4	7.6	7.5	9.6	10.2
15：45—16：00	7.5	7.3	7.4	7.6	7.5	9.7	10.4
16：00—16：15	7.6	7.4	7.6	7.7	7.7	9.9	10.5
16：15—16：30	7.8	7.7	7.8	7.9	7.9	10.2	10.8
16：30—16：45	8.2	8.0	8.1	8.3	8.3	10.6	11.2
16：45—17：00	8.8	8.7	8.8	8.9	9.0	11.1	11.7
17：00—17：15	9.8	9.7	9.8	9.9	10.0	12.0	12.6
17：15—17：30	10.9	10.8	11.0	11.0	11.1	12.9	13.5
17：30—17：45	12.5	12.4	12.5	12.5	12.6	14.2	14.8
17：45—18：00	14.4	14.4	14.5	14.5	14.5	15.8	16.5
18：00—18：15	17.4	17.3	17.4	17.4	17.3	18.4	19.1
18：15—18：30	19.7	19.7	19.7	19.7	19.6	20.4	21.2
18：30—18：45	22.2	22.2	22.1	22.2	21.9	22.5	23.3
18：45—19：00	24.7	24.6	24.6	24.6	24.2	24.7	25.6
19：00—19：15	28.0	27.9	27.8	27.9	27.4	27.8	28.7
19：15—19：30	30.3	30.2	30.1	30.1	29.6	29.8	30.8
19：30—19：45	33.0	32.9	32.8	32.7	32.4	32.5	33.4
19：45—20：00	34.6	34.6	34.4	34.4	34.2	34.2	35.1
20：00—20：15	36.0	35.9	35.8	35.7	35.6	35.7	36.4
20：15—20：30	36.6	36.5	36.5	36.4	36.4	36.5	37.1
20：30—20：45	37.0	36.9	36.8	36.7	36.9	37.0	37.4
20：45—21：00	36.8	36.8	36.7	36.7	37.1	37.2	37.4

续前表

时间段	周一	周二	周三	周四	周五	周六	周日
21：00—21：15	35.5	35.6	35.6	35.5	36.4	36.4	36.2
21：15—21：30	33.5	33.6	33.7	33.7	35.2	35.2	34.5
21：30—21：45	31.4	31.4	31.6	31.6	33.6	33.5	32.5
21：45—22：00	28.9	28.8	29.2	29.1	31.6	31.5	30.0
22：00—22：15	24.9	24.7	25.2	25.2	28.4	28.0	26.1
22：15—22：30	22.0	21.8	22.4	22.4	25.8	25.2	23.2
22：30—22：45	18.7	18.7	19.3	19.2	22.9	22.2	20.0
22：45—23：00	15.7	15.7	16.3	16.1	19.9	19.0	16.8
23：00—23：15	12.5	12.6	13.2	13.0	16.3	15.6	13.5
23：15—23：30	10.3	10.5	10.9	10.6	13.4	13.0	11.1
23：30—23：45	8.4	8.5	8.9	8.5	10.9	10.7	9.0
23：45—0：00	6.6	6.6	7.1	6.8	8.8	8.6	7.0
0：00—0：15	4.9	4.9	5.4	5.2	6.7	6.7	5.3
0：15—0：30	3.8	3.8	4.2	4.1	5.2	5.3	4.2
0：30—0：45	3.0	3.1	3.4	3.2	4.1	4.3	3.3
0：45—1：00	2.5	2.5	2.7	2.6	3.3	3.4	2.7
1：00—1：15	2.0	2.0	2.2	2.1	2.7	2.8	2.2
1：15—1：30	1.7	1.7	1.8	1.8	2.2	2.3	1.8
1：30—1：45	1.4	1.4	1.5	1.5	1.8	1.9	1.5
1：45—2：00	1.2	1.2	1.3	1.3	1.5	1.6	1.3

资料来源：中国广视索福瑞媒介研究《中国电视收视年鉴（2016）》。

附表 4　　　　　　　　　42 部电视剧的收视率（％）

《三生三世十里桃花》

播出日期	浙江卫视	东方卫视	播出日期	浙江卫视	东方卫视
2017 - 01 - 30	0.585	0.597	2017 - 02 - 15	1.157	1.401
2017 - 01 - 31	0.509	0.575	2016 - 02 - 16	1.152	1.527
2017 - 02 - 01	0.590	0.479	2017 - 02 - 17	1.473	1.630
2017 - 02 - 02	0.629	0.634	2017 - 02 - 18	1.060	1.467
2017 - 02 - 03	0.614	0.722	2017 - 02 - 19	1.307	1.629
2017 - 02 - 04	0.498	0.909	2017 - 02 - 20	1.282	1.629
2017 - 02 - 05	0.792	1.134	2017 - 02 - 21	1.223	1.576
2017 - 02 - 06	0.778	0.987	2017 - 02 - 22	1.244	1.613
2017 - 02 - 07	0.766	1.036	2017 - 02 - 23	1.390	1.568
2017 - 02 - 08	0.894	1.043	2017 - 02 - 24	1.518	1.575
2017 - 02 - 09	0.948	1.129	2017 - 02 - 25	1.198	1.600

续前表

播出日期	浙江卫视	东方卫视	播出日期	浙江卫视	东方卫视
2017－02－10	0.837	1.118	2017－02－26	1.297	1.658
2017－02－11	0.761	0.971	2017－02－27	1.314	1.674
2017－02－12	0.945	1.479	2017－02－28	1.414	1.679
2017－02－13	1.077	1.511	2017－03－01	1.484	1.910
2017－02－14	1.061	1.434			

《人民的名义》

播出日期	湖南卫视	播出日期	湖南卫视
2017－03－28	1.523	2017－04－13	3.711
2017－03－29	1.490	2017－04－14	3.020
2017－03－30	1.270	2017－04－15	3.138
2017－03－31	1.084	2017－04－16	4.202
2017－04－01	1.239	2017－04－17	4.793
2017－04－02	1.505	2017－04－18	5.061
2017－04－03	1.820	2017－04－19	5.356
2017－04－04	2.024	2017－04－20	5.465
2017－04－05	2.264	2017－04－21	4.432
2017－04－06	2.444	2017－04－22	4.311
2017－04－07	2.083	2017－04－23	6.069
2017－04－08	2.275	2017－04－24	5.801
2017－04－09	3.035	2017－04－25	6.123
2017－04－10	3.287	2017－04－26	6.682
2017－04－11	3.524	2017－04－27	6.695
2017－04－12	3.649	2017－04－28	6.666

《外科风云》

播出日期	北京卫视	浙江卫视	播出日期	北京卫视	浙江卫视
2017－04－17	0.689	0.532	2017－04－29	0.665	0.710
2017－04－18	0.673	0.554	2017－04－30	0.82	0.792
2017－04－19	0.682	0.472	2017－05－01	0.922	0.784
2017－04－20	0.702	0.555	2017－05－02	0.926	0.745
2017－04－21	0.719	0.706	2017－05－03	0.956	0.855
2017－04－22	0.694	0.504	2017－05－04	0.845	0.778
2017－04－23	0.919	0.386	2017－05－05	0.885	1.042
2017－04－24	0.659	0.641	2017－05－06	0.924	0.799
2017－04－25	0.705	0.638	2017－05－07	0.936	0.980
2017－04－26	0.654	0.644	2017－05－08	0.952	0.996
2017－04－27	0.543	0.657	2017－05－09	1.032	1.024
2017－04－28	0.718	0.846	2017－05－10	0.861	1.002

《择天记》

播出日期	湖南卫视	播出日期	湖南卫视
2017 - 04 - 17	1.041	2017 - 05 - 10	0.962
2017 - 04 - 18	1.080	2017 - 05 - 11	1.192
2017 - 04 - 19	1.024	2017 - 05 - 15	1.248
2017 - 04 - 20	1.051	2017 - 05 - 16	1.298
2017 - 04 - 24	1.096	2017 - 05 - 17	1.130
2017 - 04 - 25	1.071	2017 - 05 - 18	1.298
2017 - 04 - 26	1.106	2017 - 05 - 22	1.095
2017 - 04 - 27	1.153	2017 - 05 - 23	1.178
2017 - 05 - 01	1.017	2017 - 05 - 24	0.905
2017 - 05 - 02	0.926	2017 - 05 - 25	1.185
2017 - 05 - 03	1.022	2017 - 05 - 29	1.430
2017 - 05 - 04	0.976	2017 - 05 - 30	1.139
2017 - 05 - 08	1.075	2017 - 05 - 31	1.255
2017 - 05 - 09	1.075	2017 - 06 - 01	1.303

《欢乐颂 2》

播出日期	东方卫视	浙江卫视	播出日期	东方卫视	浙江卫视
2017 - 05 - 11	1.342	1.549	2017 - 05 - 27	1.36	1.271
2017 - 05 - 12	1.351	1.925	2017 - 05 - 28	1.495	1.542
2017 - 05 - 13	1.224	1.446	2017 - 05 - 29	1.583	1.611
2017 - 05 - 15	1.352	1.517	2017 - 05 - 30	1.688	1.694
2017 - 05 - 16	1.438	1.518	2017 - 05 - 31	1.645	1.798
2017 - 05 - 17	1.397	1.396	2017 - 06 - 01	1.647	1.667
2017 - 05 - 18	1.34	1.464	2017 - 06 - 02	1.681	1.803
2017 - 05 - 19	1.43	1.489	2017 - 06 - 03	1.331	1.742
2017 - 05 - 20	1.261	1.372	2017 - 06 - 04	1.986	1.919
2017 - 05 - 21	1.597	1.694	2017 - 06 - 05	1.955	1.705
2017 - 05 - 22	1.549	1.648	2017 - 06 - 06	1.842	1.725
2017 - 05 - 23	1.582	1.630	2017 - 06 - 07	1.824	1.608
2017 - 05 - 24	1.592	1.563	2017 - 06 - 08	2.017	1.550
2017 - 05 - 25	1.516	1.495	2017 - 06 - 09	1.904	1.695
2017 - 05 - 26	1.558	1.555	2017 - 06 - 10	1.793	1.467

《楚乔传》

播出日期	湖南卫视	播出日期	湖南卫视
2017 - 06 - 05	0.841	2017 - 07 - 05	2.005
2017 - 06 - 06	0.937	2017 - 07 - 06	1.936
2017 - 06 - 07	1.120	2017 - 07 - 10	1.999
2017 - 06 - 08	1.273	2017 - 07 - 11	2.236
2017 - 06 - 12	1.193	2017 - 07 - 12	2.289
2017 - 06 - 13	1.400	2017 - 07 - 13	2.193
2017 - 06 - 14	1.480	2017 - 07 - 17	2.277
2017 - 06 - 15	1.233	2017 - 07 - 18	2.232
2017 - 06 - 19	1.299	2017 - 07 - 19	2.525
2017 - 06 - 20	1.246	2017 - 07 - 20	2.358
2017 - 06 - 21	1.455	2017 - 07 - 24	2.127
2017 - 06 - 22	1.584	2017 - 07 - 25	2.101
2017 - 06 - 26	1.705	2017 - 07 - 26	2.199
2017 - 06 - 27	1.815	2017 - 07 - 27	2.163
2017 - 06 - 28	1.899	2017 - 07 - 30	0.794
2017 - 06 - 29	2.125	2017 - 07 - 31	1.760
2017 - 07 - 03	1.892	2017 - 08 - 01	1.841
2017 - 07 - 04	1.785		

《夏至未至》

播出日期	湖南卫视	播出日期	湖南卫视
2017 - 06 - 11	1.144	2017 - 06 - 24	0.843
2017 - 06 - 12	1.050	2017 - 06 - 25	1.104
2017 - 06 - 13	1.100	2017 - 06 - 26	1.133
2017 - 06 - 14	1.122	2017 - 06 - 27	1.124
2017 - 06 - 15	1.224	2017 - 06 - 28	1.082
2017 - 06 - 16	0.842	2017 - 06 - 29	1.220
2017 - 06 - 17	0.754	2017 - 06 - 30	0.648
2017 - 06 - 18	1.089	2017 - 07 - 01	0.661
2017 - 06 - 19	1.105	2017 - 07 - 02	0.936
2017 - 06 - 20	1.027	2017 - 07 - 03	0.935
2017 - 06 - 21	0.961	2017 - 07 - 04	1.032
2017 - 06 - 22	1.070	2017 - 07 - 05	1.107
2017 - 06 - 23	0.855	2017 - 07 - 06	1.229

《大军师司马懿之军师联盟》

播出日期	江苏卫视	安徽卫视	播出日期	江苏卫视	安徽卫视
2017 - 06 - 22	0.678	0.277	2017 - 07 - 04	0.931	0.511
2017 - 06 - 23	0.720	0.323	2017 - 07 - 05	0.964	0.548
2017 - 06 - 24	0.670	0.342	2017 - 07 - 06	0.959	0.578
2017 - 06 - 25	0.734	0.404	2017 - 07 - 07	0.907	0.598
2017 - 06 - 26	0.732	0.462	2017 - 07 - 08	1.049	0.530
2017 - 06 - 27	0.778	0.441	2017 - 07 - 09	0.985	0.842
2017 - 06 - 28	0.853	0.456	2017 - 07 - 10	1.076	0.901
2017 - 06 - 29	0.876	0.541	2017 - 07 - 11	1.143	0.896
2017 - 06 - 30	0.912	0.533	2017 - 07 - 12	1.100	0.931
2017 - 07 - 01	0.927	0.613	2017 - 07 - 13	1.029	0.910
2017 - 07 - 02	0.864	0.556	2017 - 07 - 14	0.946	0.473
2017 - 07 - 03	0.972	0.542			

《我的前半生》

播出日期	东方卫视	北京卫视	播出日期	东方卫视	北京卫视
2017 - 07 - 04	0.863	0.517	2017 - 07 - 16	2.126	1.438
2017 - 07 - 05	1.071	0.576	2017 - 07 - 17	2.157	1.473
2017 - 07 - 06	1.185	0.647	2017 - 07 - 18	2.301	1.574
2017 - 07 - 07	1.165	0.637	2017 - 07 - 19	2.552	1.712
2017 - 07 - 08	1.095	0.693	2017 - 07 - 20	2.307	1.860
2017 - 07 - 09	1.345	0.934	2017 - 07 - 21	2.410	1.751
2017 - 07 - 10	1.565	0.751	2017 - 07 - 22	2.253	1.400
2017 - 07 - 11	1.456	0.920	2017 - 07 - 23	2.548	1.894
2017 - 07 - 12	1.517	0.926	2017 - 07 - 24	2.649	1.988
2017 - 07 - 13	1.654	1.119	2017 - 07 - 25	2.836	2.002
2017 - 07 - 14	1.860	1.104	2017 - 07 - 26	3.012	1.990
2017 - 07 - 15	1.660	1.036			

《浪花一朵朵》

播出日期	湖南卫视	播出日期	湖南卫视
2017 - 07 - 30	0.763	2017 - 08 - 13	0.668
2017 - 07 - 31	1.395	2017 - 08 - 14	0.854
2017 - 08 - 01	1.251	2017 - 08 - 15	0.914
2017 - 08 - 02	0.744	2017 - 08 - 16	0.907
2017 - 08 - 03	0.720	2017 - 08 - 17	1.132
2017 - 08 - 06	0.478	2017 - 08 - 20	0.620
2017 - 08 - 07	0.731	2017 - 08 - 21	0.796
2017 - 08 - 08	0.762	2017 - 08 - 22	0.898
2017 - 08 - 09	1.031	2017 - 08 - 23	0.948
2017 - 08 - 10	1.003	2017 - 08 - 24	1.193

《轩辕剑之汉之云》

播出日期	东方卫视	播出日期	东方卫视
2017 - 08 - 08	0.640	2017 - 09 - 18	0.535
2017 - 08 - 14	0.626	2017 - 09 - 25	0.581
2017 - 08 - 15	0.743	2017 - 10 - 11	0.166
2017 - 08 - 21	0.577	2017 - 10 - 12	0.391
2017 - 08 - 22	0.419	2017 - 11 - 01	0.408
2017 - 08 - 28	0.542	2017 - 11 - 02	0.356
2017 - 08 - 29	0.542	2017 - 11 - 08	0.373
2017 - 09 - 04	0.676	2017 - 11 - 09	0.331
2017 - 09 - 11	0.707		

《我们的爱》

播出日期	江苏卫视	播出日期	江苏卫视
2017 - 08 - 10	0.744	2017 - 08 - 20	0.945
2017 - 08 - 11	0.758	2017 - 08 - 21	1.120
2017 - 08 - 12	0.788	2017 - 08 - 22	1.162
2017 - 08 - 13	0.760	2017 - 08 - 23	1.215
2017 - 08 - 14	0.960	2017 - 08 - 24	1.176
2017 - 08 - 15	0.971	2017 - 08 - 25	1.204
2017 - 08 - 16	1.026	2017 - 08 - 26	1.147
2017 - 08 - 17	1.006	2017 - 08 - 27	1.106
2017 - 08 - 18	1.084	2017 - 08 - 28	1.244
2017 - 08 - 19	1.055	2017 - 08 - 29	1.344

《进击吧闪电》

播出日期	湖南卫视	播出日期	湖南卫视
2017 - 08 - 28	0.466	2017 - 09 - 13	0.730
2017 - 08 - 29	0.489	2017 - 09 - 18	0.538
2017 - 08 - 30	0.531	2017 - 09 - 19	0.585
2017 - 09 - 04	0.437	2017 - 09 - 20	0.654
2017 - 09 - 05	0.571	2017 - 09 - 25	0.391
2017 - 09 - 06	0.533	2017 - 09 - 26	0.542
2017 - 09 - 11	0.528	2017 - 09 - 27	0.580
2017 - 09 - 12	0.750		

《守卫者·浮出水面》

播出日期	东方卫视	播出日期	东方卫视
2017 - 08 - 14	0.795	2017 - 08 - 22	1.127
2017 - 08 - 15	0.891	2017 - 08 - 23	1.125
2017 - 08 - 16	0.887	2017 - 08 - 24	1.228
2017 - 08 - 17	0.906	2017 - 08 - 25	1.270
2017 - 08 - 18	0.835	2017 - 08 - 26	1.124
2017 - 08 - 19	0.779	2017 - 08 - 27	1.266
2017 - 08 - 20	1.044	2017 - 08 - 28	1.201
2017 - 08 - 21	1.025	2017 - 08 - 29	1.460

《盲约》

播出日期	浙江卫视	播出日期	浙江卫视
2017 - 08 - 15	0.813	2017 - 08 - 29	0.661
2017 - 08 - 16	0.868	2017 - 08 - 30	0.688
2017 - 08 - 17	0.843	2017 - 08 - 31	0.680
2017 - 08 - 18	0.781	2017 - 09 - 01	0.690
2017 - 08 - 19	0.689	2017 - 09 - 02	0.568
2017 - 08 - 20	0.734	2017 - 09 - 03	0.506
2017 - 08 - 21	1.068	2017 - 09 - 04	0.615
2017 - 08 - 22	0.733	2017 - 09 - 05	0.596
2017 - 08 - 23	0.753	2017 - 09 - 06	0.517
2017 - 08 - 24	0.691	2017 - 09 - 07	0.493
2017 - 08 - 25	0.656	2017 - 09 - 08	0.516
2017 - 08 - 26	0.606	2017 - 09 - 09	0.615
2017 - 08 - 27	0.706	2017 - 09 - 10	0.852
2017 - 08 - 28	0.073		

《人间至味是清欢》

播出日期	湖南卫视	播出日期	湖南卫视
2017 - 08 - 15	0.979	2017 - 08 - 29	1.405
2017 - 08 - 16	1.012	2017 - 08 - 30	1.685
2017 - 08 - 17	1.293	2017 - 08 - 31	1.547
2017 - 08 - 18	1.052	2017 - 09 - 01	1.279
2017 - 08 - 19	0.944	2017 - 09 - 02	1.276
2017 - 08 - 20	0.989	2017 - 09 - 03	1.477
2017 - 08 - 21	0.979	2017 - 09 - 04	1.521
2017 - 08 - 22	1.271	2017 - 09 - 05	1.524
2017 - 08 - 23	1.416	2017 - 09 - 06	1.464
2017 - 08 - 24	1.511	2017 - 09 - 07	1.478
2017 - 08 - 25	1.164	2017 - 09 - 08	1.156
2017 - 08 - 26	1.207	2017 - 09 - 09	1.150
2017 - 08 - 27	1.146	2017 - 09 - 10	1.233
2017 - 08 - 28	1.475		

《血染大青山》

播出日期	山东卫视	播出日期	山东卫视
2017 - 08 - 19	0.670	2017 - 08 - 30	0.541
2017 - 08 - 20	0.570	2017 - 08 - 31	0.495
2017 - 08 - 21	0.533	2017 - 09 - 01	0.505
2017 - 08 - 22	0.532	2017 - 09 - 02	0.530
2017 - 08 - 23	0.540	2017 - 09 - 03	0.509
2017 - 08 - 24	0.494	2017 - 09 - 04	0.513
2017 - 08 - 25	0.405	2017 - 09 - 05	0.493
2017 - 08 - 26	0.429	2017 - 09 - 06	0.484
2017 - 08 - 27	0.741	2017 - 09 - 07	0.448
2017 - 08 - 28	0.755	2017 - 09 - 08	0.512
2017 - 08 - 29	0.683	2017 - 09 - 09	0.285

《通天狄仁杰》

播出日期	北京卫视	安徽卫视	播出日期	北京卫视	安徽卫视
2017 - 08 - 21	0.341	0.072	2017 - 09 - 27	0.201	0.077
2017 - 08 - 22	0.309	0.095	2017 - 10 - 02	0.458	0.102
2017 - 08 - 23	0.289	0.088	2017 - 10 - 03	0.377	0.128
2017 - 08 - 28	0.199	0.070	2017 - 10 - 04	0.358	0.104
2017 - 08 - 29	0.180	0.058	2017 - 10 - 09	0.517	0.094
2017 - 08 - 30	0.229	0.120	2017 - 10 - 10	0.462	0.108
2017 - 09 - 04	0.213	0.066	2017 - 10 - 11	0.347	
2017 - 09 - 05	0.165	0.064	2017 - 10 - 16	0.106	0.293
2017 - 09 - 06	0.241	0.070	2017 - 10 - 17	0.082	0.294
2017 - 09 - 11	0.241	0.074	2017 - 10 - 18		0.269
2017 - 09 - 12	0.245	0.054	2017 - 10 - 23	0.139	0.332
2017 - 09 - 13	0.213	0.088	2017 - 10 - 24	0.050	0.356
2017 - 09 - 18	0.261	0.066	2017 - 10 - 25	0.136	
2017 - 09 - 19	0.189	0.082	2017 - 10 - 30		0.336
2017 - 09 - 20	0.189	0.085	2017 - 10 - 31		0.283
2017 - 09 - 25	0.215	0.065	2017 - 11 - 01		0.150
2017 - 09 - 26	0.245	0.077			

《那年花开月正圆》

播出日期	东方卫视	江苏卫视	播出日期	东方卫视	江苏卫视
2017 - 08 - 30	1.512	1.164	2017 - 09 - 19	2.543	1.952
2017 - 08 - 31	1.571	1.082	2017 - 09 - 20	2.847	1.821
2017 - 09 - 01	1.701	1.161	2017 - 09 - 21	2.794	1.817
2017 - 09 - 02	1.533	1.491	2017 - 09 - 22	3.009	1.809

续前表

播出日期	东方卫视	江苏卫视	播出日期	东方卫视	江苏卫视
2017 - 09 - 03	1.947	1.162	2017 - 09 - 23	2.956	1.927
2017 - 09 - 04	2.005	1.437	2017 - 09 - 24	2.884	1.807
2017 - 09 - 05	2.076	1.553	2017 - 09 - 25	3.094	1.976
2017 - 09 - 06	1.917	1.347	2017 - 09 - 26	3.070	2.034
2017 - 09 - 07	1.959	1.309	2017 - 09 - 27	2.693	1.985
2017 - 09 - 08	2.110	1.592	2017 - 09 - 28	2.755	1.909
2017 - 09 - 09	2.254	1.609	2017 - 09 - 29	2.810	1.829
2017 - 09 - 10	2.264	1.749	2017 - 09 - 30	2.947	2.160
2017 - 09 - 11	2.513	1.846	2017 - 10 - 01	2.544	1.777
2017 - 09 - 12	2.633	1.860	2017 - 10 - 02	2.926	1.848
2017 - 09 - 13	2.518	1.773	2017 - 10 - 03	3.105	2.022
2017 - 09 - 14	2.609	1.811	2017 - 10 - 04	2.753	1.682
2017 - 09 - 15	2.712	1.817	2017 - 10 - 05	3.207	1.910
2017 - 09 - 16	2.596	1.972	2017 - 10 - 06	3.402	2.038
2017 - 09 - 17	2.597	1.816	2017 - 10 - 07	3.309	2.387
2017 - 09 - 18	2.808	1.931	2017 - 10 - 08	3.396	2.137

《春天里》

播出日期	CCTV－1	播出日期	CCTV－1
2017 - 09 - 06	0.521	2017 - 09 - 15	0.717
2017 - 09 - 07	0.473	2017 - 09 - 18	0.652
2017 - 09 - 08	0.288	2017 - 09 - 19	0.516
2017 - 09 - 11	0.510	2017 - 09 - 20	0.468
2017 - 09 - 12	0.647	2017 - 09 - 21	0.502
2017 - 09 - 13	0.672	2017 - 09 - 24	0.782
2017 - 09 - 14	0.685	2017 - 09 - 27	0.847

《何所冬暖，何所夏凉》

播出日期	浙江卫视	播出日期	浙江卫视
2017 - 09 - 10	1.039	2017 - 09 - 23	0.823
2017 - 09 - 11	1.132	2017 - 09 - 24	0.819
2017 - 09 - 12	0.997	2017 - 09 - 25	0.874
2017 - 09 - 13	1.008	2017 - 09 - 26	0.789
2017 - 09 - 14	0.947	2017 - 09 - 27	0.919
2017 - 09 - 15	0.809	2017 - 09 - 28	0.782
2017 - 09 - 16	0.803	2017 - 09 - 29	0.831
2017 - 09 - 17	0.797	2017 - 09 - 30	0.801
2017 - 09 - 18	0.727	2017 - 10 - 01	0.791
2017 - 09 - 19	0.824	2017 - 10 - 02	0.709
2017 - 09 - 20	0.847	2017 - 10 - 03	0.822
2017 - 09 - 21	0.840	2017 - 10 - 04	0.817
2017 - 09 - 22	0.885		

《李大宝的平凡岁月》

播出日期	北京卫视	安徽卫视	播出日期	北京卫视	安徽卫视
2017 - 09 - 10	0.663	0.222	2017 - 09 - 22	0.753	0.355
2017 - 09 - 11	0.585	0.201	2017 - 09 - 23	0.753	0.355
2017 - 09 - 12	0.591	0.187	2017 - 09 - 24	0.717	0.412
2017 - 09 - 13	0.582	0.453	2017 - 09 - 25	0.738	0.421
2017 - 09 - 14	0.657	0.301	2017　09　26	0.823	0.402
2017 - 09 - 15	0.670	0.301	2017 - 09 - 27	0.761	0.353
2017 - 09 - 16	0.597	0.372	2017 - 09 - 28	0.744	0.392
2017 - 09 - 17	0.785	0.373	2017 - 09 - 29	0.687	0.376
2017 - 09 - 18	0.701	0.338	2017 - 09 - 30	0.744	0.392
2017 - 09 - 19	0.696	0.334	2017 - 10 - 01	0.627	0.458
2017 - 09 - 20	0.695	0.342	2017 - 10 - 02	0.677	0.484
2017 - 09 - 21	0.720	0.360	2017 - 10 - 03	0.623	0.416

《美味奇缘》

播出日期	湖南卫视	播出日期	湖南卫视
2017 - 09 - 11	0.742	2017 - 09 - 28	0.803
2017 - 09 - 12	0.746	2017 - 09 - 29	0.528
2017 - 09 - 13	0.795	2017 - 09 - 30	0.679
2017 - 09 - 14	0.844	2017 - 10 - 01	0.676
2017 - 09 - 15	0.738	2017 - 10 - 02	0.855
2017 - 09 - 16	0.560	2017 - 10 - 03	0.942
2017 - 09 - 17	0.668	2017 - 10 - 05	1.145
2017 - 09 - 18	0.812	2017 - 10 - 06	0.706
2017 - 09 - 19	0.884	2017 - 10 - 07	0.806
2017 - 09 - 20	0.885	2017 - 10 - 08	0.896
2017 - 09 - 21	0.817	2017 - 10 - 09	0.928
2017 - 09 - 22	0.662	2017 - 10 - 10	0.982
2017 - 09 - 23	0.639	2017 - 10 - 11	1.042
2017 - 09 - 24	0.766	2017 - 10 - 12	1.102
2017 - 09 - 25	0.815	2017 - 10 - 13	0.870
2017 - 09 - 26	0.861	2017 - 10 - 14	0.979
2017 - 09 - 27	0.755	2017 - 10 - 15	1.228

《苦乐村官》

播出日期	CCTV－8	播出日期	CCTV－8
2017 - 09 - 25	0.626	2017 - 09 - 30	0.786
2017 - 09 - 26	0.537	2017 - 10 - 01	0.848
2017 - 09 - 27	0.646	2017 - 10 - 02	0.806
2017 - 09 - 28	0.743	2017 - 10 - 03	0.866
2017 - 09 - 29	0.837	2017 - 10 - 04	0.908

《花儿与远方》

播出日期	山东卫视	安徽卫视	播出日期	山东卫视	安徽卫视
2017 - 10 - 03	0.481	0.428	2017 - 10 - 15	0.593	0.511
2017 - 10 - 04	0.399	0.321	2017 - 10 - 16	0.617	0.483
2017 - 10 - 05	0.334	0.361	2017 - 10 - 17	0.514	0.625
2017 - 10 - 06	0.354	0.358	2017 - 10 - 18	0.483	0.601
2017 - 10 - 07	0.290	0.383	2017 - 10 - 19	0.514	0.594
2017 - 10 - 08	0.369	0.521	2017 - 10 - 20	0.533	0.572
2017 - 10 - 09	0.337	0.538	2017 - 10 - 21	0.810	0.624
2017 - 10 - 10	0.406	0.534	2017 - 10 - 22	0.630	0.520
2017 - 10 - 11	0.485	0.498	2017 - 10 - 23	0.567	0.616
2017 - 10 - 12	0.476	0.510	2017 - 10 - 24	0.543	0.605
2017 - 10 - 13	0.570	0.504	2017 - 10 - 25	0.500	0.505
2017 - 10 - 14	0.581	0.502			

《国民大生活》

播出日期	东方卫视	浙江卫视	播出日期	东方卫视	浙江卫视
2017 - 10 - 09	1.210	0.662	2017 - 10 - 20	1.147	0.947
2017 - 10 - 10	1.014	0.746	2017 - 10 - 21	0.969	0.847
2017 - 10 - 11	1.022	0.676	2017 - 10 - 22	1.061	1.008
2017 - 10 - 12	0.965	0.788	2017 - 10 - 23	1.101	1.038
2017 - 10 - 13	0.942	0.938	2017 - 10 - 24	1.103	1.079
2017 - 10 - 14	1.052	0.948	2017 - 10 - 25	0.860	0.919
2017 - 10 - 15	1.191	1.001	2017 - 10 - 26	1.096	1.068
2017 - 10 - 16	1.147	0.977	2017 - 10 - 27	1.061	1.021
2017 - 10 - 17	1.072	0.946	2017 - 10 - 28	0.911	0.947
2017 - 10 - 18	1.061	0.935	2017 - 10 - 29	1.054	1.065
2017 - 10 - 19	1.062	1.015			

《维和步兵营》

播出日期	江苏卫视	播出日期	江苏卫视
2017 - 10 - 10	0.870	2017 - 10 - 19	1.052
2017 - 10 - 11	0.966	2017 - 10 - 20	1.125
2017 - 10 - 12	0.932	2017 - 10 - 21	1.155
2017 - 10 - 13	1.018	2017 - 10 - 22	1.092
2017 - 10 - 14	1.076	2017 - 10 - 23	1.017
2017 - 10 - 15	1.072	2017 - 10 - 24	0.937
2017 - 10 - 16	1.035	2017 - 10 - 25	0.737
2017 - 10 - 17	1.864	2017 - 10 - 26	0.967
2017 - 10 - 18	0.984		

《特勤精英》

播出日期	湖南卫视	播出日期	湖南卫视
2017 - 10 - 16	0.630	2017 - 10 - 27	0.718
2017 - 10 - 17	0.662	2017 - 10 - 28	0.582
2017 - 10 - 18	0.630	2017 - 10 - 29	0.638
2017 - 10 - 19	0.663	2017 - 10 - 30	0.617
2017 - 10 - 20	0.558	2017 - 10 - 31	0.648
2017 - 10 - 21	0.535	2017 - 11 - 01	0.735
2017 - 10 - 22	0.643	2017 - 11 - 02	0.674
2017 - 10 - 23	0.606	2017 - 11 - 03	0.518
2017 - 10 - 24	0.521	2017 - 11 - 04	0.551
2017 - 10 - 25		2017 - 11 - 05	0.521
2017 - 10 - 26	0.610		

《碧海雄心》

播出日期	山东卫视	播出日期	山东卫视
2017 - 10 - 26	0.647	2017 - 11 - 02	0.823
2017 - 10 - 27	0.644	2017 - 11 - 03	0.854
2017 - 10 - 28	0.634	2017 - 11 - 04	0.764
2017 - 10 - 29	0.735	2017 - 11 - 05	0.842
2017 - 10 - 30	0.735	2017 - 11 - 06	0.755
2017 - 10 - 31	0.829	2017 - 11 - 07	0.772
2017 - 11 - 01	0.807		

《凡人的品格》

播出日期	江苏卫视	安徽卫视	播出日期	江苏卫视	安徽卫视
2017 - 10 - 28	0.677	0.342	2017 - 11 - 03	0.697	0.210
2017 - 10 - 29	0.600	0.385	2017 - 11 - 04	0.720	0.220
2017 - 10 - 30	0.481	0.333	2017 - 11 - 05	0.646	0.185
2017 - 10 - 31	0.562	0.331	2017 - 11 - 06	0.705	0.155
2017 - 11 - 01	0.666	0.261	2017 - 11 - 07	0.598	0.276
2017 - 11 - 02	0.567	0.232			

《急诊科医生》

播出日期	东方卫视	北京卫视	播出日期	东方卫视	北京卫视
2017 - 10 - 30	0.908	0.734	2017 - 11 - 07	1.133	0.885
2017 - 10 - 31	0.903	0.692	2017 - 11 - 08	1.118	0.841
2017 - 11 - 01	0.943	0.944	2017 - 11 - 09	1.228	1.050
2017 - 11 - 02	1.051	1.055	2017 - 11 - 10	1.301	
2017 - 11 - 03	1.222	0.950	2017 - 11 - 11	1.281	0.836
2017 - 11 - 04	1.031	0.942	2017 - 11 - 12	1.402	1.079
2017 - 11 - 05	1.017	1.056	2017 - 11 - 13	1.513	1.133
2017 - 11 - 06	1.165	0.979	2017 - 11 - 14	1.459	1.059

《情满四合院》

播出日期	北京卫视	播出日期	北京卫视
2017 - 10 - 04	0.328	2017 - 10 - 17	1.123
2017 - 10 - 05	0.430	2017 - 10 - 18	1.096
2017 - 10 - 06	0.395	2017 - 10 - 19	1.185
2017 - 10 - 07	0.395	2017 - 10 - 20	1.130
2017 - 10 - 08	0.540	2017 - 10 - 21	1.168
2017 - 10 - 09	0.673	2017 - 10 - 22	1.199
2017 - 10 - 10	0.652	2017 - 10 - 23	1.227
2017 - 10 - 11	0.671	2017 - 10 - 24	1.149
2017 - 10 - 12	0.760	2017 - 10 - 25	
2017 - 10 - 13	0.770	2017 - 10 - 26	0.995
2017 - 10 - 14	1.052	2017 - 10 - 27	0.986
2017 - 10 - 15	1.148	2017 - 10 - 28	0.986
2017 - 10 - 16	1.079	2017 - 10 - 29	1.082

《田姐辣妹》

播出日期	山东卫视	播出日期	山东卫视
2017 - 09 - 10	0.436	2017 - 09 - 22	0.522
2017 - 09 - 11	0.395	2017 - 09 - 23	0.510
2017 - 09 - 12	0.484	2017 - 09 - 24	0.541
2017 - 09 - 13	0.453	2017 - 09 - 25	0.477
2017 - 09 - 14	0.459	2017 - 09 - 26	0.446
2017 - 09 - 15	0.562	2017 - 09 - 27	0.481
2017 - 09 - 16	0.490	2017 - 09 - 28	0.468
2017 - 09 - 17	0.587	2017 - 09 - 29	0.558
2017 - 09 - 18	0.460	2017 - 09 - 30	0.591
2017 - 09 - 19	0.461	2017 - 10 - 01	0.632
2017 - 09 - 20	0.437	2017 - 10 - 02	0.549
2017 - 09 - 21	0.417		

《我的老爸是奇葩》

播出日期	北京卫视	播出日期	北京卫视
2017 - 08 - 15	0.416	2017 - 08 - 28	0.452
2017 - 08 - 16	0.383	2017 - 08 - 29	0.479
2017 - 08 - 17	0.380	2017 - 08 - 30	0.510
2017 - 08 - 18	0.501	2017 - 08 - 31	0.485
2017 - 08 - 19	0.456	2017 - 09 - 01	0.518
2017 - 08 - 20	0.558	2017 - 09 - 02	0.506
2017 - 08 - 21	0.567	2017 - 09 - 03	0.559
2017 - 08 - 22	0.509	2017 - 09 - 04	0.563

续前表

播出日期	北京卫视	播出日期	北京卫视
2017 - 08 - 23	0.479	2017 - 09 - 05	0.571
2017 - 08 - 24	0.510	2017 - 09 - 06	0.556
2017 - 08 - 25	0.502	2017 - 09 - 07	0.571
2017 - 08 - 26	0.517	2017 - 09 - 08	0.593
2017 - 08 - 27	0.622	2017 - 09 - 09	0.651

《一树桃花开》

播出日期	深圳卫视（新闻综合频道）	天津卫视	播出日期	深圳卫视（新闻综合频道）	天津卫视
2017 - 10 - 05	0.475	0.385	2017 - 10 - 16	0.300	0.545
2017 - 10 - 06	0.546	0.275	2017 - 10 - 17	0.318	0.507
2017 - 10 - 07	0.355	0.306	2017 - 10 - 18	0.365	0.495
2017 - 10 - 08	0.386	0.669	2017 - 10 - 19	0.337	0.550
2017 - 10 - 09	0.384	0.590	2017 - 10 - 20	0.387	0.627
2017 - 10 - 10	0.379	0.567	2017 - 10 - 21	0.345	0.587
2017 - 10 - 11	0.382	0.535	2017 - 10 - 22	0.434	0.591
2017 - 10 - 12	0.411	0.505	2017 - 10 - 23	0.385	0.605
2017 - 10 - 13	0.407	0.531	2017 - 10 - 24	0.326	0.521
2017 - 10 - 14	0.324	0.544	2017 - 10 - 25	0.226	0.449
2017 - 10 - 15	0.359	0.537			

《战昆仑》

播出日期	黑龙江卫视	播出日期	黑龙江卫视
2017 - 09 - 01	0.206	2017 - 09 - 11	0.223
2017 - 09 - 02	0.265	2017 - 09 - 12	0.234
2017 - 09 - 03	0.274	2017 - 09 - 13	0.271
2017 - 09 - 04	0.285	2017 - 09 - 14	0.230
2017 - 09 - 05	0.270	2017 - 09 - 15	0.235
2017 - 09 - 06	0.241	2017 - 09 - 16	0.226
2017 - 09 - 07	0.240	2017 - 09 - 17	0.290
2017 - 09 - 08	0.227	2017 - 09 - 18	0.255
2017 - 09 - 09	0.286	2017 - 09 - 19	0.241
2017 - 09 - 10	0.243	2017 - 09 - 20	0.273

《传奇大亨》

播出日期	浙江卫视	播出日期	浙江卫视
2017 - 10 - 09	0.157	2017 - 10 - 23	0.196
2017 - 10 - 10	0.125	2017 - 10 - 24	0.135
2017 - 10 - 11	0.209	2017 - 10 - 26	0.523
2017 - 10 - 16	0.232	2017 - 11 - 01	0.286
2017 - 10 - 17	0.238	2017 - 11 - 06	0.204
2017 - 10 - 18	0.181	2017 - 11 - 07	0.200
2017 - 10 - 19	0.423		

《鸡毛飞上天》

播出日期	浙江卫视	江苏卫视	播出日期	浙江卫视	江苏卫视
2017 - 03 - 03	0.620	0.886	2017 - 03 - 18	0.555	0.912
2017 - 03 - 04	0.751	0.682	2017 - 03 - 19	0.632	0.882
2017 - 03 - 05	0.781	0.778	2017 - 03 - 20	0.640	0.748
2017 - 03 - 06	0.677	0.7	2017 - 03 - 21	0.670	0.837
2017 - 03 - 07	0.771	0.78	2017 - 03 - 22	0.670	0.789
2017 - 03 - 08	0.775	0.913	2017 - 03 - 23	0.609	0.725
2017 - 03 - 09	0.761	0.802	2017 - 03 - 24	0.649	0.916
2017 - 03 - 10	0.693	0.892	2017 - 03 - 25	0.580	0.938
2017 - 03 - 11	0.954	0.954	2017 - 03 - 26	0.716	0.766
2017 - 03 - 12	0.926	0.972	2017 - 03 - 27	0.659	0.811
2017 - 03 - 13	0.828	0.875	2017 - 03 - 28	0.638	0.801
2017 - 03 - 14	0.796	0.784	2017 - 03 - 29	0.767	0.874
2017 - 03 - 15	0.769	0.795	2017 - 03 - 30	0.778	0.843
2017 - 03 - 16	0.813	0.799	2017 - 03 - 31	0.723	0.825
2017 - 03 - 17	0.562	0.925	2017 - 04 - 01	0.633	0.652

《龙珠传奇之无间道》

播出日期	北京卫视	播出日期	北京卫视
2017 - 05 - 08	0.401	2017 - 07 - 03	0.110
2017 - 05 - 09	0.344	2017 - 07 - 04	0.127
2017 - 05 - 10	0.369	2017 - 07 - 05	0.109
2017 - 05 - 16	0.173	2017 - 07 - 10	0.349
2017 - 05 - 17	0.241	2017 - 07 - 11	0.113
2017 - 05 - 22	0.259	2017 - 07 - 12	0.409
2017 - 05 - 23	0.222	2017 - 07 - 17	0.127
2017 - 05 - 24	0.337	2017 - 07 - 18	0.128
2017 - 05 - 30	0.180	2017 - 07 - 19	0.249
2017 - 05 - 31	0.270	2017 - 07 - 24	0.342

续前表

播出日期	北京卫视	播出日期	北京卫视
2017 - 06 - 05	0.180	2017 - 07 - 25	0.301
2017 - 06 - 06	0.119	2017 - 07 - 26	0.126
2017 - 06 - 07	0.265	2017 - 07 - 31	0.152
2017 - 06 - 12	0.250	2017 - 08 - 01	0.072
2017 - 06 - 13	0.147	2017 - 08 - 02	0.085
2017 - 06 - 14	0.177	2017 - 08 - 07	0.456
2017 - 06 - 19	0.185	2017 - 08 - 08	0.239
2017 - 06 - 20	0.178	2017 - 08 - 09	0.272
2017 - 06 - 21	0.182	2017 - 08 - 14	0.236
2017 - 06 - 26	0.197	2017 - 08 - 15	0.225
2017 - 06 - 27	0.234	2017 - 08 - 16	0.258
2017 - 06 - 28	0.217		

《漂洋过海来看你》

播出日期	浙江卫视	播出日期	浙江卫视
2017 - 04 - 02	0.891	2017 - 04 - 10	0.844
2017 - 04 - 03	1.005	2017 - 04 - 11	0.870
2017 - 04 - 04	0.953	2017 - 04 - 12	0.879
2017 - 04 - 05	0.856	2017 - 04 - 13	0.927
2017 - 04 - 06	0.930	2017 - 04 - 14	0.965
2017 - 04 - 07	0.808	2017 - 04 - 15	0.831
2017 - 04 - 08	0.870	2017 - 04 - 16	1.067
2017 - 04 - 09	1.114		

《秦时丽人明月心》

播出日期	浙江卫视	播出日期	浙江卫视
2017 - 08 - 14	0.984	2017 - 09 - 11	0.537
2017 - 08 - 15	0.696	2017 - 09 - 12	0.504
2017 - 08 - 16	0.873	2017 - 09 - 13	0.556
2017 - 08 - 21	0.890	2017 - 09 - 18	0.436
2017 - 08 - 22	0.881	2017 - 09 - 19	0.620
2017 - 08 - 23	0.854	2017 - 09 - 20	0.722
2017 - 08 - 28	0.953	2017 - 09 - 25	0.720
2017 - 08 - 29	1.083	2017 - 09 - 26	0.621
2017 - 08 - 30	0.996	2017 - 09 - 27	0.591
2017 - 09 - 04	0.587	2017 - 10 - 02	0.645
2017 - 09 - 05	0.628	2017 - 10 - 03	0.804
2017 - 09 - 06	0.452	2017 - 10 - 04	1.041

《那片星空那片海 2》

播出日期	湖南卫视	播出日期	湖南卫视
2017 - 10 - 02	0.602	2017 - 10 - 18	0.596
2017 - 10 - 03	0.604	2017 - 10 - 19	0.599
2017 - 10 - 04	0.801	2017 - 10 - 23	0.591
2017 - 10 - 09	0.426	2017 - 10 - 24	0.572
2017 - 10 - 10	0.617	2017 - 10 - 25	0.405
2017 - 10 - 11	0.613	2017 - 10 - 26	0.554
2017 - 10 - 12	0.310	2017 - 10 - 30	0.479
2017 - 10 - 16	0.478	2017 - 10 - 31	0.602
2017 - 10 - 17	0.494		

资料来源：收视率数据来源于新闻、百度百科、微博等公开数据。

后　记

　　《跨屏时代的视听传播》书稿终于完成了，也算了却了多年的一桩心愿。从进入中国人民大学新闻学院广播电视专业学习至今，在将近三十年的时间里，从学习到实践、从实践到研究，自己从未离开过视听传播行业。对于社会发展来说，数十年不过弹指一瞬，但对传播事业而言，这二三十年却是惊涛骇浪、令人炫目的一个阶段，电视行业尤其如此。从传统电视定于一尊的辉煌到互联网多屏视听传播的繁华盛景，转变似乎于不经意间即已完成。作为效果测量的经典手段，传统电视时代稳定可靠的收视率评估方法也因此遇到了结构性的问题，远不足以涵盖跨屏时代多传播路径下的复杂效果。作为研究者，这是一个需要面对、解决的课题。感谢国家社会科学基金的支持和各位评审专家的肯定，"基于大数据的视听传播效果研究"被列为2014年度重点项目，使本研究有了一个坚实的基础。历时五年，该研究终于完成，并以"优秀"的成绩结项，所有成果即沉淀为本书稿。

　　在研究之初，课题组立下三个心愿：一是建立一套能够覆盖传统电视与互联网多屏视听传播的评估指标体系；二是这套体系的指标设置、各指标权重及其内在逻辑应有更为科学的、不是基于经验的确定方法；三是鉴于从传统收视率测量市场至今的视听传播效果评估市场被少数专业机构垄断而带来的问题，本研究希望建立一种更为公开透明的方式，研究所用数据的采集尽可能依靠公共的开源数据渠道，并且在最后对数据处理的程序设计方法和过程做了详细的公布，希望为更多的研究者和感兴趣的公众所共享。目前来看，应该说，这些设想都基本实现了。

这里要特别感谢赵璇。她是我指导的第一个博士研究生，也是我在这项研究中最重要的合作伙伴，她在数据分析、建模方面的专长是本研究成功的保障，在研究设计、资料整理等方面，赵璇博士也做出了巨大的贡献。还要感谢我的其他几位学生——何天平、倪乐融、郝君怡、张贝，他们为课题的顺利推进默默奉献良多。

课题完成了，但是相关的研究并没有结束，目前的研究也远未达到理想的程度。如何将本课题探索的评估方法运用到电视剧以外更广泛的视听传播领域、如何获取更全面的数据以提高评估的准确性、如何进一步完善评估模型，这些问题都有待后续的工作来完成。

本书于我自身而言是一个阶段性的总结，于行业而言则权当是抛出的一块砖吧，期待就教于方家。

2020 年 3 月 12 日初稿
2021 年 4 月 19 日定稿
于中国人民大学明德新闻楼

图书在版编目（CIP）数据

　　跨屏时代的视听传播/周勇，赵璇著．－－北京：
中国人民大学出版社，2021.5
　　（新闻传播学文库）
　　ISBN 978-7-300-29373-8

　　Ⅰ.①跨… Ⅱ.①周… ②赵… Ⅲ.①视听传播—研
究 Ⅳ.①G206.2

　　中国版本图书馆 CIP 数据核字（2021）第 080595 号

新闻传播学文库
跨屏时代的视听传播
周勇　赵璇　著
Kuaping Shidai de Shiting Chuanbo

出版发行	中国人民大学出版社	
社　　址	北京中关村大街 31 号	**邮政编码** 100080
电　　话	010 - 62511242（总编室）	010 - 62511770（质管部）
	010 - 82501766（邮购部）	010 - 62514148（门市部）
	010 - 62515195（发行公司）	010 - 62515275（盗版举报）
网　　址	http://www.crup.com.cn	
经　　销	新华书店	
印　　刷	北京宏伟双华印刷有限公司	
规　　格	170 mm×240 mm　16 开本	**版　　次** 2021 年 5 月第 1 版
印　　张	14.75 插页 2	**印　　次** 2021 年 5 月第 1 次印刷
字　　数	228 000	**定　　价** 59.80 元